JN256594

共産中国と日本人

栗田直樹 著

成文堂

はしがき

本書は、日頃筆者が勤務先の大学で接している学生のような、若い読者の皆さんに読んでいただけることを願って書かれた。何事にしてもそうであるが、日本がこれから向うべき道の選択は、もっぱら若い皆さん自身の判断にかかっている。その際、どのような方向を選択するにしても、その判断を下すための材料として、何が事実であるのかという認識において大きな間違いがあってはならないと思う。ただ、毎日のように若い人たちと話す機会をもつ筆者としては、その点において、はなはだ心配でならない。本書は、中国の政治や社会に関して何らかの新しい知見を披瀝する書籍というわけでもなければ、まして中国研究の専門書でもない。むしろ、ここで書かれていることは、それなりの常識をもった多くの人たちがこれまで書いたり話したりしてきたことをまとめたに過ぎない内容であり、筆者は特に若い皆さんに、そうしたことを事実としてもう一度確認しておいていただきたい、と思った。というのも、若者は、年取った者と比べて知識は乏しいかも知れないが、その分、思い込みや先入観からより自由であることが期待できるからである。そして、たとえ隣国の人たちだとはいっても、中国人が日本人とはいかに異質の人間であるか、中国がいかに日本と根本的に違うかという、ごく当然の事実を若い読者の皆さんに知っておいて欲しい、それが筆者の願いである。

そもそも、真実は必ずしも口にしていいとは限らないというのが世の常識であるが、隣国人が日本人とは異質であるという単純な事実の指摘さえも、これまで、いわゆる「日中友好人士」と呼ばれる人たちや一部の知識人たちの「同文同種」「日中友好」の声、あるいは戦前右翼の「時局認識」と見紛うばかりの「歴史認識」の掛声などによって、掻き消されてきた観がある。また、日本人として隣国に関していろいろと思うところがあったとしても、それを口に出して言うことには勇気を要するという雰囲気が、長く戦後日本を支配してきた。そうした雰囲気の醸成は、政治家や官僚はもちろんのこと、言論人、財界人、文化人、芸術家、スポーツ選手等、ありとあらゆる分野の日本人を対象として繰り広げられてきた、中国共産党による対日世論工作が獲得した大々的な成果だったともいえる。

しかし、それでも、中央公論の全盛時代を築き上げた元編集長の粕谷一希のいうように、尖閣列島での中国漁船の海上保安庁の船への衝突事件以後、日中関係に関して初めて得られた、これで「やっと自由にモノがいえるようになった」（『内藤湘南への旅』）という思いは、多くの国民の実感であったのではなかろうか。それは、別の面から見れば、中国側の対日政策の大きな転換と連動したものであったともいえる。中西輝政によれば、転換点は北京オリンピックのあった平成二〇年の夏だったというが、この時中国は、他国を圧倒する力をつけるまでは日本やアメリカとの軋轢は極力避けるというそれまでの鄧小平路線から、「適切主張」の路線へと政策の大転換を行った。すなわち、かつての中国外交はいってみれば自重外交であり、それは「諸外国との揉め事をなるべく起こさずに、十分に力をつけるまでは強い自己主張はせず、しっかりと自国の力をつけることに専念する」という国策の一環であった（『中国外交の大失敗』）。この時代、中国の本当のねらいは決して迂闊に口に出したりはしないことを主眼としていたのであるから、日本人にとっても、その本音を知ったり理解したりすることは、はなはだ困難であったことも認めなければならないのかも知れない。それに加え、中国の対日世論工作が、多くの日本人の目を惑わすことに威力を発揮した。しかし、路線転換の結果、今や日本を完全に押さえ込んだと判断した中国が対日政策を一変させ、日本の反応を顧慮することもなく、戦略的で恒常的な日本バッシングの局面へ踏み込み、今や共産中国の本当の姿が多くの日本人の目の前に厳然と立ち現れるに至った。

日本は、今日その存亡の危機さえ招きかねないと言いたくなる程の脅威を受け、全くの苦境に陥ってしまった。遡れば、失敗のそもそもの発端は、共産中国の実像について、日本人が誤った見方をしてしまったことにあったといわざるを得ない。筆者が特にこだわるのは、共産中国の指導者であった毛沢東や、中国社会を仕切っている共産党に対する日本人のあまりにもナイーブな認識の仕方についてである。『ワイルド・スワン』と題する自伝を出版し世界的な名声を博したユン・チアンは、自伝のあと一〇年余りの歳月を費やして毛沢東の伝記を書き上げた。彼女は、なぜ第二作はよりによって毛の伝記なのかという世間からの質問に答えて、こう書いている。「毛沢東の伝記を書こうと思ったのは、この人物の本性をぜひとも解明したかったからです。毛沢東は中国におけるわたしの人生を支配し、世界人口の四分の一を占める中国人民の生活を荒廃させた人物です。毛沢東はヒトラーやスターリンと同様に邪悪な人物であり、人類に対してヒトラーやスターリンに劣らぬ害悪を及ぼした人物です。にもかかわらず、国際社会は毛沢東に関して驚くほど無知です。ヨーロッパを蹂躙した二人の独裁者には死後ほどなくして世界の非難が浴びせられたのに対して、毛沢東は死後三十年以上を経た現在でも、多少評判が落ちた程度でしかありません。毛沢東が犯した罪の大きさを考えれば、これではあまりに不十分です」。筆者も、彼女の毛沢東観に全く同感である。

二〇世紀後半以後の中国に代表される共産主義という政治体制について、フランスの歴史学者ステファヌ・クルトワは、「山をなす古文書と証言は、そもそもの初めから、テロルが近代共産主義の基本的側面の一つだった」と断定した上で、人質の銃殺や反乱を起した労働者の虐殺はもちろんのこと、人為的に作られて救出されることのない餓死、強制収容所送りや強制移住の際の死、抵抗した時の死、強制労働による死等々、要するに共産主義の名の下で殺された男・女・子供の数は、各国を合計すれば一億人に迫ると推定している。また、同じくフランスの歴史学者ジャン＝ルイ・マルゴランは、中国の大躍進期と呼ばれる時期のわずか三年間の間に、毛沢東の大飢饉の犠牲者となった中国人の数を、二〇〇〇万人から四三〇〇万人と推定している。一方、共同通信の北京特派員などを務め中国通として知られる伊藤正のいうように、新中国発足前から度重なる「階級闘争」で失脚し名誉回復されず復職できない幹部は、昭和五二年当時一七〇〇万人もおり、その影響を受けた家族や友人を含めると、一億人に被害が及んだ。そして、新中国発足後の「不自然死」は三〇〇〇万とも四〇〇〇万ともいわれ、「毛沢東の中国」はまさに死屍累々の上に築かれた。さらに、元朝日新聞記者の稲垣武によれば、胡耀邦は文化大革命の被害者は「家族、関係者を合わせておよそ一億人にのぼった」と述べ、死者は二〇〇〇万人に達したという。自らも文革で酷い目にあった鄧小平は、「文化大革命で迫害を受けたもの二億人、死者一千万人」にのぼったと述べた。

毛に主導された共産党による政治の犠牲になった者の数について、その正確な把握は、当然のことながら当時の日本人にとっては不可能なことであった。しかし、それにしても、その犠牲の内容というものが、およそ平均的な日本人の想像をはるかに絶する程の、桁違いの規模の大災難であったことを推測したり、あるいは疑ってみたりするどころか、それとは全く正反対に、同時代の共産主義国を理想化しそれを賛美し宣伝してしまったことが、今から思えば大いに悔やまれる。筆者も、戦後日本はいったいいつから何を間違えてしまったのかを、問わないではいられない人間の一人である。そして、少なくとも隣国に対する認識において、戦後日本が取り返しのつかない間違いを犯してしまったことは、多くの人が認めざるを得ない事実といってよいのではなかろうか。日本人が中国や中国人に抱いた壮大な幻想が、結局今日の日本人を苦しめる結果となったが、本書では具体的に、誰がどのような中国像を描いたり宣伝したりしたのかを、もう一度振り返ってみることにする。

最後になってしまったが、本書の出版を引き受けて下さった成文堂社長の阿部成一氏、編集部の飯村晃弘氏に対し、深謝の意を表したい。また、本書で引用させていただいたり、参考にさせていただいたりした文献を執筆された諸先生や先輩方に、厚くお礼申し上げたい。

平成二七年秋

栗田直樹

目　次

はしがき
序　章　中国幻想の戦後……1
第一章　共産革命と日本人……24
第二章　旅行者と中国……58
第三章　奮闘する旅行者……84
第四章　日本人の毛沢東像……105

第五章　大躍進と日本人……127
第六章　大躍進の光景……155
第七章　劉少奇と毛沢東……174
第八章　紅衛兵……190
第九章　奪権と武闘……211
第一〇章　文化大革命と日本人……228
第一一章　交錯する文革像……255

序章　中国幻想の戦後

戦後の日本人が抱いた壮大な中国幻想は、いったいどこから来たのであろうか。百聞は一見に如かずという使い古された諺があるが、その根底には、この時代必ずしも多くの日本人が実際の中国体験をもち得たわけではなかったという、否定できない事実があるのかも知れない。しかし、そもそも、実際に中国を旅行したりそこで生活したりした経験をもつ日本人が、ごく限られた例外的なわずかな人間だけだったかといえば、それも言い過ぎというものであろう。毎日新聞の北京特派員をつとめた石川昌によれば、「日中国交正常化」以前でも「中共と日本は、正常な外交関係が結ばれていないとはいえ、解放いらい両国間の人事交流は、決して少ないとはいえない」というのが現実で、大躍進期真っ最中の昭和三五年一年間だけに限ってみても、「日本から中共を訪れた日本人の数は六百余にのぼ」ったという[1]。やはり、日本人の中国幻想の背景としては、要するに、竹内洋のいう日本の社会を広くそして長く覆っていた「革新幻想」が強く作用していたことを、指摘しないではいられない。

戦後の日本では、「進歩的文化人」として自他共に認め、世論に絶大な影響を与えていた多くの知識人たちが、中国共産党や共産党指導者たちに漠然とした夢や希望を抱き、共産中国を理想的な社会として描いた。竹内もいうように、昭和三五年に起きた安保騒動が、市民主義や市民運動の旗振り役として彼らが最も輝くことのできた瞬間であり、その時から、それまで日本共産党と比較されて行動を伴わない偽善だと詮索されがちだった彼らが、市民運動という新たな足場を得ることで、行動する知識人に変貌を遂げることができたわけである。そして、彼らを強力に支える機関紙の役割を果たしたのが、『世界』や『朝日ジャーナル』といった雑誌だった。[2]『世界』は、代表的な総合雑誌『中央公論』の元編集長の粕谷一希が、敗戦後の雑誌ジャーナリズムのトップに位置づける程の勢いをもった雑誌であり、また昭和三四年三月に新たに創刊された週刊誌の『朝日ジャーナル』は、発行部数が当初は一五万部台、昭和四〇年代には二七万部にも達した有力雑誌であった。[3]進歩的文化人と呼ばれた知識人たちは、訪中してわずかであったにしろ現実の中国社会に接する機会を得た時にも、共産主義の現実から目を逸らそうとした。

彼らが自らの政治的立場や信条から、もっぱら彼らにとって都合のよく好ましい中国像を描いていた事実を否定する人は、今となってはそう多くはないのではなかろうか。また、彼らの大躍進についての認識に限っていえば、確かにその当時、日本を含めて中国国外では、想像を絶する規模の飢饉が起きていることを知ろうにも、知りようがなかったのは事実である。しかし、だからといって、当時の新聞や雑誌に、大躍進や人民公社運動がかなり深刻な困難を抱えているという観測や、一部事実の報道が少なくなかったなかで、人民公社が中国人民の自発的運動であるとか、歴史に類を見ない、奇跡としか呼びようもない成果を挙げているとかといった説明を、しかも中共の代弁者として知られた人間による説明を、そのまま受け売りしたり、鵜呑みにしたりしてよかったのかという疑問は残る。[4]

こうした戦後日本の知識人たちのことを、共産中国で育ち自らの青少年期を毛沢東の継続革命に翻弄され続けた中国「文革世代」の一人、姜克實は、「ビール社会主義者」と呼ぶ。戦後日本は、何と多くのビール社会主義者を輩出してきたことか。姜は、留学先の日本でのこんな体験を記している。

日本での研究生活が始まってから、居酒屋の席で、年配の学者たちから社会主義への熱い思いを聞かされたことが、しばしばあった。マルクス主義の社会主義論、現在の独裁・非民主のエセ社会主義体制への激しい指弾、あるいは本来あるべき理想的な社会主義の姿など。ほろ酔いで赤みを浮かべる彼らの表情は、このとき真剣そのものであった。社会主義という四文字には、彼らのひたむきな信念、あるいは人生の生き甲斐が込められているように、私の目に映った。彼らの熱意に対しては畏敬の念をおぼえたが、しかしなぜか、語られた内容にはほとんど共鳴することが出来なかった。酒肴の匂いが漂う居酒屋の席で描かれた社会主義の理想像は、私にとっては、あまりにも空虚で遠い存在だったからである。それだけではない。自分の経験したつらい日々を思い出しては、古傷の疼きを感じたことさえあった。私は彼らの真剣な顔を見つめながら、もしこの暖かい酒席ではなく、かつて自分が経験した、零下四〇度をこえる不毛の辺境地の村で三カ月の思想改造を体験させたら、彼らの意気込みは変わるだろうか、とふと思ったことがある。私は、これらの愛すべき先輩たちを、「ビール社会主義者」と密かに呼称し、ときどき、心の中にある埋めるすべすら見えない、深い溝の存在を感じていた。[5]

一方、歴史家の山室建徳は、戦後の日本人は、戦争というものと正面から向き合ってこなかったのだと述べている。いつものように示唆に富む彼の文章には、こんな記述が見られる。

近代日本が経験した対外戦争に関わる博物館展示には、たいていどこか屈折した所がある。「平和の尊さ」を強調しないと、あるいは旧陸海軍と距離を置かないと、さらにはその行動に批判的でないと、落ち着きが悪いような意識が見え隠れする場合が多い。前近代の合戦や西南の役などを展示する時には見られない、言い分けがましい態度である。（中略）国に命を捧げる覚悟で行われた戦いは、勝とうが負けようが、行為そのものを厳かに顕彰するのが、普通の国々である。これに対して、戦後日本では、日本が行った戦争という営みを自らの経験として受け容れられず、他人事のように切り離して、超越的に批判的に眺めてしまう傾向が強い。このきわめて特異な戦争の記憶の仕方が、そのまま多くの博物館展示にも反映しているといえるだろう。[6]

これは、日本人の戦争認識について指摘したものであるが、似たようなことが、日本人の中国認識についてもいえるのではなかろうか。山室の言葉を借りていえば、共産中国に対して好意的に見ないと、また「日中友好」を唱えていないと落ち着きが悪いような意識が、常に働いていたように見える。そして、共産主義の世界が現実と化した中国と、真剣に向き合うことを避けてきたということなのではないか。また、竹内洋は、戦後日本は「革新幻想」を広く共有していたというが、その「革新」という理想が実現した代表的な国家がソ連や中国だったことを考えれば、戦後日本は壮大な「中国幻想」を共有していたという言い方もできる。

ところで、自らも日本人は中国に深い幻想を抱いていると強く主張する岡田英弘は、そもそも日本人は、もともと古くから中国人に対する正しい認識が苦手だったのだと指摘する。そして、中国史研究者としても著名な岡田によれば、日本人の正しい中国理解を阻害してきた最も重要な要因は何かといえば、それは日本人に見られる漢籍の素養なのだという。彼は、日本人が中国や中国人に対してもっているイメージがいかに誤ったものであるかを、説得力溢れる文章をもって説明している。それを読むと、漢籍などに書かれていることだけをイメージすれば、中国人は日本人の同胞であるかのように錯覚するが、実は両者は互いに極端にかけ離れた存在なのだということが、強い実感をもって理解することができる。岡田は、昭和二四年の共産中国の成立から日中国交が開始されるまでの二三年間は、日本は「実質的には絶縁状態だったのだから、日本人が中国を知らないのは、きわめて当然のこと」といえるのかも知れない(7)とした上で、日本人が昔から代々漢籍を好んでよく読んで来たこと、まさにそのことこそが、実は日本人の中国理解を邪魔してきたのだと強調している。

日本という国家は二十世紀になるまで、中国と正式な国交を持たなかったわけだが、その一方で、日本人は無数の漢籍を大陸から持ち帰り、それを読み込んできた。(中略)しかし、そうした漢籍による教養が中国人や中国理解に役立ったかと言えば、これは絶望的なほど「ノー」なのである。明治以降、どれだけ多くの日本人が、漢籍を通じて身に付けた中国イメージに感動し、それを求めて大陸に渡り、現実とのギャップに失望・幻滅して帰ってきたか分からない。『史記』や『三国志』に登場するような、信義や礼に篤い中国人に出会うはずなのだが、現実にいるのは、油断も隙もならない連中ばかり……。（中略）日本人は、そのような漢文を一所懸命に読んで、中国や中国人を理解しようとしてきた。そして、中国は古来から変わらず、信義に篤く、礼を尊ぶ文化人の国であると信じてきた。これでは、実際の中国や中国人を見れば、ショックを受けるのは当然である。（中略）日本人の中国理解がいっこうに深まらない最大の原因は、ここにあると私は考えている。つまり、日本人は中国人に会う前からイメージを膨らませすぎていたために、客観的な観察ができない。情が先に立ってしまっているから、理が働かないのである。漢文に書かれている中国・中国人像は、いわば「ユートピア」物語である——そのように理解してこそ、真の中国が見えてくる。(8)

言い方や表現の仕方が違うとはいえ、似たようなことを主張しているのが、早くから日本人の毛沢東崇拝に対して強い警告を発してきた政治学者の猪木正道である。猪木は、日本人が漢籍に陶酔していることに驚いた経験を、自らの戦前の体験談として次のように述べている。猪木によれば、「一九二九年の春、中学校で漢文を学んでいた時のことである。孔子と孟子とが先頭に立って、日本に攻めこんできた場合に、どうすべきかという問題を大真面目に論じているのを読んで、私はすっかり驚いた。外国から侵略されたならば、撃退しなければならないにきまっている。孔子が敵軍をひきいていようと、孟子が第一線を指揮していようと、ことがらの本質には、何の区別もないはずだ。たとえ仮定の問題として論ずるにしても、徳川時代の儒者は、何という馬鹿馬鹿しい文章を書いたものだろうか、と私はあきれはてた」という。

伊藤仁斎や荻生徂徠に代表される日本の漢学は、古典の再解釈という点で清朝の「漢学」よりも百年ばかり先んじていた。それにもかかわらず、徂徠は姓名を中国風に物茂卿と改めるほど中国に心酔し、弟子たちも、服部南郭が服南郭、安藤東野が藤東野、平野金華が平金華と称した。ペギー葉山、トニー谷、フランキー堺など、アメリカ化した芸名を名乗るのと同じである。「彼（徂徠）が芝から品川へ引き越して、聖人の国へ一里だけ近くなったといって喜んだというのは、デマであろうが、彼をめぐって生れそうなデマである」という吉川氏の指摘は、われわれの身近にいる一部同胞が、アメリカと中国とに対していだく狂気じみたあこがれの歴史的背景を明示している。徂徠が学問の心得を書いた『学則』の開巻第一に、「東海は聖人を出ださず」、「西海は聖人を出ださず」と断定し、聖人は日本にも西洋にも生れず、ただ中国にのみ現れたと説いていることは、現代日本の左翼主流が毛沢東を崇拝するのと同じように、江戸時代の儒者が孔子を跪拝した事実をものがたっている。このように考えてくると、孔孟を先頭に中国の軍隊が日本に押し寄せてきた場合どうすればよいかと自問自答した儒学者の問題意識は、毛沢東にひきいられた共産中国の軍隊が日本に攻め込んで来た場合、——全くありそうもない想定だが——どうすればよいかを恐らく考えもしない第五列的左翼よりは、まだしも一辺倒的でなかったといえるかも知れない。(9)

このように述べる猪木は、江戸時代の儒者と戦後の日本人、特に左翼の中国認識が極めて類似していることを指摘し、自主性の全く見られない中国観を抱きながら「安居楽業」に没頭している日本人に対して、強い危機感を募らせる。彼は、次のように文章を続ける。

石原、板垣の中国観を三十四—六年後の今日読み返して見ると、まことに感慨深い。「安居楽業」だけを考え、国家意識を全く欠いているはずの中国人は今や中国共産党の指導下に、ズボンに不自由しても核兵器を開発するというほど強烈な国家意識にめざめている。これに反して、国家意識の権化のように思われていた日本人の大部分は、今や「安居楽業」に没頭し、他の一部分は、毛沢東を孔子のように跪拝している。全く変れば変ったものである。(中略)それにしても、聖徳太子から荻生徂徠をへて今日の共産主義者にいたるまでの中国心酔と、その裏返しとしての軍国日本の中国蔑視とには、異常心理的な要素が含まれているように思えてならない。中国のような、中華思想の強い大文明国に隣りする島国日本として、中国観にある程度の振幅が存することはやむをえないけれども、もっと安定した、自主性のある中国観を育てるのでなければ、日本の「自主外交」はいつまでも足踏みを続けることになろう。(10)

岡田や猪木のいうように、もともと日本人のなかに育まれた漢籍の素養が、多くの日本人の正しい中国理解を妨げてきたとしても、それでも、勝手な思い込みや空想、あるいは偏見にとらわれずに、事実を事実として冷静に認識しようと努めた例外的な日本人もかつては少なからず存在した。そんな日本人の代表として名を挙げたくなるのが、『大菩薩峠』などの作品で広く知られる作家の中里介山である。明治以降の多くの日本人たちと同様に、当初は介山も、漢籍を通して中国を理解していた。彼は、自らの中国との出会いについて、こう書いている。

私は支那のことを知らない、子供の時分に老先生から十八史略を習ったのが支那の知識の初めでしょう、それから段々文章軌範などいろいろ支那の書物を読みました、殊に詩などは大好きでありまして、漢詩というものは世界にあれ位好きな文学は無いという位に考えて居ります、それから支那の思想界にはあらゆるものがあってとても偉い国だということは感じて居ります、のみならず日本という国は初期には支那の教育を蒙って文化が発達したのでありますから、日本人で、苟も文字を解する以上は誰でも支那というものに相当の感化を受けない筈はない、私のもその通りの普通一遍の支那に対する感化を受けただけでありまして、他人様に向って話をするという程の専門知識はない、[11]

ところが、介山の場合は、昭和六年七月から約一カ月にわたり中国や朝鮮を周遊旅行する体験を経たことから、彼の中国観は一変し、彼は、漢籍を通して中国に心酔した多くの日本人たちの及ばなかった深い中国理解に到達することができた。介山の中国旅行は、共産党政府の庇護と監視の下で旅行し、その見聞を紀行文として公にした戦後の多くの日本人たちとは対照的に、いわゆるひとり旅であった。彼は、「独り旅は独り旅で特別に保護や便宜を与えられたり、よい処ばかり見せられる招待客の意味でもなく本当に独りで終始したのだから、自然修飾の無い風当りが、ヒシと身に迫ることも無かったではない。少くとも団体旅行や、招待旅行のような多少の群集心理による強味が無いだけに、人情そのものの風当りに直接することの分量が多かったという特長は争われなかった。それ故に、僅かの旅ではあるけれども予想外に深甚なる感触があったことをも自覚せねばならぬ[12]」と、自負している。

介山は、「百聞は一見に如かず」という言葉を強調し、「百聞は一見に如かずという云い古した通り言葉は、いつの世にも文字通りに通用する、歴史的に支那という名前を聞くこと幾千年、その書物を読むこと幾千百、それに何十倍する活力を、僅か一カ月間の見聞が与えて呉れたことの神妙さを今更の如く痛感した。それは、歴史と風物だけの印象のみではない、現在の事実、時事問題中の時事問題でありながら、正直の処われわれには何が何だか分らなかった。事実支那が増長しているのか、日本の帝国主義が種を蒔いたのか、或は日本の外交に支那を増長せしむべき所謂軟弱振りがあるのか、仮に国際以上に立って見下した場合、その責任何れに在りやというような公明な裁判は吾々には覚束ないもののように考えられていたのが、僅々たる旅行に依てはっきりとそれを解釈することが出来たと思う」と書いている。(13)そして、当初中国に強い憧れをもっていた彼は、漢籍を通して自らが勝手に思い描いてきた夢と、自身の目を通して見た現実の中国との途方も無い隔絶に驚き、こんな中国像を書き残した。

国家としてや軍隊としては怖れるに足りないとしても、支那人の生活力、人間力を見ますと実際に圧倒されざるを得ない、支那の何物にも恐れないにしても、個人的の盲目の生活力を見ると、この生活力その物に圧迫を感ぜしめられる、上海の車夫は近代都市の中を素裸で車を輓いて、跣足で歩いて居る、それが上海中に溢れて五銭でも六銭でも客を乗せて走る、あれが大上海の全面に溢れている、あそこには近代都市であらゆる西洋の人文の生粋が入って来ているけれども、そんなものは、この盛んなる支那の車夫の生活力に比べると全く影が薄いのである、苦力でもそうである、いかに白人が建築と経済と外観に於て誇っても、支那の生活力に皆圧倒されている、ここが即ち支那という国が文化あって以来五千年滅びない所以であります、(中略)支那は滅びない、そこに恐るべき生活力がある、悪口を言うようですが、支那人は人間だか何だか分らないような感じがする、鉄砲を打っても爆烈弾を投げても、日本人ならば勇壮とか悲壮とかいう感じがしますけれども、支那人を鉄砲で打っても南京米の袋に砂か何かを詰めて置いて鉄砲を打つとプツンと音がするというようにしか感じない、生命の評価がしにくい、この間の揚子江の氾濫で日本の本土の何倍という有史以来――有史以来かどうかは分りませぬが兎に角近代にない大氾濫をした、私も揚子江を渡れないで上海へ戻り海を汽船で青島へ渡りましたが、支那には戸籍がないから分らないけれども、八百万人死んだということをいう、嘘にしても八百万人死なして支那人は死なしたような顔もしない、馬鹿馬鹿しく大きい、(14)

介山は、中国が「理想的民国を作ろうとしながら却って帝国主義的国家のお仲間入をすることに焦り、国際上に不平等を憤慨しながら、国民的に平等の教養を少しもしていないということの矛盾と撞着と悲惨なる滑稽」[15]を指摘し、満州事変を肯定する立場をとっていた。そのことから、ソ連共産党のスパイ網が暴かれたゾルゲ事件に連座し処刑された尾崎秀実の弟で、介山の評伝を書いた尾崎秀樹から、強く批判されることとなった。尾崎は、「問題の真因を中国側の国家意識においてとらえようとするこのような考えかたは、介山の中国認識の限界というほかはない。既成のものにとらわれない意識の持主でありながら、このような答えしかひき出せなかったのは、彼が中国の民族運動の実態を知らなかったからであろう」と述べている。[16]しかし、残念ながら、尾崎の方が介山よりもより公正な中国認識に到達していたと断じる材料を、筆者は持ち合わせていない。さらに、介山の表現が社会的に適切であったか否かはともかく、戦後の日本人が好むことになる異文化交流や異文化理解などという言葉をいささか軽薄なものに思わせてしまうような一外国の現実というものが、日本人には到底理解困難であることを、彼が直感的に理解していたことだけは疑いのない事実である。介山の書き残した文章は、長い年月を経たあとでさえ、日本人にとって中国理解を一層深めるための示唆に富んでいる。介山は、次のような文章も書いている。

壁という壁、門という門、辻という辻には日本に対する極度の憎悪と侮辱とを加えた文字の掲揚されていない処は無い、自己の悪い所は少しも顧りみるの色なく、国を挙げて日本を憎ましむるように全努力をあげている。これは単純なる国際感情の行きがかりのみがそうさせるのではなく、その間に政策があるからである。この政策が支那を誤まり、人類の平和をあやまっているのである。（中略）国民的統一の方便として彼等は極力他国を憎悪せしむることを自国民に教えている。昔の怨痕を教え、今の横暴を並べ、古来自分の国と称せられたる境域の上に他国が来って加えた、一切の干渉は悉くこれを教え、これを記憶せしめて、自国民の復讐心に訴えようとしている。それが為に有らんかぎりの文字を尽して、宣伝を試みている、そうして自己の国の多欲怠慢無力にそれが原因しているという部分の自省は少しも教えていない、実に奇怪である。奇怪というよりは醜態である。自分自身の汚辱を自分自身で曝らして、それで自分の国を救おうとは驚き入った政策ではないか。（中略）他の徳を少しも思わずして、その怨みのみを記憶せんとする国、記憶せしめんとする政府と国民が大きくなれたら物の不思議ではないか。斯う云う国民性を改造することを知らないで、大国民が出来上るものかどうか、大統一が成功するものかどうか、事は却って愈々逆に出るのが定則である。若しまた仮に左様な行き方で、統一が出来上り、国家の基礎が強固になって見たとしたならば、さ様な国家の存在は、今日の所謂帝国主義の国家の存在に幾十倍する危険なる国家の出現ではないか。(17)

ところで、介山が中国を旅行した年とちょうど同じ年、外交官として中国に赴任したアメリカ人がいた。それが、ラルフ・タウンゼントである。タウンゼントは、中国に滞在した時の自らの体験や見聞をもとに、のちに日本語にも翻訳され注目されることになる名著を執筆したことで知られるアメリカ人である。彼は、コロンビア大学を卒業したあと当初は新聞記者や大学教員をしていたが、昭和五年にアメリカ国務省に入った。そして、翌年上海副領事として中国に渡るが、第一次上海事変を体験したあと、福建省の福州にも副領事として赴任した。もって生れた鋭い観察と深い考察によってその著書を書き上げたのは、彼が昭和八年に帰国し、外交官を辞めた後のことであった。彼は、中国に関して本を執筆した自らの意図について、序文のなかでこう述べている。

ありのままの中国の真実を伝えるどころか、さも明るい希望の星が輝いているかのような、現実とはかけ離れた情報を流し読者を混乱に陥れる中国関連本があまりにも多すぎる。最近の中国関連本には、ありのままの真実を伝える本が極めて少ない反面、感傷的、いわばお涙頂戴式の本があふれている。本書はありのままの真実を伝える本である。中国人のありのままの姿を伝えるのが本書の狙いであるから、読み進むうちに胃がムカムカきたら、それで所期の目的は果たせたと思う。中国で現在何が起こっているかを正確に調査したら、ほとんどが見るも恐ろしい、胸が悪くなるような結果しか出てこない。中国人の行動自体が恐ろしい、胸が悪くなるようなものだから当然である。（中略）中国の真実を見てその現実を理解するためには、今までの知識よりも、いかに厳しかろうとも現実を見据える目が必要である。それが我々の利益を守り、関連諸方面の利益にもなる。現実に目を向けることは辛いものである。しかしながら、いくら辛かろうと現実は現実であり、この狭い世界に中国人と一緒に我々は住んでいるのである。[18]

タウンゼントの深く憂慮する「現実とはかけ離れた情報を流し読者を混乱に陥れる中国関連本があまりにも多すぎる」という当時のアメリカの出版状況は、戦後の日本人にとっても、他人事とはいえないだろう。両者の状況があまりにも似ていて驚く他はないが、文化大革命に対する日本人の認識を研究した西義之によれば、タウンゼントの指摘する状況と似たような状況が、中国で文革が進行していた頃の日本の出版界にも見られたのだという。西は、次のような回想を述べている。

日本の文化大革命資料が夥しいものであることを教えられ、且つそのかなりのものが集まってきた。集まってきたのはうれしくないことはないが、週刊誌、講演筆記などを除いて、単行本としてかの十二年間に出たものの八〇パーセントから九〇パーセントが「文革万々歳」の賛美派のものであることには一驚するよりも呆然たる思いであった。（中略）少なくとも国会図書館や東洋文庫に保存されている「文革物」の量は、私どもを呆然自失せしめるに足るだろう。ナチス政権下の十三年間に発行された、日本のナチス賛美の解説書でも、文革の十二年間のものに遠く及ばないだろう。日独同盟下で「反ナチ文書」の少ないのは当然であるが、この言論自由の戦後日本で、どうして文革賛美書の盛況現象が生じたのか、[19]

タウンゼントは、中国に赴任したあと上海副領事として、また福州副領事として、中国人を相手に疲労困憊する毎日を送っていた。しかし、タウンゼントによれば、彼の目から見て中国人を知り尽くし、それ故に、最も理想的な形で外交官の仕事をうまくこなしていた一人の日本人がいたという。それが、昭和四年から七年にかけて、外務省から派遣されて福州で勤務していた田村貞治郎総領事であった。タウンゼントは、この田村の中国人に対する接し方に驚き、それを称賛する文章を書いている。彼は、「一九三二年の四月まで私は上海勤務だったので、事件当時私は福州にはいなかったが、現地に出向いた時、事件を誰もが鮮やかに覚えており、詳細を知ることができた」

として、ある事件の顛末について、こう解説している。

中国全土と同じで、福州でも収奪目的の学生秘密結社がいくつも存在していて日本人も被害に遭っていた。ある日本人教師夫妻が標的にされ「殺す」と脅されていた。脅された教師には何の咎もなかった。ただ、家が中国人の家の近くにあり、警備が十分でないのでカモにされたのである。日本人子女の先生だから、中国人と接触し挑発することはない。日本総領事は、ばかばかしいことではあるが、主権国家に対する礼儀を重んじ、福州当局やら警察やらに状況を説明し、警備を要請した。日本側でできるのではあるが、そうすると主権国家間の慣行に反すると判断したのである。要請を受けた中国側は教師宅の前に中国兵を配置した。この中国兵は、数日間は交代で二四時間警備に当たった。ところがある夜、何の前触れもなく、消えた。説明も何もなく突然いなくなったのである。策を講じるまもなく、夫妻は襲われ、殺されてしまった。信頼させておいて寝首を掻く中国の軍隊、警察のいつものやり口である。当局が秘密結社と組み、殺害させたのではないとしても、ぐるになって襲撃の時に警備を引き上げさせたとしか思えない。日本人の怒りは頂点に達した。(20)

このような事件の発生を受けて、タウンゼントが絶賛する田村総領事の中国人を知り尽くした外交手腕とは、次のようなものであった。田村の取った態度は、「利」で動く中国人の行動を透徹した洞察をもって理解していた者のみが取るであろう態度を、最もよく象徴したものであったといえる。

田村総領事は中国当局役人を呼び、こう述べた。「非難するつもりはないが、双方の同意に基づいた警備に落ち度があったから今回の事件が起きたのである。この重大な過失に対し、ご遺族に五万ドル賠償願いたい」。対する中国側は言を左右してまともな返事をしない。業を煮やした田村総領事が、「よろしい。これ以上申し上げることはない。後はそちらのご判断しだいである。一言申し添えるが、当方はすでにことの詳細を海軍に打電し、軍艦数隻がこちらに向かっている。おわかりかな。熟慮のほど、重ねてお願い申し上げる」と席を立とうとすると、中国側は「艦砲射撃を食らっては職も失う」と思ったのか、「局に持ち帰って相談してみます」と持ちかけた。「五万ドル耳を揃えて持ってくるまでは面会無用」と席を立った。徹夜で相談した中国側は、明け方になってようやく五万ドルを現金で持ってきた。直後、日本の軍艦が到着した。艦長たちは事が収まったと聞いてがっかりしたに違いない。これは第一次上海事変の一月前のことであった。[21]

タウンゼントは、福州で実際に起きた日本人を取り巻く事件についてこのように説明したあと、中国で活動しなければならない外交のプロとしては、田村総領事のやり方が最も理想的だと断定する。そして、田村が中国人をも含む諸外国の人々から尊敬された事実を指摘するとともに、田村に惜しみない賛辞を送っている。

中国人には田村式が一番である。私は実際、田村氏が中国人と対応している場面をこの目で見ているが、実に丁寧である。公平であり信念の人である。中国人に対してもこれは変わらない。愉快なことに、あの件があってから福州では日本人に対する態度が一変した。日本人殺害はもちろん、あらゆる反日行動がぴたっと止んだ。日本人は最高の扱いを受け、最も尊敬される外国人となった。アメリカ領事は軟弱政策ゆえに、反米運動の対処に忙殺されている。イギリスも似たりよったりだ。日本領事はどうだ。「いつでも軍艦を呼ぶぞ」という毅然とした田村総領事のおかげで、自国民を保護し、全世界の在中国領事が束にかかっても叶わない、いやその十倍の成果を上げている。毎日、私は昼食のため、日本領事館の前を通ったが「門前市をなす」である。台湾行きのヴィザ取得のためである。（中略）しばらくして田村氏はシンガポール総領事に転任となり、送別会が設けられた。中国人役人にも尊敬され、好感を持たれていたのである。稀に見る賛辞が寄せられた。市民は心から田村氏を讃えた。数ある領事の中で一番の人気者であった。田村氏が教師夫妻殺害事件を毅然とした態度で解決して以来、福州在住日本人三千人は何ら危害を加えられることなく、略奪されることなく、平穏に暮らすことができた。[22]

他の国においてはそうとは限らないのかも知れないが、少なくとも中国においては、田村総領事のようなやり方が、タウンゼント自身にとっても理想的であった。しかし、それでも、外交官たち全てに、田村のまねができたというわけではなかった。そして、タウンゼントによれば、特にアメリカ人にとってはそれが苦手で、彼自身もその例外ではなかった。中国を相手とする外交官の苦労は、当時も今と変わらず想像を絶するものだったらしく、タウンゼントは、次のような事実も披露している。

アメリカ領事はアメリカ国民のためありとあらゆる援助を惜しまないものであるが、中国勤務がほとほと嫌になり、辞める者が後を絶たない。先ほど述べたようなことが毎日のように起こるからである。ただ嘘を隠すための嘘をつかれ、些細な事件でも数ヶ月、数年もかかる。（中略）こういう連中が相手では、いかに意志が強く元気でも、心身ともに磨り減ってしまう。それもこれも、教会勢力に牛耳られる国務省の対中政策が甘いからである。そういうわけで、ソコビン領事は疲労困憊し、病気を理由に福州を去らねばならなかった。また前任者のアーネスト・プライス氏も数年の激務に疲れ、アメリカ政府の対中政策に無力感を感じ、辞職し、今、アメリカで教員をしている。優秀でありながら、中国人に振り回され、半狂乱になった人の例は枚挙に暇がない。(23)

他のアメリカ人外交官たちと同じように、自ら副領事として中国で苦労に苦労を重ねた末に、タウンゼントの最後にたどり着いた中国人に関する結論は、こうであった。

もう数十年も米英両国は各国の要望を無視してまで中国を外交面で援助している。にもかかわらず、中国と干戈を交える日本を除いては、米英両国ほど、外国人の権利を無視したこの中国に苦しめられている国はない。典型的な中国人評を紹介しよう。『礼には礼で答える』という精神が全くない」。これである。お礼をするどころか、必ず無礼千万な態度に出る。例えば、苦力は貰いが少ない時だけでなく、貰い過ぎても大声を上げて怒り狂う。国家の指導的立場にある人間も同じ。ある国が中国に優しく接したとする。そういう優しさが理解できないから、これ幸いとばかりにその国の人間を標的にする。遭難者が近くまで泳いできても誰も助けない国である。人が怪我して倒れていても助けようとしない。ただ面白いものを見るように見物する国。不運に見舞われた者を助けない国。こんな国では「不幸な者に愛の手を」などという考えは全く浮ばない。こういう国との付き合いを誰が望もうか。(24)

タウンゼントの批判は、中国政府はもちろんのこと、中国に対して間違った外交政策を推進している本国アメリカの政府にまで及んでいる。彼は、「ただ外交援助するばかり」、つまり一方的にただ与えるだけの政策は、対中国政策として必ず失敗に帰するのだと強調する。彼は、「中国政府が、責任のある政府として信頼できるのかどうか。近代国家としての責務を果たせる力があるのかどうか。調べる気になれば誰にでもわかることであり、新たな事実が次々に見えてくるであろう」とした上で、こう訴えている。

金を貸せば、返してもらえないばかりか悪用される。学校や病院を建てたら、火をつけられる。宣教師は宣教師で、いくら中国人の中に飛び込んで命がけで働いても、教え子に拷問され虐殺されている。ただ外交援助するばかりで、何の罰則もなく甘い顔ばかりしてきたから、かえって暴虐の限りを尽くしてきたのである。アメリカ人の究極の希望は世界平和である。そこで極東にも平和を願うなら、アメリカはどういう姿勢を採るべきか。「君子危うきに近寄らず」。きれいさっぱり足を洗った方がよい。思いやりも必要だが、それと同時に毅然とした態度で主張すべき権利は堂々と主張すべきである、というのが大人の考えである。(25)

こうしたタウンゼントをはじめ、中国で日々血を見るような苦労を重ねた戦前の外交官たちの貴重な体験や考察や反省から、戦後日本の外交官たちが学ぶことをしなかったのは、今となっては大いに悔やまれる。そして、彼らの失敗の背後には、やはり当時の一般の日本人の間に広く普及していた誤った中国観が厳然と存在していたことを、指摘しないではいられない。戦後日本の中国に対する政府開発援助は、外務省の公式説明によれば、「中国の改革、開放の路線を推進し、民主化を促進し、国際社会へと招き入れる」ことが目的なのだという。(26)その対中ODA供与の尖兵の役割を果たしたのが、在中国日本大使館公使や在上海日本総領事館領事などを歴任した杉本信行に代表される外務官僚たちだった。杉本は、平成一三年から上海の領事をつとめたが、自らの仕事に何の疑問を抱くこともなく、その行動について次のように説明している。

対中ODA不要論の一つの論拠になっているのが、中国政府が約二十年間にわたり、軍事費を毎年二桁の伸びで増やしてきたことだ。（中略）中国の郊外の農村を視察してすぐ気づくのは、ほとんどの小学校で校舎の老朽化が甚だしいことだ。（中略）そうした学校の建て替え要請が地方政府からどんどん上がってくるようになったのは、中央（対外経済貿易部）の要請を通さずに、地方から直接要請を受けるシステム、「草の根無償資金協力」を創設したからだ。プロジェクト一件に一千万円規模と定められた草の根無償は一九九一年からスタート、現在までに五百件以上のプロジェクトを実施し、中国の貧困地域において三百校以上の学校建設を支援してきた。（中略）先に、日本が中国の軍事費拡大を非難し、中国がそれに耳を貸さないからといって中国に対するODAを終了するのは得策でないと述べた。中国の軍拡に対する批判を、台湾統一を国是とする中国は内政干渉としか受け取らないからだ。それよりも、「草の根無償資金協力」による小学校建設や教材購入支援などを行い、その実績をもって、中国がいかに基礎教育をないがしろにしているかを世界に訴えていくことができる。（中略）これは私の勝手な呼称だが、「本来は中国自身が行うべき国内への援助」という意味で、当然、地方の現場サイドからは感謝される援助だ。中国の政策当局も、日本の「草の根無償資金協力」が中国の危機を未然に防いだことに気づき、日本の先見の明を認める日がくるだろう。したがって、そういうかたちでの対中ODAの継続は絶対に必要であり、それを増やしていくことが、まずは中国の安定、ひいては日本の安定につながると信じている。(27)

中国ではなく日本の国益を担うべきプロの外交官が、中国の政策当局もいずれは「日本の先見の明を認める日がくる」、つまり中国もいつの日にか日本のことをわかってくれる、と本気で考えていたとは、まことに驚く他はない。共産中国と交際を始めるようになった戦後日本は、国民の莫大な富をODAという形で中国に投入しながら、その結果、日本に敵対的なことで一、二を争う強大な独裁政権を隣国に育むことになってしまった。中西輝政の言葉を借りれば、対中ODA供与は、まさに「たんに敵に塩を送るどころか、国民の血税をもぎ取って、中国という〝モンスター〟を育て上げた元凶(28)」であった、といえるであろう。

産経新聞初代中国総局長をつとめたジャーナリストの古森義久によれば、日本の対中援助は、ODAと旧日本輸出入銀行の資金供与を合わせると、昭和五五年以降二〇年間で総計六兆円に達したという。(29)そして、古森は、特に北京市に投入された資金に着目し、「一国が他国の首都の建設に、これほどの巨額の資金を純粋な援助として、しかもこれほど長い歳月にわたり、提供したというのは世界の近代史でも稀だろう」と述べる。古森によれば、交通、電力、通信、環境、医療、福祉、防災、食料、教育、文化等の諸分野で北京の都市づくりに供与された日本の援助は、合計すれば約四千億円にのぼり、これは北京市の一年間の市予算総額に匹敵するという。それでも、一般の中国人はこうした事実を全く知らされていない。「大阪市民とすれば、自分たちの納めた税金が北京市に提供され、自分たちの市を栄えのオリンピック招致の競争で打ち破る道具に使われる、という奇異な事態」であり、「巨額の援助を支出してきた日本国民にとっての利益とは、なんなのだろうか」と、古森は疑問を投げかける。[30]

古森がさらに深刻だと指摘するのは、軍事的影響を考えない輸送・通信への対中援助であり、それが「レーニンのいうところの、やがては自分の首を絞めるロープの材料をせっせと相手に贈っていることになりかねない」点である。古森は、日本の援助三〇億円で蘭州からラサまで建設された三〇〇〇キロに及ぶ光ファイバーケーブルの敷設が、人民解放軍によって施工されたことや、日本が二五〇〇億円を提供して延べ二〇〇〇キロ、一二本を開通させた高速道路の建設が、大きな軍事的意味をもっていることなどを述べている。また、日本は、平成五年福建省の鉄道建設のために六七億円の援助を出したが、福建は中国軍がミサイルや各種部隊を集結させている地域であり、台湾総統の李登輝は「日本のODAも福建省の鉄道建設だけはやめてほしい」と訴えていたという。[31]ともあれ、古森のいうように、「財政危機にもかかわらず、経済成長を手段に軍事覇権を確立しようとする大国に、巨額の政府援助を提供するというのは、常軌を逸した措置」に見えるし、「東アジアの安全保障の現状維持を望む日本に対して、それを変えようと目論む中国の『富国強兵』に寄与することが、日本の国益に適うのかどうか」と問わないではいられない。古森によれば、「レーニンがあざける資本主義者は敵にロープを『売る』のだが、日本の場合は

『与える』のである」[32]。

もちろん、よく知られているように、中国のために尽くす日本の外務官僚たちの背後には、経済的利益という欲に目が眩んだ戦後の財界人、そして彼らと連携する政治家の存在があった。中西が指摘しているように、「日中国交回復」を推進した政治家や財界人たちの発言は、日本人の中国認識をひどく歪んだものにしてきた。中西は、自民党総裁選挙における勝利のための手段として「日中国交回復」を利用した田中角栄、それに田中の系譜を引き親中的な行動をとりながらＯＤＡ利権に群がった政治家たち、そうした人々の責任を追及するとともに、「中国ユートピア」幻想を念頭に金儲けに突き進んだ戦後経済人たちの実態について、詳しく解説している。中西は、「田中が総理大臣に就任するや直ちに『日中国交』のために訪中したのは、経済界の中に、もっぱら中国市場をにらんで一大ブームを巻き起こそうとする財界親中派の動きがあったからだ。経済界が熱心だった理由のひとつには中国側の働きかけがあったが、その背後には言わずと知れた『チャイナマーケット幻想』が横たわっていた」とし、こう述べている。

明治時代から、この国の商人には「中国人が一人一足の靴を買えば四億足売れる」と野放図な算盤をはじく者が多かったが、当時の財界にも中国の「巨大マーケット」に見果てぬ夢を見る人間が多くいた。例えば、経済同友会の代表幹事だった木川田一隆もその典型だ。財界における「日中国交回復」の旗振り役として知られたが、もっぱら日本の資本と技術を欲しがる中国外交の手練手管にいとも簡単に搦め捕られ、すでにその前年から「中国が国際社会に参入できるよう努力しよう」と発言して財界に檄を飛ばし、〝日中友好ブーム〟を盛り上げていった。木川田はじめ、当時の財界人の多くは明治・大正時代に教育を受けており、「中華文明」を殊更に崇拝する傾向があった。彼らのアナクロニズムは、儒教や陽明学の世界が現実の中国だとナイーブに信じ込む程度のものだが、当時、北京政権の一部が「文化大革命」と称して伝統的な精神文化を徹底的に破壊していたことには見て見ぬふりをした。その一方で「一衣帯水」や「同文同種」といった言葉にすっかり幻惑され、中国要人と漢詩を作っては交換し趣味的な次元で〝文化交流〟することを無上の悦びにしていた。いまにして思えば、まったく愚かな中国観であった[33]。

このように述べる中西は、中華文明を信奉し、「一衣帯水」や「同文同種」といった言葉に簡単に惑わされた戦後日本の財界人たちは、中国政府の本質を完全に見誤ったのだ、と指摘する。

経団連会長だった稲山嘉寛が自ら率いる新日本製鉄を動員して宝山製鉄所を建設したのも、稲山らの単純な「贖罪感」と共にナイーブな「中華文明」崇拝と無関係ではない。しかし実際に彼らの相手をしていた中国の要人たちは、決して中華文明の正統な継承者ではなかった。ほぼ例外なく生粋の軍人であり、また共産主義の革命家であった。毛沢東は文革以前にも何千万もの中国人を抑圧し死に至らしめた過激な革命家だったし、周恩来や鄧小平も血の粛清を繰り返した非情な唯物主義者だった。忘れてならないのは、北京政権の最大の特徴は今も昔も一〇〇パーセント軍事政権であるということだ。共産党の軍隊として「革命」を守るのを目的とする人民解放軍が支配する国に、「四千年の文明」への淡い期待をもって臨むことほど、哀れなことはなかった。こうした愚かな「中国ユートピア」幻想によって経済界が日中国交回復で一本化したから、田中政権ができたといっても過言ではない。大平派と三木、中曾根両派が田中派の金で動いたのは、明らかに彼らが財界の「追い風」を見て取ったからだ[34]。

一方、日本人の中共理解や中国人理解を阻害することに力を発揮したのは、外交官や政治家や経済人たちだけではない。様々なメディアで発言したり文章を掲載したりすることによって、中国について解説してきた専門家をも含む知識人たちが、一般の日本人の中国認識に大きな影響を与えたことも見逃すことができない。そして、中国研究者といわれた日本人のなかに、自ら自覚していたか否かを問わず、要するに中共政府の宣伝マンの役割を果たした者がいたことや、中国問題専門家の肩書きをもって活躍しながらも、実は中国をよく理解していなかった者がいたことも、指摘しないではいられない。彼らの手によって意図的に、または無意識のうちに書かれた中国論や中国人論が、多くの日本人の認識を撹乱する役割を果たした。そうした人物の代表として、現代中国文学の学者で、多くの人々から中国通として尊敬された竹内好の名を挙げておきたい。

竹内は、共産党政権成立直前の昭和二四年九月、「中共がどんなに高いモラルに支えられているか、そしてそのモラルが、一貫して流れる民族の固有の伝統にどんなに深く根ざしているか」[35]と書いて、中国共産党を絶賛した。同時代を生きた思想史研究者の子安宣邦は、竹内の口から発せられたこの言葉が当時の日本人に与えた衝撃について、こう評している。「竹内の言葉は、アメリカ占領軍のもたらした解放と与えられた民主主義とを享受する戦後日本人をきびしく突き刺しながら、ここ日本のウソの革命とはちがう彼の中国におけるホントウの革命とは何かを告げるものであった。恐らくコミュニストのだれよりも、マルクス主義者のだれよりも、竹内こそが戦後のわれわれにホントウの革命とは何かを教えたのである。竹内によって、〈中国革命〉と〈中国共産党〉とは眩しい輝きをもってわれわれに与えられたのだ」[36]。しかし、作家の谷沢永一は、竹内が、アメリカやソ連が核兵器を持っていると世界は核戦争の危険におびやかされるが、北京政府が核兵器を持てば逆に「世界の核戦争を防ぐ力になる」と述べていることや、昭和四六年一〇月に日中の国交開始を「不可能」だと断定してその見通しを間違えたこと等々を取上げて、竹内を「シナ好きのシナ知らず」だと批評する。中共政府の核武装を絶賛する竹内について、谷沢は、次のような皮肉を述べている。

「中国の核兵器だけが核戦争を防ぐ」という倒錯　こういう極端な妄想を高々と掲げてみせるその隠された意図は、明瞭でしょう。すなわち、日本のシナに対する姿勢は戦争をしているのと同じほど理不尽である、と言い立てる論難です。悪いのはすべて悉く日本です。北京政府は気の毒な被害者です。哀れな被害者がわが身を守るためには、そりゃあもう何をしても許されるでしょう。つまり、北京政府が核兵器を持つという措置は、他国がそれをあえてするのとはまったく違って、北京政府にかぎっては格別であり、それは讃えるべきすばらしい善なる行為なのです。「将来中国が（中略）国力のシンボルとしての核兵器をもつことによって、共産陣営の中でソ連と対等になり、同時にそれが世界の核戦争を防ぐ力になる。中国のいままでの経路を延長して考えると当然そうなると思うのです。」（昭和38年3月『世界』〈討論〉「中ソ論争と現代」）アメリカやソ連が核兵器を持っていると、世界は不幸に核戦争の危険におびやかされるが、北京政府が核兵器を持てば、この場合は逆に「世界の核戦争を防ぐ力になる」のだそうです。なんとすばらしいことではありませんか。この論理からすれば、日本国民は北京政府ができるだけ強力な核兵器を持ってくれるよう、ひたすら祈って声援をおくらなければならぬことになります。[37]

谷沢は、このように述べたあと、「いっとき共産主義者が唱えた迷文句に、『帝国主義国（自由経済諸国を指す）が核実験でまきちらす灰は黒く汚れているが、共産主義国が核実験で生みだす灰は白く清らかである』という抱腹絶倒の珍論がありました」とし、竹内好を「北京政府の忠実な代理人」と呼ぶ。また、谷沢は、中国人の現実主義さえ理解しなかった竹内を「夢見る乙女」とも評するが、この谷沢の竹内評を他人事だと澄ますことの出来ない戦後日本人の数は、決して少なくないのではなかろうか。

もともとシナの古典を研究せず、シナの歴史も勉強しない無学そのものの人でしたから、シナ学における最も肝心カナメのことが一向にわかっていませんでした。すなわち、長い伝統につちかわれたシナの国民性、平たく言えば、シナ人の根性についての理解です。そのため、多少とも本筋にシナを探究したほどの人なら一笑に附したであろうような頓珍漢を、平気で公言したものです。（中略）シナ人の現実主義をすら解しない竹内好の戯言には、むしろ哀れを覚えさせるものがあります。夢見る乙女みたいなとでも言いたくなるほど、ことほど左様に、シナ人に対しては浪漫的な憧れに身を燃やす竹内好が、ふりかえってひとたびわが国について論ずるや否や、掌を返したように、冷酷な蔑みと貶めの言辞を弄します。[38]

（1）石川昌「赤い大陸中共の素顔」（『時』昭和三六年七月号）七二頁。
（2）竹内洋『革新幻想の戦後史』（中央公論新社、平成二三年）三一九〜三二〇頁。
（3）同右、六三頁、一一二頁。
（4）水谷三公『ラスキとその仲間　「赤い三〇年代」の知識人』（中央公論社、平成六年）三四一〜三四二頁。

(5) 姜克實『現代中国を見る眼』(丸善株式会社、平成九年)はしがき。
(6) 山室建徳「戦った者たちの魂魄が漂う博物館」(『日本歴史』平成二六年一月号)二一頁。
(7) 岡田英弘『この厄介な国、中国』(ワック株式会社、平成一四年)一〇八頁。
(8) 同右、一一四頁、一四七〜一四八頁。
(9) 猪木正道「チャンコロから偉大なる中国まで　日本人の中国観の変遷について」(『文芸春秋』昭和四〇年八月号)八〇〜八二頁。
(10) 同右、八四頁。
(11) 中里介山『中里介山全集』第一八巻(筑摩書房、昭和四六年)二八八頁。
(12) 中里介山『中里介山全集』第二〇巻(筑摩書房、昭和四七年)一六八頁。
(13) 同右、一六七頁。
(14) 前掲『中里介山全集』第一八巻、二九四〜二九五頁。
(15) 前掲『中里介山全集』第二〇巻、一八一頁。
(16) 尾崎秀樹『西湖のほとり』(有斐閣、昭和五四年)一六五頁。
(17) 前掲『中里介山全集』第二〇巻、一八四〜一八五頁。
(18) ラルフ・タウンゼント(田中秀雄、先田賢紀智訳)『暗黒大陸　中国の真実』(芙蓉書房出版、平成一六年)四〜五頁。
(19) 西義之「日本の四人組は何処へ行った?」(『諸君!』昭和五六年三月号)二六〜二七頁。
(20) 前掲『暗黒大陸　中国の真実』二七三頁。
(21) 同右、二七三〜二七四頁。
(22) 同右、二七四〜二七五頁。
(23) 同右、一〇一〜一〇二頁。
(24) 同右、二八六頁。
(25) 同右、三〇五頁。
(26) 古森義久『「日中友好」のまぼろし』(小学館、平成一四年)二二四頁。
(27) 杉本信行『大地の咆哮　元上海総領事が見た中国』(PHP研究所、平成一八年)一五一〜一五四頁。
(28) 中西輝政『中国外交の大失敗』(PHP研究所、平成二七年)一八二〜一八三頁。
(29) 古森義久『日中再考』(産経新聞ニュースサービス、平成一三年)五五頁。
(30) 同右、四七〜四八頁。
(31) 同右、五五〜五七頁。

(32) 前掲『「日中友好」のまぼろし』二三八頁、二四〇頁。
(33) 中西輝政『日本の「死」』(文芸春秋、平成一七年)一三九～一四〇頁。
(34) 同右、一四〇～一四一頁。
(35) 竹内好『現代中国論』(勁草書房、昭和四二年)一六頁。
(36) 子安宣邦『日本人は中国をどう語ってきたか』(青土社、平成二四年)二三八頁。
(37) 谷沢永一『悪魔の思想』(クレスト社、平成八年)二一三～二一四頁、二一八頁。
(38) 同右、二一四頁、二一七～二一九頁。

第一章　共産革命と日本人

明石勝英は、敗戦後ソ連の日本人俘虜収容所に収容されたが、その後昭和二九年八月に帰国するまでの九年の間、中国で抑留者として医師の仕事をしながら生活した。瀋陽の病院に勤務していた明石は、中国共産党が政権を握る前の昭和二二年一一月、旧地主等を標的とした共産党による土地改革運動をごく身近で目撃する機会をもつことになった。彼は、銃剣を突き付けられながら、地主をつるし上げる精算大会を見に行かせられたが、その時の事情について、こう書いている。

土地改革は地主から土地を取上げて貧農へやるのであるが、地主は不当な方法で土地を壟断していたのであるから、その旧悪をここで精算させると云う意味で、地主、悪覇の精算大会がこの運動の頂点をなすのである。私は参軍中この精算大会を再三見に行かされた。将来日本に帰って土地改革をやるときの参考で、中共は日共革命の先導者だからだと云うのである。一九四七年の十一月中旬、朝、私の属して居る兵站病院の警衛隊の三名がやって来て、日本人医師三名はA村の精算大会を見学に連れ出された。寒くて行きたくないから渋っていたら銃剣をつきつけられた。余儀なく見学に行った。(1)

明石らが強制的に連れて行かれたのは、村の小学校であった。校庭では、すでに清算大会のための会場の準備が整っており、舞台には数々のスローガンが掲げられていた。会場には、子供と病人を除く村人全員がやはり強制的に集められていた。

精算大会場に当てられるのは小学校の校庭である。丁度鎮守祭の村芝居の様な急造舞台を拵えて、その舞台には種々のスローガンを掲げて、血仇深海……等と書き出してあり、又前記の地主の家から持出したものが山と積みあげられている。その前の広場には村民が多数、冬であるから防寒帽と綿服に着膨れて、地べたに着座して、何やらガヤガヤしている。この日は村は、役場も学校も工場も、一斉に休み、会場には、身長一米以下の子供と病人は除いて、村の全員が集合させられて居る。被精算者の家族は前の方の斜め横に並んで居り、民運工作隊は其の反対側に居る。貧民会の連中も適当に民衆の座席の彼方此方に散在している。舞台の上へ地主など六名が、高手小手に縛り上げられて、屠所の羊の様に引出される。(2)

明石によれば、清算大会は、次のようにして始められるのだという。彼は、大会の様子とその後の事情について、詳細な描写を書き記している。

民衆の間からは盛んにスローガンが湧き上る。愈々大会気分が高潮してくる。貧民会の幹部が舞台上から地主の一人々々の罪状を読み上げ――この外にも沢山ある筈だから云え――と民衆に呼びかける。立ち上った或るものは――地主某は小作米を不当に取上げたとか、自分の姉が奉公にいったらこれを辱かしめたとか、借金のかたに老母の蒲団を剥いだ――とか云い、果は野球のバットの様な棍棒をもって舞台に上って地主の身体を処構わずなぐりつける。地主は間もなく血まみれとなって悲鳴をあげ、血へどをあげてぶったおれる。気絶をすれば水をかけて覚まさせて、又、やる。この時、そんなことをした覚えがない等と云った地主は、よってたかって蹴り殺されてしまった。死骸は家族の溜り場に投げ渡される。その死骸に十六、七歳の少年と二十歳位の娘が取りすがって泣いたところが、中国共産党精算大会の目出度い日に泣くとは何事だ、と云われ公安隊につれて行かれた。丁度このとき私たち日本人医師三名は最後列で並んで見て居たが、同僚のMが私に――ひどいことをやる、叩き殺さなくてもよさそうなものだ――と低聲に云ったところ、予てから私達の周囲に張って居た中国人と朝鮮人で日本語の判る者がそれを聞きとがめた。種々釈明したが、Mは公安隊につれて行かれて数日間説諭を喰い、反省書（始末書）をとられて、フラフラになって帰って来た。この日は精算地主六名が皆、なぐり殺されてしまった。舞台上の地主の家財道具は土地改革の果実である。これを貧民その他、今日の土地改革精算大会に功労のあったものに頒ける。順番を民衆の申出によって定める。——張某が一番だ、いや李某が地主の殴り殺しに一番先鞭をつけて民意を昂揚した——とかで席次が決り、それぞれのものをもらって、意気揚々として帰って行く。(3)

毛沢東の伝記を書いたジャーナリストのフィリップ・ショートによれば、農民たちに撲殺されたり公開処刑されたりして命を落とした地主とその家族の数は、土地改革が終わる昭和二七年末までに百万人以上に達したと推測されるものの、実際にはその二、三倍だったのではないかという。また、地主階級を消滅させるための活動に際して、大きな役割を担ったのは、ソ連ではKGBのような秘密機関であったが、これとは対照的なことに、中国ではごく普通の一般の人々だった。それは、共産党の指導者毛沢東の意志によるものであり、毛は「抑圧してきた地主たちを素手で殺した農民たちは、受動的な傍観者には決してできないやり方で新しい革命秩序と深く結びつくことになる」と主張したという。(4)

革命前夜から共産党政権成立後まで、その政治的怒涛を冷静な目で眺めてきた明石は、「反革命分子」を裁いた人民裁判や、その後の処刑の模様も実際に目撃することになる。「反革命分子一掃」のキャンペーンが始まったのは昭和二五年のことであり、次いで国家・党の幹部の汚職、浪費、官僚主義に対する「三反」運動、さらに賄賂、不正行為、脱税、職務怠慢、国家機密の漏洩に対する「五反」運動が行われた。いうまでもなく、「反革命分子」の定義は極めて曖昧なものであり、結局のところ、ほとんど無限の抑圧的権力が地域や企業の党書記へと委譲され、彼等は党中央から励まされると同時に公安部の助けを得て、この絶大な権力を行使し濫用するに至った。

ジャン＝ルイ・マルゴランによれば、上海では、一夜にして三〇〇〇人が、そして四カ月間で三万八〇〇〇人が逮捕され、北京では、たった一日で二二〇人が死刑宣告を受け、ただちに公開処刑されたという。また北京では、九カ月の間に三万回の糾弾集会が開かれ、広東では一〇カ月間で八万九〇〇〇人が逮捕され、そのうち二万三〇〇〇人が死刑宣告を受けた。さらに、四五万社の私企業（そのうち一〇万社近くが上海の企業）が捜査の対象となり、経営者の三分の一余りと多数の企業幹部が公金横領の罪（最も多いのが脱税）で有罪となり、約三〇万人が懲役刑となった。毛沢東自身は、この時に一掃された反革命分子の数として八〇万人の数字を挙げているというが、マルゴランは「都市での処刑件数はおそらく少なくとも一〇〇万の大台に達したであろう」と推定している。そして、彼によれば、農村よりも都市において抑圧が厳しく、都市人口の約四・一％にあたる約二五〇万人が労働矯正所に拘留された。訴追されたり取り調べを受けたりした人々のなかでは、自殺の件数が非常に多かったが、その数は合計七〇万人と推定され、広東では、日によっては一日の自殺が五〇件まで数えられたという。(5)

瀋陽にいた日本人抑留者の明石は、「一九五二年四月二十六日の夜半から二十七日までに、公安隊及び公安局が全力を投入して、反革命分子一斉検挙を行ったのである。検挙は私のいた瀋陽市（人口二百五十万）でも万余を数え、全中国で百三十万を下らない、というから、極めて大規模のものである」と述べた上で、人民裁判の様子を次のように述べている。

〔昭和二七年〕五月十二日、これら反革命分子の典型的な連中を処刑するための血祭公審大会が、全国一斉に行われた。瀋陽だけでも当日の対象は四百名で、市内四ヵ所の会場に分けて行われた。各機関（官公署）団体、商社、隣組等から代表者が出席するから、各会場は万余を数える人数となる。これが所謂民衆裁判である。朝五時に起床、集合し、会場へ行った。私の行ったのは、南四馬路の国際グラウンド（旧満鉄グラウンド）である。メイン・スタンドが血祭の祭壇になっている。そこへ高手小手に縛り上げられ、足に鉄鎖をガチャつかせ、髯むじゃらに憔悴した反革命分子が二十五名ずつ引き出されてくる。そしてその罪状をいちいち読み上げられる。特設マイクの前に、これらの分子から嘗て圧迫された共産党員の遺族と称するのが出てきて、当時の苦を訴え、また犯罪事実を述べる。中国人一流の大げさな言辞をもって、訴告、控訴をし、これらの分子に死刑、仇討を要求する。すると、ワアーと民衆は一斉にこれに手をあげて賛同する。祭壇にある二十五名は直ちに死刑の宣告を受けて、次の二十五名と交代するのである。この会場での担当公審は百名であるから、二十五名ずつ四組になる。一組に二時間はたっぷりかかるから、昼飯も食べずにいるといい加減疲れてしまう。初めは緊張しているが、次第に面倒でいやになってくる。といって、「死刑」とか何とかスローガンの決まる時に、一斉に手をあげなかったりすると、後は相互批評会でやっつけられるから、皆、どんなに疲れても、我おくれじと競争して、ワアーッと手をあげることだけは忘れないのである。(6)

明石は、共産党政権下における人民裁判の様子について、このように記したあと、続けて判決を下された者たちのその後の悲惨な運命について、次のように付け加えている。

死刑と決まった百名は、トラックに分乗させられて、約三粁程離れた処刑場へ連れて行かれた。沿道には民衆が出て並んで、これらを弾劾する所作が方々で行われた。処刑場には散兵壕の様なものが四条掘ってある。処刑者を一間間隔に並列させ、約二米のところから一人宛二挺のカービン銃で、一斉射撃で銃殺した。処刑者はもう観念してか、悪びれもせず、このいましめと鉄鎖から、死に依って解放せられることを寧ろ喜んでいる様に見えるものすらあった。中に二名程、「蒋介石、万歳!」と叫ぶものがあったが、これには倍の銃弾が打ちこまれた。検挙されてから二十日足らずで、この様にして四百名が一斉に死刑にされたのである。それも民衆の面前のことで、効果はてきめんである。爾来民衆が、共産党というもの、公安局というものを恐れることは、大変なものであった。共産党はこわい、公安局はこわい、ということが頭にこびりついた。公安局員を見ると、その昔、日本で地頭を見る如く、泣く子もだまるといった次第になった。それからもチョイチョイと処刑が行われ、一斉検挙で挙げられたうち二千有余名が、瀋陽市関係で死刑になり、爾余は十年、二十年、終身の禁錮刑の判決が簡単になされた。(7)

明石とは別に、共産党政権初期の中国社会の実態をよく知る別の証言者は、明石が目撃した人民裁判という共産党の手法は、それを担当する工作員からあらかじめ綿密に指導や訓練を受けた上で、上演された芝居のようなものだったと断言する。この証言者は、人民裁判についてこう解説している。

告発人達は何時間も前以て、工作員から指導を受け、適当な時に叫声をはり上げることと、〝正しい〟判定を要求するように訓練される。であるから、裁判は〝革命的正義〟の運営どころかそれ以上に芝居がかつたものであつた。わめき立てる群衆は、この汚しい仕事を行うために党に利用されたのである。この巧妙な戦術は多くの中国人を騙して〝彼等が国家の政策に必要欠くべからざる対具であつて、彼等自身の運命の主人公であるかの如きサッカクを抱かしめた〟のである。党は彼等が単なる群衆であることを知つていた。文字通り幾十万の人間を片付けてしまつたのは、こう云つた工作員が仕立てた人民裁判であつた。多くの人々が旧競技場や競馬場などで処刑された。党の工作員に煽動された幾十万もの狂気じみた中国人が血を求めて絶叫し、共産党の傀儡警察が跪いている犠牲者の首に運命の弾丸を発射した時、彼等は大声で声援した。農村地区にいる人々もこの心理的テロリズムの感動と血と殺害の渇望を充分に共することが出来るように、裁判の模様が逐次ラジオで放送された。更にひどいのは、幾人かの子供でその親達が北京の匪賊共によって即座に殺害されたものたちが、親達が殺された後ラジオで放送し〝私は私の父を殺したことに対し毛沢東に感謝します。彼は反動でありました！〟と叫んだことである。(8)

一方、ホーリー・カソリック教会の僧正で雲南省と貴州省をふくむ雲貴教区の首長であったクェンティン・ホアンも、中共政府初期の中国社会がどのような状況であったかについて、様々な回想を述べている。ホアン僧正は、共産党の忌避にふれたため逮捕監禁された。そして、もし彼が共産主義に従うならば高い地位を与えようという中共の申し出を蹴って中国を脱出し、アメリカに逃れた。彼は、「私が自分の経験と見透しを通じて、実際に行われている共産主義とあの美くしい『理論的』共産主義とがいかに異ったものであるかを述べることが、私の義務であることを確信するようになったのは、まったく神への信仰からである」(9)との心境から、文章を書き残した。彼は、監禁中の自身の体験についても述べている。ホアンによれば、「日曜をのぞいて毎日行われるバイブル・クラスと研究会によって、三つの特別監房のクリスチャンやその他の人の間にはますます親密さが加わってきた。キリスト教ではお互の間に同情心がわき、恐れがなくなる。そうしているうちに彼等は何時、どこで捕まってどういう風にここにいれられたかについてめいめいの話をし合った。これらすべての話を綜合することによって（中略）私達は中共政府の初期、いわゆる革命の秩序の確立期に対して深刻な洞察を行うことが出来た」(10)。こうした事情からホアンの知り得た状況は、次のようなものであった。

一九四九年十二月二十日から、国民党軍隊との協定が行われた後（その条件の中には国民党軍の将軍達の釈放、数台のトラックに満載した金銀の贈りもの、その結果として国民党軍の昆明からの撤退が含まれている）共産党の地下工作員はその超政治的組織たる公安局と共に表面に現われ昆明を完全に支配してしまった。彼等は直ちに街の五カ所に木製の告発箱を設けた。それから新聞、ビラ、ポスター、集会、ラジオ放送などを動員して大衆に国民党特務分子、反動、反革命、反帝国主義者、封建主義者、その他すべて新政府の敵と見られるものの名前と住所を秘密に告発するように激励した。人々は人民政府の主人であるといわれ、人民の忠誠を示し、革命の秩序の確立に力をかすことはその任務であると煽動された。以前の政府につかえたものはみなその過去の罪を償い、同時に新政府における現在の地位を維持するため少くともかかる敵性分子二十人を告発することが要求された。五つの木の箱はたちまちそういう分子の名前、住所、罪状告発で一杯になった。当時公安局の最初の、そして恐らく唯一の仕事といえばそのうそかほんとか判らない報告や証拠にもとづいて告発された人々を、何の調べもせずねこそぎ逮捕し、収監することであったろう。それは共産党の旧くからの政策「一人の有罪者を逃すよりも一万人の無実の人を捕える方がよい」であった。それと同時に共産主義者と急進的青年学生は銃をとって自衛団を組織し、自分達が反動と目するあらゆる人物を逮捕する無制限の権力をにぎった。かくて政府及び個人企業の使用人組合は一夜にして権力の座にすわり、以前の支配人を牢獄に送った(11)。

ホアンによれば、当時監獄に入れられることは、ある意味で「名誉」なことなのだったという。なぜなら、監獄の中は「あらゆる種類の知能の集積」という様相を呈したからである。彼は、こう書く。

旧くからあった監獄も新たにつくられた沢山の監獄も、数日中に政治犯でいっぱいになってしまった。どう少く見積ってもその一週間内に昆明で捕まった市民は国民政府の憲兵や兵士ですでに収容されたものを別にして、七千名をこえたはずである。監獄に入れられるということは普通、はずべきことだと考えられていたが、この恐怖の支配時代にはあまりに多くの前時代の指導者や教育の高い人々が収監されたので、私達はよく人々がこういうのを耳にした。「今じゃ監獄にはいるのは恥じゃない、名誉なのだ。なぜって、それはわれわれがこれまで自分の仕事を厳格に良心的にやってきたことを示すものだから(12)」。

また、ホアンは、逮捕や粛清について、「或る人々は罪名なしで、或るものは告発者なしで逮捕された。告発者の名前や住所を調べて行くとそんな人が全くいないことが発見される場合がしばしばあった」とし、その実態について次のように述べている。

ともかく当時もし貴方の名前や住所が秘密告発箱の一つの中に発見されるか、または自衛団か組合員の一人に憎まれたとすれば、貴方の運命は監獄入りにきまったといってよかったのだ。これがいわゆる第一段階——人民の敵を追放し、革命秩序を確立する第一段階である。この期間はまた逮捕の期間ともよばれていた。それは四週間から八週間続いた。この間午後八時から午前六時までの夜間通行禁止令が厳重に守られた。そして夜の十二時から午前五時までの間に公安局のものに率いられた青年達(自衛団のメンバー)、警官、兵士、その他のものから構成された逮捕隊は、かど並みに目ざした家をさがし、告発された者の男女、老若を問わず、また教育があろうとなかろうと、社会の上層であろうと下層であろうと、金持ちであろうと貧乏人であろうと、罪があろうとなかろうと、彼等は一言ものを言わされず捕まえられ、監獄におしこまれ、共産主義者がそれぞれに適当と考える思想教育、自己批判、収監、利用または粛清を受けねばならなかったのだ(13)。

ホアンは、逮捕や告発に象徴される共産革命の「第一段階」についてこのように記したあと、共産党支配下におけるメディアについて、次のように付け加える。

共産主義者が町を支配すると数社の新聞社は発行停止処分を受け、その他の新聞社はその支配下におかれて、共産主義宣伝機関として利用された。これらの新聞には国内ニュースも国外ニュースものらずただ「学習」「増産」「共産党の歌」「労働英雄」「学生集会議事録」などについての論文や、今までの社会で地位の高い人や著名人と見られるものに対する特別な告発状が満載された。これは人心に警告をあたえ、人民の敵を認識させ、革命秩序の確立時期に彼等の名を密告させるためであった。(14)

ところで、中共政府における秘密警察の実態と、それに怯える中国社会について証言する人物もいる。先に人民裁判について、その実態を暴露し解説した証言者は、警察や秘密警察の暗躍とそれに怯える都市の状況について、次のような文章を書いている。

中共の警察と秘密警察制度は余りよく知られていない。それは中共訪問者が余り探知しないのと、共産党の公的出版物が殆んど情報を提供しないからである。(中略)数週間に亘つて中共を視察した印度社会党員ブラジキショール・シャストリが、印度デリー市で発行されている週間雑誌『ソウト』の昭和二十九年五月八日号の中に報告記事をのせ、中共警察の活動の一端を描写して、警察活動と一般中国国民の生活との間に緊密な関係があることを示している。(中略)シャストリ氏は、五反粛清運動に於ける党の警察及び秘密警察の活動について知り得たことを、次の如く書いている。即ち〝昨年……警察は、贈収賄及び闇取引を取締ると云う名目で、更に苛酷な処置を、恐怖を与える手段として採用した。多勢の容疑者が警察の取調べを受けるよりも自殺を選んだ〟昭和二十七年の或る風の強い晩に、上海で三百七十三名の人々が自宅の窓から投身自殺を遂げたことを、友人から聞いた。自殺が流行した。当局がその処置に手加減を加えるに至つたのは、自殺の流行を防止するためであつた。〝こうした暗澹たる時代に、上海では、夜分自宅の窓を開放しておれば、違反者と看做された〟と云うのは、自殺するつもりで窓を開放していると疑がわれたからである。贈収賄、闇取引撲滅運動だけで、都合四十万人の生命を奪つたと云われている。もう、これ以上云う必要はない！　かつて中国の学者や学生が、蒋介石政権の恐ろしい秘密警察を手ひどく批難したことがあつた。だが今日の中国では、警察が彼等の頭の毛の中にまで入り込んでいる。(15)　唯、今日では、彼等はそのことについて何も云えなくなつただけである。これは、中国が〝解放〟されたからである。

証言者は、こう述べた上で、次のように結論づけている。「我々は、中共には法律の支配がなく、共産党の独裁権に対する一切の反対を弾圧し根絶するために、仮借ない暴力と人間奴隷化の手段のみが使用されていることを知つた。（中略）匪賊が検察官となり、軍事委員が判事に変じ、若い党員が警察官、秘密警察官等々になつて活動しており、判事が青年団や婦人団体の指導者を兼ねたり、警察官が市役所の役員や共産党員を兼任している」[16]。

昭和二六年に始まった三反運動は、大学においては思想改造という形を取り、その標的となったのは大学教授たちだった。北京大学における三反運動の実態について証言しているのは、大正九年に揚州に生まれてから国府軍パイロット養成付き通訳として渡米したものの、燕京大学（昭和二八年北京大学と改名）からの要請でアメリカでの研究生活を擲って帰国し、燕京大学英文学教授となっていたウー・ニンクンである。ウーは、当時の様子を詳しく記述している。その回想によれば、「燕京大学では、〝米帝文化侵略〟が諸悪の根源とされ、三反運動は〝親米、崇米、恐米感情〟の一掃キャンペーンになった。北京の党委員会から特別作業班が大学へ派遣され、キャンペーンを指導するとともに大学を管理することになった。授業は中断され、学生は総動員のうえ小グループに編成され、大学の歴史と幹部および教員の過去を調べることになった。学長室から書類が全部運び出され、図書館の閲覧室の床一面に広げられた。学生活動家が調べて、文化侵略とスパイの証拠を探しだすのだという」[17]。当初、攻撃の対象となったのは、陸志偉学長、神学部長、哲学部長の三名の教授だった。

三人は各種の集会にひきずりだされ、学生と教職員双方からさんざん非難、罵倒され、米帝国主義に奉仕してきた諸悪を告白せよと責めたてられた。私はしばらくしてそれに慣れた。だが、学長が学校をあげての反学長キャンペーンで痛罵されたのには驚いた。こともあろうに、それは学長の保護をうけブリッジの仲間でもある呉興華と、燕京では上級生で学長の一人娘が先頭にたって組織したのだった。ショックだった。しかし、学長の家の年とったお手伝いは、作業班の圧力に負けて主人を〝残忍な搾取者〟呼ばわりするよりは死んだ方がまし、と庖丁で首を切ろうとした。神学部長

C・T・趙博士の犯罪は、一九四六年にプリンストン大学からアイゼンハワー元帥らと一緒に名誉博士号をうけたことであった。「こいつに仲間がいるのはうそじゃない。周知のように、アイゼンハワーは残虐な帝国主義の戦争屋だ。それでは、こんな仲間をもつ神学部長はどういうことになる？」告発者は自分の雄弁なレトリックに酔いしれた。哲学部長の張東孫教授は、一九四九年、北京の〝平和的解放〟に橋渡し的役割を果たした人物であったにもかかわらず、米帝に奉仕するスパイの疑いをかけられた。この三人は、革命が成功する前から公然と共産党を支持していた。だがそろって〝米帝分子〟と批判され、即決で地位を剥奪されたのだ。学長の娘は、ご褒美に北京市人民代議員に任命された。(18)

学生が教授たちを吊るし上げるという北京大学における三反運動のこうしたスタイルは、のちの文化大革命を彷彿とさせる。文革における紅衛兵たちの糾弾スタイルは、紅衛兵たちによる発明ではなかったのであろう。三反運動の犠牲者は、もちろん三人の教授たちに止まらなかった。ウー・ニンクンは、こう続ける。

三人が屠られた後、今度は全教授が、親米ブルジョア思想に染まっていないか、自分の過去を検討せよと命じられ、集会で学生たちからの批判にさらされた。中国語や歴史の教授は、よく一緒に食卓を囲みながら、新秩序について機知に富んだ意見を交わした。彼らは徒党を組んで新中国に敵対する〝一〇人の反動分子〟の烙印を押された。全員が大集会で激しく罵倒され、強情な教授数名は、悔い改め自白するように独房へ入れられた。ある中国語の教授はひどくおびえて、地面にひれ伏し許しを請うたが、骨のないみじめな卑劣漢と鼻であしらわれるだけであった。(19)

共産党政権の下において、理不尽で過酷な体験に遭遇させられたのは、中国人だけではなかった。敗戦後も中国に留まった日本人たちの多くにも、悲惨な運命が待っていた。高尾栄司によれば、中国共産党が国民党との内戦に勝ち抜くために、また共産党政権を樹立するために、大陸に残された日本人の捕虜や抑留者たちを利用することの価値を誰よりも高く評価していたのは、他ならぬ毛沢東自身だったという。毛沢東は日本人の捕虜や抑留者たちを「人間改造」し、中国共産党の利益のために有効活用しようと考えた。日本人たちは、ある者は病院で八路兵たちに対する医療・看護活動を行い、またある者は炭坑採掘に従事し、その他鉄道の輸送や八路軍用の武器の製造等々、幅広い分野で八路軍に管理されながらタダ同然で働かされた。日本の敗戦から五年もたった昭和二五年の時点で、「留用」という名の下に強制的に中国内に抑留されていた日本人は、三万五〇〇〇人もいたという[20]。そのなかには、通化事件を口実として入獄中に拷問と虐待を加えられ、生命、財産、技能、生存権、その全てを共産党軍に握られ、無一文になった上に長期間の強制労働に従事させられた日本人男女二五〇〇名が含まれていた[21]。一方、日本人捕虜たちの「人間改造」に功績のあった中国人工作員たちは、その後、多くが大学教授や党の指導幹部になり、豊かな生活を手にすることとなる[22]。

留用された日本人の一人であった遠江平太は、敗戦後技術関係者として留用命令を受け帰国することを許されなかったため、ある研究所に勤務する傍ら吉林市のはずれの公園に近い住宅地に住んでいた。彼は、次のような体験を述べている。

中共政府は満洲国時代に軍人、警察官、官吏として日本に協力したものと国民党に協力奉仕したものは、一応全部敵性経歴を持つ者として届けでることを命令した。届け出は書類でもよし、口頭で公安局か近所の派出所または街や区の人民政府に申しでればよいことになっていた。正直に届けでた者は登録され、希望によって能力に応じた仕事も与えられた。しかしなかなか正直に届けでる者がなかったので、一九四九年の秋、つまり中共が全満洲を占領して丸一年目ころから、そうした敵性経歴をかくしている者を摘発するための鎮反運動を起した。いまからでも遅くない、前非を悔いて一日も早く届け出でよ、届けでた者は寛大に処置する、と警告した。それでもなかなか届け出の足並はにぶった。重ねて二度三度と警告がだされた。一九五〇年のはじめころにはもう寛大な処置どころではなくなって、みつけしだい厳罰に処するということになった。そして密告が公然と奨励された[23]。

一般に、共産主義政権と密告とは密接不可分なものであったことはよく知られているが、中国でもそれは同様であった。遠江は、「子が父を、妻が夫を密告することすらも、最高の道徳として奨励された。『大義親を滅す』という気風が尊重されて、父を訴えた子は英雄として称賛の的になつた。人情とか義理とか温情とか人道とかいう考え方は、すべて階級的の罪悪である、あくまで無産階級的立場にたって、個人的の利害とか感情に負けないことが無産者の最高道徳である、という教育が繰りかえし繰りかえし行われた。そのため子供たちは、父親の秘密を密告することを道徳と考えるようになった」と述べている。そして、遠江はこのように述べた上で、多くの人々が「民衆の総意」という名目によって殺された、と証言している。

もとの地主とか資本家とか、また女郎屋の主人というように、個人的に深いうらみを持たれる職業人たちは殺された。邪宗とみられた一貫道（いんちき宗教）や秘密結社（在家裡）の関係者たちも、みつけしだい殺された。殺すといっても中共政府が殺すのではなくて、民衆の総意によって銃殺という名目がとられる。街や村の広場で民衆大会が開かれ、そこに罪人が引出されると、その前で被害者が過去にどのような目にあわされたかを泣きながら訴える。これを『訴苦』という。この訴えをきいて民衆全部で裁判する。これが民衆裁判だ。ここにつれ出された罪人は、ほとんど全部といってよいほど槍斃（チャンピー）といって銃殺の刑に処せられた。(24)

遠江は、鎮反運動と密告の奨励、それに続く人民裁判、処刑についてこのように証言したあと、三反五反運動についても付け加えている。

鎮反にひきつづいて三反および五反運動が行われた。一九五〇年のことだ。官公吏、工場労働者、その他公営機関の労務者に対して三反――反官僚主義、反乱費、反貪（汚）職――運動が行われ、一般民衆に対して五反運動が行われた。三反五反共に各人のタンパイ（告白）を主にして調査が進められたが、これも密告が圧倒的に多かった。ある大学教授は官僚的だと密告され、三反委員会の命令で朝から夕方まで、教室で学生の前にひざまずいて陳謝の姿勢でいなければならなかった。三反委員は若い人たちによって組織された。彼らは汚職や乱費の悪徳を持たない者として、その資格にかなったわけだ。（中略）五反運動にしても、これは一般民衆に対して行われた運動だが、長春などではあまりきびしくやり過ぎて、ほとんどの個人商店が全滅したほどだった。(25)

遠江の文章は、「中共は天国か地獄か」という副題をつけられた書物のなかに収められているが、共産党による政治的支配の実態について書いている他にも、その政権下で自らが目撃したり体験したりした様々な日常的風景が描かれている。彼は、まず、中国社会に泥棒が多いことに驚いた。

要心するほど実際泥棒は多かった。どんなに要心しても、公園に面した住宅地の応接間は軒並み泥棒に入られた。盗られた者は持っているから盗られるので、盗ったものは持たないから盗ったのだという考えで、公安局はあまり問題にしてくれない。そればかりではない。泥棒は鉄条網の中、つまり住宅地の中にも住んでいたのだ、ほとんどの中国人――みんな研究所や大学に勤務する相当の知識人であり地位も高い人々――が、人目さえなければ、平気で他人のものを持って行ってしまう。中国人は洗濯物をほすと誰かちゃんと番をしているが、日本人は番などしない。だから物干しにかけたワイシャツでも防寒シャツでも、ふとんでもなんでも盗まれてしまう。私の家では、ある寒い日、アルマイトの金色に光るボールにクリームを入れてアイスクリームにしようと思い、ちょっと玄関外においたら、もう盗られてしまった。こんな泥棒話はむかしからの中国の伝統で、八路軍の治下になったからといって、一朝一夕になくなるものではないのだった。「世の中がよくなれば泥棒はなくなる」公安官はそういうが、私たちにはそのまま鵜のみにはできない。[26]

遠江は、人の物を盗むことは中国の伝統だったと述べているが、そのことと並んで、「借りたものは請求されるまで返さないのも中国人たちの習慣だった」と述べる。

庭をいじる道具とか大工道具など中国人はほとんど持ってはいず、入用なときには私たち日本人のところへ借りにくる。しかしなにを貸しても一度もかえしにこない。どういうわけだ、ときいてみたら他人に貸せるほどのものならいらないものにちがいない、いらないものをかえすのは双方共によけいな手間だ、というのだ。つまり、かえさないのがエチケットなのだった。私たちは唖然とした。私たちは帰国まぎわに、平野義太郎という人の『泥棒のない国』の一節を学習させられて、苦笑もできぬほど浅はかな見方にあきれた。[27]

遠江をしてその浅はかな見方をもって呆れさせた平野とは、元東京帝国大学法学部助教授で、戦後は中国研究所所長や日中友好協会副委員長などを歴任することになる平野義太郎のことである。平野は、昭和二八年在留邦人帰国交渉の代表団の一員として中国に赴いた際、監獄の視察を行った。彼は、帰国後の報告会で、次のように語った。「交渉の合間に監獄を見学させてもらったが、監獄とは思われぬほどの明るさを目のあたりに見た。そこには日本のような独房もなく、囚人たちは数班にわかれ、あたらしい中国について学習をしたり、監獄のなかにある紡績工場や鉄工所で三交代で仕事に精出している。囚人の指導は工作員がしているが、それにはすこしも警戒の様子らしいものが見えない。それで、その人に囚人が逃げることはありませんかと聞いてみると、一九五二年に一人脱獄者があったほかは全然いないとのことだった。それというのも外には泥棒がいなくなってきたために、万一逃げたとしてもすぐにわかってしまうほど社会の秩序がたもたれているためらしい(28)」。泥棒のいない国という平野の中国イメージは、残念ながら、その後も一貫して変わることはなかった。少しあとのことになるが、昭和三三年一〇月に訪中して人民公社を視察した際、湖北省の孝感県長風人民公社を訪れた平野は、次のような感想をもった。「犯罪―窃盗事件はまったくなくなり、水争いの喧嘩ぐらいが争訟事件となったくらい。調停を主にして訴訟は少い人民公社化してゆくにしたがって、資本主義の産物である犯罪は激減し、犯罪者にたいする労働改造が主だから、監獄も不要になろう(29)」。

遠江は、次のような理不尽な体験についても、証言している。すなわち彼は、「学問の内容を話すのはよいが、米英日などの学者の名を冠して話すことは絶対にタブー」だった中国社会のことをよく知らずに、余計な批評をしたばかりにひどい目に遭った。彼は、「帝国主義思想の持ち主で、中国人を馬鹿にし中国にケチをつけたのだといわれて、思想改造の時に非常に苦しめられる」という自身の痛い経験について、回想している。遠江によれば、中国では「中国人の祖先が、どのように偉大であったかを証明しようとして歴史を説く。大運河や万里の長城は、中華民族の誇るべき技術だと教える。しかしアメリカの大建造物はすべて憎むべき資本家共の搾取の成果であり、ヒットラー道路はファッショの人民搾取の記念だと罵倒することを忘れない。われわれからみれば、万里の長城などこそ専制君主の奴隷酷使の遺跡でしかないのだが、そんなことはおくびにもださない」という。

ある大学の教材としてこんなのが使われていた。——南支に一つの古代の石橋がある。アーチ型の太鼓橋だ。これは橋上を走る物体に遠心力を与え、橋に対する圧力を減少させる構造だ。中国には古代ですらこんな力学のすぐれた知識を持った技術者がいたのだ——と説明する。あるときこの説明をきいた私が、中国人の友人に、「それは少々おかしい。アーチ構造は静力学的必要によって材料の問題から生れたもので、築造技術の点で自慢するのはよいが、遠心力と結びつけるのはどうかと思う」と批評した。この批評のために、私は帝国主義思想の持ち主で、中国人を馬鹿にし中国にケチをつけたのだといわれて、思想改造の時に非常に苦しめられる結果になった。学問の内容を話すのはよいが、米英日などの学者の名を冠して話すことは絶対にタブーだ。ロシアの学者の名前をあげるとほめられる。だから無難に過ごそうとすれば、ロシアから原書をとってそれを訳せば一番よいわけだ。その原書によると、無電、翼理論、遺伝法則、週期律、結晶理論など、すべてロシア人が創始だと書いてある。日本の帝大をでたある中国人の無電技師が、「無電はマルコニーが実用化したと思うね。ポポフの発明だなんておかしい」と後輩に話したところが、これがまた問題になって、思想改造の時彼もさんざん油を絞られた。結局、ポポフの発明と認めざるを得なかった。(30)

遠江は、最後に、自らが体験した「厳しい命令に疲れて身心ともにへとへとになりながら虫と闘った」、笑うに笑えない次のようなエピソードについても、紹介している。事の発端は、こうである。「一九五一年の早春のことだった。雪と氷に掩われた北鮮の山野に、米軍が盛んに細菌弾を投下しているということを、ラジオも新聞も伝えだした。そのため漢江（朝鮮の河）の氷上には蝿がかたまりになって落ちてきたという情景すらも語られた。細菌弾は鴨緑江岸にも東満にも投下された。新聞には、パラシュートつきの細菌弾が地上に落ちた光景が、写真入りで掲載された。説明によるとこの細菌弾は地上に降りると、円筒の側面が開いて、中から細菌を持った蝿やばったやくもなどの昆虫類がとびだす仕組みになっているものだということだ。この報道に中共の民衆はいきりたった」。
政府はすかさず厳重な蠅とりを命令した。一匹の蠅も生かしてはならない、という目標のもとに、徹底的な蠅とり運動がはじまった。民衆は今まで蠅なんか親類ぐらいにしか考えていなかったのに、細菌弾の恐怖ですっかり蠅を目の仇にすると、いさましく征伐をはじめた。雪がとけはじめて小虫どもがぼつぼつ動きはじめたころ瀋陽、長春、チチハルなどにも細菌弾が投げられたと報道された。瀋陽では一人の工人が原因不明の高熱をだしたと、写真入りの新聞記事がでた。そこでいっそう人々は蠅や子虫どもと闘う決意をかためた。まず隣組が結成されて、各戸毎日二百匹ずつとった蠅を組長に届けでることになった。もしこれを怠る者があると、すぐ非協力的だと責められた。蠅とりと同時に清掃運動も行われたが、検査員には小学生があたった。子供たちは少しの妥協もせず、一軒一軒廻っては、ひとすじのくもの糸があっても警告を発し、びしびし不合格の貼紙をはった。私たちの地区では、二つの隣組が清掃競争をはじめた。検査員にはおたがいの相手方のものがあたり、屋内、屋外と分けて重点をきめて採点しあった。その結果、台所の鍋釜の底がぴかぴかに磨かれてないから落第だといいだす検査員もある始末、これではたまらないと私たちは神経衰弱気味になった。庭や道路の小石の下にも子虫はいる、ゴミ箱も虫の巣だ。みんなかたづけろと命令される。(31)

このような状況に置かれれば、遠江のみならず、平均的な人間であれば誰もが神経衰弱気味になるのは当然のことであろう。他国においてはごく容易に享受できる平穏な日常生活そのものが得られず、毎日の生活に誰もが疲労困憊する社会、それが共産主義社会である。遠江の回想は、次のように続く。

夜十時頃怪しい虫がでる。米軍が投下したものにちがいないからすぐ捕れ、と各区単位の虫とりが、夜更けに総動員でたびたび行われた。ローソクを持って家の外壁を這う虫を焼き殺したり、草の根を分けて虫を捕え、ついでに草も引きぬいて虫のかくれ場所をなくせというわけだ。こんなわけで、民衆は細菌弾への恐怖といっしょに、厳しい命令に疲れて身心ともにへとへとになりながら虫と闘った。おかげで蠅も蚊も少なくなった。だが南京虫と虱は少しも減らないばかりか、却ってふえてさえもいたようだ。(中略)米軍が細菌弾を投下したという事実についてすらも、こんな話がある。安東に米軍の細菌弾が落ちたと、写真入りの新聞報道があった後、長春の軍医大学附属病院長だった独人ロートシユテルン氏が、現地調査を命じられて安東に向った。一週間後帰ってきたロ氏は、細菌弾を投下された形跡もなければ、細菌の影響も認められなかったと報告したため、そくざに行政処罰を受けた。こんなことから考えると細菌弾のことは嘘か真か、私たちにはいっこうわからぬことだが、それで敵愾心をあふり、愛国心を強めて、ともかく清掃を徹底的にやらせてしまったのだ。この中共のやり方はたしかに巧妙というほかない。[32]

政権の指導者毛沢東が駆除を思い付いたのは、蝿だけではない。彼は、蝿の他、雀、鼠、蚊を駆除すべき「四害」に指定し、全国民を動員して駆除運動を展開した。問題が大きかったのは、雀の駆除である。人々は棒や箒を振り回し、ジャンジャンと騒音をたてて雀を追いたて、雀が疲れて地面に落ちたところを捕まえて殺したが、問題は単純ではなかった。なぜなら、雀は穀物も食べてしまうが、害虫も食べてくれる存在だったからである。しかも、雀駆除のあおりで、他の鳥も多く死んだ。その結果、雀や他の鳥類が捕食していた害虫が大量発生して、壊滅的な被害をもたらした。その後、中国政府から北京のソビエト大使館に「最高機密」と記された依頼状が届いた。その内容は、社会主義的国際協調精神にもとづき、可及的速やかにソ連の極東に生息する雀二〇万羽を中国宛てに送付願いたい、というものだった。[33]

昭和三〇年末に、在留日本人の引揚船に便乗させてもらい、幸運にも中国を脱出することに成功した許宮も、共産中国に絶望した人間の一人だった。許は、もともと日本に長く住んでいた華僑であったが、革命後祖国建設の希望に燃えて家族と共に中国に渡った。ところが、二年余りの間に中共政権下の生活に幻滅して出国を画策し、結局妻が日本人であったことに助けられて、その家族の一員として引揚船で帰ることに成功した。許は中国滞在中、妻や子供から「どうしてこんなところへ連れて来たのよ！　早く日本に帰して！」と言われたが、それに反論することができなかった。[34]彼は、共産政権下の中国における生活の過酷さを、次のように述べている。許によれば、中国では「全体と機械が優先で、個人の体は二の次である。永く病欠する者に対しては、組の者が吊し上げるほかに、思想状況が調査され、怠業と見做される節があったら、これも『反革命分子』の列に加えられる。仕事中機械を破損した場合も勿論徹底的に調べられる。少しでも故意と見做される節があったら、これも『反革命分子』になってしまう」という。

工具類の破損はすべて弁償である。電車、バスの車掌には切符を結び付けるベニヤ板製の幅七寸位、長さ五寸位の「票板」というのが渡っている。ある車掌が満員の乗客の中でこの票板を押しつぶされて割ってしまった。早速弁償しろと云われたが、車掌は自分の責任じゃないからいやだと云った。責任でも非責任でも、過失なら弁償で済むが、故意だったら「反革命分子だぞ」と聞かされて青くなってしまった。わずか一千圓（十五圓）で反革命分子にされたら目も当てられない。とにかく、弁解無用で弁償である。華僑の一人が電気熔接に分配された。もともと大した熟練工ではなかったので、ちょいちょい失敗していた。そして共通の不平不満組だった上、気が短い方だったので、ときどき同僚と云い合いをやった。また面白くないときには勝手に無断欠勤をやったのが最もいけなかったが、ある日、人民服の警官に職場から後手に手錠をはめられ逮捕された。二日後に関係職種の各工場に貼り出された掲示で、その罪状がわかった。「怠業、流氓行為（ごろつき行為）、生産破壊の反革命分子」というのである。天津出身者で帰国後結婚したが、細君も夫がどこに入れられているのかさえ、訊き出すことができない。消えて亡くなったとはこんなことだと、私らもやっと、その言葉の意味が解ったような気がした。ある機械設計技師が図面を引き違えて、図面通りに製作された部品がおしゃかになった。国家に対して一千五百万圓の損害を与えた反革命分子だということになって、これは銃殺されてしまった。[35]

許は、ごく身近で繰り返し行われていた銃殺を目撃する体験ももった。彼によれば、「投獄、銃殺は街々に貼り出される幅二尺長さ三尺位の『法院長告示』に依って公表される。刑の執行までの経緯は一般の者には誰ひとり知る由もない。罪状も告示以外には誰も知らない。そして告示で見る刑は殆んど銃殺である。十五年、二十年の重労

働は滅多にない」という。こう述べた上で、許は、銃殺の様子について具体的に証言し、次のように書いている

反革命分子が問題である。反革命分子は極刑だからだ。何でも反革命分子に結びつけられたらおしまいである。そして平ボデーのトラックに乗せられ、大型拳銃をつきつけられて、公開銃殺場へ送られてこの世から消えて行く。銃殺というと映画に出て来る六名か十二名の兵士が整然と並び、指揮者の号令で壮烈に一斉射撃することを連想するが、ここではそんな無駄はしない、至近距離から後頭部をねらった一発で解決する。私らも土地の人の云う「一個弾子」を真似て「一発」と云った。「ギューギュー」という妙な不気味さを帯びたサイレンを聞くと「あ、一発組が通る」といった調子である。（中略）私はあの不気味な音のサイレンを聞く度に一種の幽気を感じた。あの音がすると何か、世間のあらゆる活動が停止してしまうような虚脱状態を感じる。かつては子供達が面白がって銃殺を見物に行ったものだったが、大ていは一回で懲りてしまう。今はただ「ワーイ、鎗批（銃殺）々々」とはしゃぐだけで、後をつける者も居なくなった。大人達はわざと目を逸らして、心の平静を装う。そして街角に貼られた「法院長告示」をちらっと見て、通り過ぎて行く。ゆっくり罪状を読むのではなく、並べられた名前の数をかぞえて行き過ぎるのである。この社会は人命を虫けら並みに扱っている――私はそういう印象を受けた。(36)

中国共産党の政権が、酸いも甘いも噛み分けた大人的風格のある寛容な政権であるとの造られたイメージが崩壊しかけたのは、昭和三一年一月に毛沢東が「百花斉放、百花争鳴」を呼びかけてからわずか一年余り後の昭和三二年六月、一転して反右派闘争、すなわち「毒草」刈りが大々的に開始された時であった。もともと党が知識人の言論のある程度の自由化を許したのは、昭和三三年から始まる第二次五カ年計画に知識人の協力を求め、沈滞しきった雰囲気を活性化するためであった。知識人たちも当初は疑心暗鬼だったが、やがて活発に意見を述べ始め、学生たちまでもが党や政府を批判し、ストすら計画されるようになった。党はそうした動きに警戒心を募らせ、昭和三一年六月にポーランドで起こったポズナニ暴動や、一〇月のハンガリー動乱の二の舞に発展することを恐れた。そして、急転回して反右派闘争の名のもとに言論弾圧を開始し、党や人民民主主義独裁を破壊したり弱めたりする言

論を、「毒草」と断じるに至ったのである。

一方、稲垣武のいうように、日本のいわゆる進歩的文化人たちは、百花斉放・百花争鳴には諸手を挙げて歓迎していたものの、その後の反右派闘争には沈黙を守った[37]。そして、百花斉放・百花争鳴を大いに歓迎した日本人の代表が、法政大学文学部長の谷川徹三であった。谷川は、昭和三一年一一月に発表した「中国とソ連を訪ねて」と題する旅行記のなかで、百花争鳴についてふれ、次のような感想を披露している。「以前には批判と言っても、すでに出されている一定の結論に結局落ちつくような形でしか批判はなされなかったし、また許されなかった。それが『百花争鳴』の合言葉と共に、もっと自由になったという。そういう合言葉によって、いいかえれば上からの指令によってそれがそうなったところに、今も不信の念を懐く人があるようであるけれど、われわれはもう少し気長に事態の推移とその結果とを見たいと思うものである[38]」。

当時長沙市で暮らしていた梁恒の母親で、市公安局（警察署）の前途有望な幹部でもあった女性も、この「百花斉放」から反右派闘争へ急転した共産党政権に翻弄された犠牲者の一人だった。彼女は、これが原因で夫から離婚され、梁一家は家族崩壊の目に遭うことになる。梁恒は、母親の悲劇についてこう書いている。

一九五七年の初め、「百花斉放」の運動が開始された。その公式の目的は、大衆の批判を聞くことによって、党に自己の欠点を正すチャンスを与えるということであった。（中略）長沙市公安局では、何回も会議が開かれ、一人ひとりが、彼あるいは彼女自身の意見を自由に表明するように促された。母はどうしていいかわからなかった。（中略）彼女の職場の指導者たちは、全員、とくに将来党に参加することを望む人間は、積極的に運動に参加すべきだと説いた。彼女は当時、好感を持たれていて、全市の逮捕状についてそれを認可するという重要な仕事を与えられていた。だから彼女は何か問題を提起することが自分の責務だと思い、やっと三つのことを考えついた。それは彼女のセクションの長が時々乱暴な言葉を使って人を叱ること、また彼の家のお手伝いさんが床に寝なくてもすむように、ベッドを与えるべきだということ、それから昇給の時期に、指導者たちが大衆の意見を聞かなかったことがあること、この三点で、彼女はそれをいった。しかしそのとき、まったくわけのわからない速さで、「百花斉放運動」は「反右派闘争」へと変貌した。（中略）とにかく各部門は一定の人数の右派分子を摘発するよう割り当てられ、母の名前は公安局のそれのなかに挙げられたのだった。（中略）たぶん彼女のセクションの長は、彼女に怒りを抱いたであろうし、そしてたぶん彼女の職場は、割り当てられた右派分子を見つけ出すのに苦労したのであろう。（中略）母は袁家嶺の郊外の労働改造場に送られた。(39)

昭和三二年に展開された反右派闘争の状況は、天津市においても似たようなものだった。中国共産党天津市委員会弁公庁に長年勤務していた王輝は、のちに文化大革命を身をもって経験することになるが、王はのちの時代の文革は多くの人がいうように「歴史に前例がない」ものでは決してなく、反右派闘争と文革とは「残酷に闘争し、容赦なく打倒する」点において共通したものだったと述べる。王によれば、天津市の直属機関のなかでは、『天津青年報』を出していた新聞社で右派にされた人が最も多かった。この新聞社には、受付も入れて全部で三二人いたが、そのうち「右派」にされたのが一〇人、「中右」すなわち中間偏右分子にされたのが一〇人もいたという。そして、「新聞界の意見聴取の座談会に参加したある記者は、世論による監督を強化しなければならないと述べただけで、たちまち右派にされてしまった。一緒に参加した別の記者は発言しなかったので、新聞社の指導者は彼に誤りを告白するように迫った。彼はなにも言うことがなかったが、そう言えば、一度トイレで用を足しているとき、いま原爆が落ちたら全員死んでしまうのではという考えが頭に浮かんだことがあると述べた。このため、『極右』とされ、職を解かれてしまった」。王は、こう結論づけている。「反右派闘争で『右派分子』とされた者は天津全市で五三五四名、『中右分子』とされた者は一二〇六名に昇った。全国で右派とされた者は、かつては五五万人だといい、最近では三一七万人余りだという人もいるが、根拠となるデータがないようだ(40)」。

次は、ある女優が体験した反右派闘争の際の経験である。彼女は、舞踏家の卵だった一一歳の頃、文芸界の幹部でもあった父親が批判闘争の対象となり、右派の宣告を受けた。学校の先生から父親と一線を画するように言われた時、彼女は「私は悲しんだが、頷き、そのまま父と別れた。まるで無血動物のように！　その後、父が死ぬまで、会うことはなかった」という。彼女によれば、こうした選択は、階級教育から得られた自然な反応であり、「決して巻き添えを食うことを恐れるためではなかった。ある日、父が敵の軍服をきて、後ろから私に追い迫り、銃を私に向けて発射する夢さえ見た。これが当時の私が父に対してもっていた実の感情であった」という。父親が強制労働キャンプに送られた後、彼女は父親に一通の手紙を差し出したが、「お父さん」の称呼を使うことはなかった。その理由は、右派の父親を持つことに、彼女が恥辱を感じていたからであった。代わりに、あたかも厳しい判決文を下すように無情な言葉を父親に投げつけ、こう書いた。「あなたはいま人民の敵なので、慎んで自己改造しなければなりません。人民の隊列に戻るまで、私はあなたをお父さんと認めることは出来ません」と。冤罪を着せられた上に、娘の愛情まで奪われたこの父親は、四年後の大飢饉の時四五歳の若さで労働キャンプで餓死した。死んだ父親の枕の下からは、娘のスチール写真を載せた古い雑誌が発見されたという。(41)

毛沢東の主治医だった李志綏は、反右派闘争について、当初その真の狙いがどこにあるのかわからなかった。しかし、のちに毛自身の口から発せられた言葉によって、毛が何を考えているのかを、彼は、明確に理解するようになったという。

一九六〇年になってはじめて、つまり時の外相・陳毅が私に対し五十万人が右派分子の烙印をおされたと語ったとき、私はその数字が大きすぎると思い、大半は故意に告発されたものと察したのである。（中略）真実を知る機会もたくさんあった。毛沢東は自分の口から多くのヒントを私にあたえていたのである。「もし地主、富農、反革命分子、悪質分子、右派分子を加算したら、その数は三千万人に達するだろう」。毛はある日、私にそう語ったことがある。「やつらを一か所の地域に集めてみろ、優にいっぱしの国家ができあがるぞ。やつらはあらゆる種類の面倒をひき起こせる。が、党や行政のさまざまな機関に散らばっているとと、やつらはただのちっぽけな少数派にすぎない。全人口を六億とすれば、三千万はたった二十分の一だ。何ほど恐れることがあるか。党内の一部は、ここらあたりのことが見えないのだよ。（中略）」このときはじめて、三千万にのぼる「人民の敵」がいることを知ったのだった。数字は途方もないように思われた。が、その時分には、毛沢東は充分な根拠もなしにかかる発言をめったにしないこともわかっていた。毛のあげた数字は信頼すべき筋から算出されたにちがいなかった。(42)

さて、共産革命進行中の中国を、多くの日本人はどのように眺めていたのであろうか。確かに稲垣武のいう通り、中国における革命はソ連のそれとは根本的に異なり、流血の少ない人間的な革命であるとする見方が、日本では支配的だった。例えば、昭和二八年中国を訪れたロシア文学者の米川正夫は、中国の印象について「中国の鷹揚さは革命遂行の面にも現われている」と書いている。米川によれば、「ソヴェートの十月革命は一挙にして皇帝を葬り、貴族、資本家を亡ぼしたが（これは極端に走り易いロシヤの国民性にもよる）、中国では今日なお資本家の存在を許容している。但し、旧政権を支持した所謂『政治的資本家』が制裁を受けたのは言うまでもない。が単なる実業家、即ち『民族的資本家』は従来の位置を保証されているのである」という。そして、米川は、その原因を中国人の民族性に求め、「これらすべては中国人の大人的な鷹揚さ、清濁あわせ呑む的な包擁性の現われであることは間違いない」と断定する。(43) また、竹内好は、昭和二七年一一月に掲載されたある座談会記事のなかで、「革命に伴う混乱が、ロシア革命のときは非常にありましたが、今度の中国革命には比較的なかったということになると思います。（中略）それには内山〔完造〕さんのおっしゃる民族性の違いもあるけれども、同時に歴史の段階の違いじゃないか。革命の進歩と見るべきじゃないかと思います」と発言している。(44)

さらに、戦前日本銀行に勤務したあと、戦時中在中華民国大使館参事官となり、戦後は日中覚書貿易事務所代表をつとめるなど、日中友好運動に大きな役割を果たした岡崎嘉平太の共産中国に対する認識は、多くの日本人のそれを代表しているといえる。岡崎によれば、革命が起きたあと、当初は「戦後の日本と中国、しかも共産主義になってからの中国との間では、ぼくが学生時代から考えていたような日中友好ができないんじゃないかという考えで、かなり悲観していた」のだという。ところが、昭和三七年一〇月、高碕達之助を団長とする日中貿易交渉のための訪中団の一員として北京へ行った時、政府高官から手厚い大歓迎を受けた上に、わずか七人を相手に周恩来総理が会見してくれたことを契機に、岡崎の中国観は一変した。会見で、周恩来は、「恨みを忘れて、これからは日本と手を握って、アジアを強くしようじゃないか」と言った。周の話を聞いたあと、岡崎は「私自身が、中国の共産主義政治はソ連とは違う、ことに日本に対する感じが違う、アジアに対する感じが違うという信念を固くした」のだという[45]。

共産政権に対する甘い幻想を日本国中に流布したもう一つの典型的なタイプは、いつの時代にもそうであるように、そこで金儲けを夢見ると同時に欲に目が眩んだビジネスマンたちだったのではなかろうか。昭和二八年四月の『文芸春秋』に掲載された対談記事のなかで、巴商事常務の桜井英雄は、中国情勢について次のような発言をしている。

現在の革命後の政策は、急激な改革ということを、むしろ意識的に押えてる。今新民主主義の下に、すべての方策がなされております。たとえば私は、小さいながら、一応経営者の立場にあります。中国における民族資本がどういう状態にあるかということを、できるだけ注意して見て参りました。政府の指導者連に会い、また実際に、経営者、資本家の立場にある人にも会って、いろいろその言い分を聞いたんですが、結局、今の政府の私企業に対する態度は、できるだけ私企業が、国家経済計画の範囲内で協力してくれる限りは、大いに優遇する。それからまた、実際に運営に当っておる人たちに対しても、ある意味では、資金の面なり、資材の面、製品の販路の面では、国営の企業以上に優遇されておる、そういうことを実際に見ました[46]。

この桜井の発言に対して、自由党代議士の橋本龍伍は、「私企業を尊重するとおっしゃったけれども、要するに、共産主義の政治組織の理想は、決して私企業を尊重するということじゃない、と思うんですね。（中略）その方向をつくるための中心組織というものは、やはり非常に強力な規制を行ってるに違いないと思うんですがね。それでつまり物の考え方の自由というものを全然認めない。ソ連でも東ヨーロッパでも、次々と粛清が行われてる所以がそこにあると思う」と反論する。これに対して、桜井は、こう答えている。

三反五反運動による民族自体の反省はなされておりますが所謂粛清という問題は、ほとんどありません。それから、将来の圧迫といいますが、これは現在私が国内を見て感じましたことは、まず日本の政党に比較しますと、改進党と社会党の右派の中間くらいの政策です。もちろん、根底的な問題は、マルキシズムに基盤を置いておりますけれども、実際の政策の実施面を見ると、社会党の右派の線まで行ってるかどうかという程度です。（中略）今の新民主義から社会主義に移行して行く、それからまた相当な時間をかけて、共産主義に移行する。しかしこの間で民衆を圧迫するような政策は、きわめて避けてる。あらゆる面で合理的に変革を推し進めて行こうとする努力は、はっきり現われてる。（中略）急激な変化、急激な革命というものを避けて、漸次国民が納得するようなやり方で持って行ってるということは、これは確かに認められる。(47)

一方、昭和二九年、中共政府の招待を受けた国会議員団の一員として、中国を訪問した左派社会党代議士の鈴木茂三郎は、評論家の臼井吉見との対談のなかで、こんな中国認識を披露している。

青年の教育には中国政権は非常に力を入れているようです。ですから青年は中国の社会主義建設のために「献給」するということが標語なんですね。つまりそのために一身を捧げるというような意味だろうと思いますが、それが青年の標語なんです。ですから青年は非常な希望と感激、情熱をもって努力しておりますが、しかし青年だけでなくって、恐らく中国にいる人は老人でも誰でも喜んでいるんじゃないかと思うんです。仮りに金持であった人、地主であった人でも、残っている人はそうだろうと思うんです。どの人も、毛沢東の思想がどうとかいうことよりも、長い間の、外国の支配から解放されて、これだけいい政治が行われているということに対して、なんの不足があるかと、思想というものを超越して喜んでおりました。（中略）ヨーロッパの社会民主主義運動では倫理性、社会主義道義というものに重きをおきますが、中国こそが本当に社会主義倫理学、道義を基本にしてやっているという気持が致しました。(48)

こうした認識を示した上で、鈴木は、平野義太郎の見解に代表される例の中国イメージ、すなわち共産中国には泥棒は存在しないのだといった中国イメージを、自らの見聞をもとにして強調している。

昔の奉天（瀋陽）へ視察に行った時、「あなたのところでは全く泥棒やスリがなくなったそうだが、どうしてですか」ときくと、「全くないのではないが、非常に少いんです。理由は泥棒やスリをする必要がなくなったのと、やはり働くことが立派だということがわかったこと、そして働けば、生活が安定するということでしょう」という返事でした。まア、泥棒やスリはどのくらいあるか知りませんけれども、北京で、「人殺しや自殺はないか」と聞いたら、「聞いたことがありませんね」という。往来を歩いていると、交通整理のお巡りさんしかいないんです。交番のような刑事犯罪関係のお巡りさんはいると思うんですが、ほとんど見たことがないんです。(49)

さらに、鈴木は、対談相手の臼井吉見から中国には言論の自由があるのかと聞かれて、「殊更に都合の悪いことを隠していることはないと思います」と述べ、中共はその点では問題はないのだと断定した。そして、この点に関しては、むしろ日本こそが大いに問題であるとする見解を、次のように展開している。

上海と瀋陽で日僑（在留邦人の呼称）懇談会をしましたが、日本から出した手紙が中に棒を引いて抹殺してある。それから日本から送ってきた本で着かないのがある。中国から送ったものも殆んど着いていないというんです。中へ棒を引くという権限が日本のどこにあるか。ない筈です。それじゃ中国側はそういうことをやっているかというと、中国側はやっていない。そういうことを話し合ってみると、結局、日本側の方で、親書の秘密、報道を抹殺するということをやっている。みんなでこれを糾明しようということになったんです。(50)

最後に、鈴木は、中国で共産党批判や政府批判はあるのかとの臼井の問いに答えて、中国では経営者も元大地主も満足した生活を送っている、だから、皆が政府を支持しているのだ、と言い切っている。

あまり聞きませんでしたね。そのことについて、多少、いろいろな人にも会ってみましたし、それから同じ政府機関の人のなかでも、こっちが共産党でないんですから、共産党でない団体がわれわれの折衝に当るんで、いろいろ話してみたけれども、みんな中国政府を支持しているんじゃないかと思うんです。上海の工場を自家経営している人は、昔のように相場や物価の変動が始終あるなかで事業を経営するのは非常にむずかしいが、いま安定しているから楽だ。それから資金その他の点で工合の悪いことがあれば、政府で面倒をみてくれるから、「自分たちにはこれほどいい政治はない」と話しておりました。農村を見に行った時も、以前の大地主たちの意見を聞いたら、「みんな満足して生活しているんですから、いまはなんとも思っていません」ということでした。(51)

実際に自ら中国を訪れた経験をもつことから来る、自信に満ち溢れたこうした鈴木の中国認識も、対談相手であった臼井を十分に納得させたようには思えない。というのも、臼井は、この対談が行われた翌々年「進歩と自由を弄ぶ知識人」(『文芸春秋』昭和三一年一〇月号)と題する文章を書き、そのなかでいわゆる進歩的文化人を批判して、彼等は「将来の世界は社会主義の方向に進むにちがいないとの情勢判断に基づいて、すべての基準を、つねに将来の方向におき、そこから逆に現実を規定し、判断するという、一種特別の思考方式にすがって怪しまぬ」人々だと断定しているからである。(52)

共産党政権成立四年後の昭和二八年に、日中貿易促進議員連盟代表団の一員として中国を訪れた労農党参議院議員の木村喜八郎も、鈴木と同様、共産中国を絶賛した人物であった。木村は、以前戦中期の昭和一七年に、一度インフレーションの調査研究のために北京を訪れたことがあった。彼は、その時と較べて、中国は随分変わったのだと述べている。

当時は北京の街を歩くと子供の乞食が多勢わたくしの周囲に集って来て、金でも煙草でも、なんでも、せがんだものである。蝿がたからない食物はまずい証拠である、といわれたくらい飲食店の品物には黒くなるほど蝿がたかり、胡同は汚く臭気が漲っていた。それを想うと奇蹟を見るにひとしい驚きを感じる。（中略）清華大学、中央民族学院、北京市師範学校、北京師範大学附属第二小学校、北海託児所、双橋農場、農業機械化学院、故宮博物館、北京図書館、北京郊外黄土崗郷の農村合作社、官庁水庫などを参観、視察したが、視察後係員は必ず新中国のわれわれはいま建設中で、いろいろ足りないところ、欠点もあろうと思われるから、参観後意見や忠告を聞かせて頂きたいといわれた。どの政府機関でも会社、工場、学校でも、一週間に一度、最高の幹部から下級の人たちに至るまで、必ず政治学習と実務学習とをやって、意識を昂め、知識を博め、過ちを反省している。驚くべき変化である。正に文字通り新しき中国であり、中国は人間までも新しく生れ変ったのである。(53)

木村は、共産党のおかげで中国人は「新しく生れ変った」というが、その原動力となったのが、何と三反運動や五反運動などだと主張する。彼は、それらが新中国を成功に導いた要因だったとする自説を、次のように展開している。

わたくしは貪るようにこの新中国の姿を見聞した。どうして、中国はこのように新しく生れ変ったのであろうか。この奇跡的変革の動力となったものはなんであるかを毎晩寝るまえに考え、新華書店に行ってその謎を解く書物を求め、工作員の人たちに質問したりした。そしてようやく、その原因は次の三点にあるという結論をえて帰ることができたのである。その第一は解放後（一）土地改革（二）三反、五反運動、（三）大学教授、文化人等の知識階級の自己反省の三大事業を、あくまで権力を使わずに群集の説服の力を動員し、自己反省による納得を通じ、無理をせず穏歩漸進的に遂行し、一九五二年をもって大体その成果を収めるに至ったことである。（中略）権力を絶対に用いずに説服によって三大事業を行ったのである。そのために地主も富農も、官吏も、資本家も商人、学者、文化人もみんな苦しい精神的な良心の反省煩悶の試練を経て、ここに人間が生れ変り新しい中国の作風ができ上ったのである。いいかえれば中国人民自らの反省、努力によってこの偉大な新中国の作風をつくり上げたのである。(54)

竹内や鈴木、木村らの認識や想像とは異なり、事実は、中国でも共産軍が占領した地域では、地主・富農や国民党幹部に対する公開処刑が大々的に行われた。稲垣武によれば、犠牲者の数は一千万人以上にのぼったと推定されるという[55]。一方、フランスの歴史家ジャン＝ルイ・マルゴランは、「共産主義中国における抑圧政策は、その『長兄』であるソ連における弾圧、その肖像画が一九八〇年代初頭にもなお北京の一等地に見られたスターリンのソ連のやり方の複製だったのだろうか?」と自問したあと、こう述べている。「この体制に原因を帰すべき非業の死者の総数を考えれば、答えはもちろんイエスだ。多少なりとも信頼できる収支計算が存在しないにもかかわらず、確実な推定によると、六〇〇万人から一〇〇〇万人の直接的な犠牲者を挙げざるをえない。これには数十万人にのぼるチベット人が含まれている。さらに、何千万人もの『反革命者』が人生の長い時期を監獄制度のなかで送り、そこで命を落とした者はおそらく二〇〇〇万人にのぼるであろう[56]」。

マルゴランは、さらに昭和二一年から三一年に至る時期の共産党の土地改革による粛清の犠牲者数について、「正確なデータがないので、犠牲者の数を決定しようがないが、村ごとに少なくとも一人の犠牲者が『必要』とされたことは明らかだから、最低数は厳密に言って一〇〇万人に達するであろうし、大多数の研究者は、二〇〇万人から五〇〇万人のあいだの死者という数字で一致している」とした上で、こう書いている。

その上、四〇〇万から六〇〇万にのぼる中国人「クラーク（富農）」が、設置されたばかりの労改を満たす目的で村を去ったし、おそらくその二倍の「クラーク」が、期間は様々だが、地方当局の「支配下」におかれた。すなわち恒常的に監視され、最も辛い仕事に使われ、「大衆キャンペーン」の場合には、迫害の憂き目に遭ったのである。（中略）一九四八年より後になると、ある種の行き過ぎは廃止されたが、それ以前には、張荘村で猛威をふるったものだ。たとえば、地元のカトリック教徒会会長の全家族の殺戮（および教会の閉鎖）、富農と連帯していた貧農への体罰と財産没収、過去三世代にわたる「封建的出身者」の追及（これにより、ほとんど誰一人として、忌まわしい「資格の再審査」を免れることができなかった）、架空の財宝のありかを白状させるための死に至る拷問、きまって焼きごてによる拷問をともなう尋問、処刑された者の家族への迫害の拡大、被処刑者の墓の発掘と破壊などなどである。（中略）中国のもう一方の端にある雲南省では、フー・リーイーの父親は、旧政府の警察官だったというただそれだけの理由で「地主」に分類された。役人だったため、彼は即座に懲役刑を言い渡され、一九五一年、地方の土地改革が絶頂期を迎えたとき、「階級敵」とされて、村から村へ見せしめに引き回され、ついで死刑を宣告されて処刑された。しかし、彼のどの行為が正確に処罰の理由となったのかはついに明らかにされなかった(57)。

このように述べた上で、マルゴランは、「アジア地域の他の諸国（日本、台湾、韓国）は、同じ時期に、中国よりも不平等性の大きかった農村において、中国と同様に徹底的な農地改革を成功裡に実現した。われわれの知るかぎり、そこにはただ一人の死者も出なかった」とし、次のように強調する。「中国の土地改革に見られた恐るべき暴力は、したがって、改革そのものを目的としたのではなく、共産党機関による権力の全面的な奪取をめざしていたのである。言葉を換えれば、党員または幹部になるはずの少数の活動家の選別と、処刑にかかわった多数の村民との『血盟』とが狙いであり、最後に、これ以上ないほど極端なテロルを操る共産党の能力を反抗分子や軟弱分子に見せつけることこそが目標だったのだ(58)」。

最後にマルゴランは、共産党政権の下における監視システムの完成についても、付け加えている。彼によれば、監視システムとは、「一九五〇年末には五五〇万人の民兵、一九五三年には三八〇万人の宣伝工作員（または活動家）、彼らの活動を調整する（またその熱心さを監視する……）任務を帯びた七万五〇〇〇人の情報収集員などである。都市では、国民党が復活させた伝統的な相互管理システム（保甲制）を完成させて、（一五から二〇世帯の）居住者グループが居民委員会のもとに組織され、この委員会自体がまた街道委員会または社区委員会に従属した。どんなものもこの網の目から逃れることはできなかった。夜間の外出であれ、『よそ者』の一日以上の滞在であれ、ことごとくが居民委員会への登録の対象とされた」。こう述べるマルゴランは、「およそ責任――どんなに低い責任

であっても――を持つ者なら、誰もが警察の補助役を果たしていたのである」と、断定する。(59)

(1)　明石勝英「中共に自由ありや」（『文芸春秋』昭和三〇年五月号）九五頁。
(2)　同右。
(3)　同右、九六頁。
(4)　フィリップ・ショート（山形浩生、守岡桜訳）『毛沢東　ある人生』下巻（白水社、平成二二年）一〇九～一一〇頁。
(5)　ジャン＝ルイ・マルゴラン「中国――夜のなかへの長征」（ステファヌ・クルトラ、ジャン＝ルイ・パネ、ジャン＝ルイ・マルゴラン（高橋武智訳）『共産主義黒書――犯罪・テロル・抑圧――〈コミンテルン・アジア篇〉』恵雅堂出版、平成一八年）一三六～一三七頁。
(6)　前掲「中共に自由ありや」九七～九八頁。
(7)　同右、九九頁。
(8)　リチャード・L・G・デヴェラル（明星逸朗訳）『人民中国――中共の真相――』（アメリカ労働総同盟アジヤ部、昭和三〇年）三三頁。
(9)　クエンティン・ホアン（吉田東祐訳）『今こそ私は言える――獄窓から見た中共――』（元々社、昭和三一年）一九九頁。
(10)　同右、五七頁。
(11)　同右、五七～五八頁。
(12)　同右、五八～五九頁。
(13)　同右、五九頁。
(14)　同右、五九～六〇頁。
(15)　前掲『人民中国――中共の真相――』五五～五七頁。
(16)　同右、六三頁。
(17)　ウー・ニンクン（滝川義人訳）『シングル・ティアー』上巻（原書房、平成五年）三五頁。
(18)　同右、三五～三六頁。
(19)　同右、三六頁。
(20)　高尾栄司『「天皇の軍隊」を改造せよ　毛沢東の隠された息子たち』（原書房、平成二四年）一一～一四頁。
(21)　同右、一四八～一四九頁。
(22)　同右、四〇頁。

(23) 遠江平太「カーテンの裏側」(望月百合子編『灰色の恐怖――中共は天国か地獄か――』万里閣新社、昭和三一年)一一一～一一二頁。
(24) 同右、一一二～一一三頁。
(25) 同右、一一三～一一四頁。
(26) 同右、九八～九九頁。
(27) 同右、九九～一〇〇頁。
(28) 平野義太郎「新しい中国の印象」(『アジア経済旬報』一七五号、昭和二八年四月)一～二頁。
(29) 平野義太郎「中国の人民公社めぐり」(『アジア経済旬報』三七八号、昭和三三年一一月)八頁。
(30) 前掲「カーテンの裏側」一〇六～一〇七頁。
(31) 同右、一〇八～一〇九頁。
(32) 同右、一一〇～一一一頁。
(33) ユン・チアン、ジョン・ハリデイ(土屋京子訳)『マオ 誰も知らなかった毛沢東』下巻(講談社、平成一九年)一七七頁。
(34) 許宮「人民服の世界に絶望して」(『文芸春秋』昭和三一年七月号)二四五頁。
(35) 同右、二四一～二四二頁。
(36) 同右、二四二～二四三頁。
(37) 稲垣武『「悪魔祓い」の戦後史 進歩的文化人の言論と責任』(文芸春秋、平成九年)二〇二～二〇三頁。
(38) 谷川徹三「中国とソ連を訪ねて」(『中央公論』昭和三一年一一月号)三六一頁。
(39) 梁恒、ジュディス・シャピロ(田畑光永訳)『中国の冬』(サイマル出版会、昭和五九年)九～一〇頁。
(40) 王輝(中路陽子訳)『文化大革命の真実 天津大動乱』(ミネルヴァ書房、平成二五年)四九八～五〇〇頁。
(41) 姜克實『現代中国を見る眼』(丸善株式会社、平成九年)六八頁。
(42) 李志綏(新庄哲夫訳)『毛沢東の私生活』上巻(文芸春秋、平成一八年)三五四～三五六頁。
(43) 米川正夫「目覚めた獅子」(『世界紀行文学全集 第一二巻 中国編Ⅱ』修道社、昭和三五年)一二七頁。
(44) 内山完造、竹内好、石垣綾子「新しい中国について」(『世界』昭和二七年一一月号)一八六頁。
(45) 伊藤武雄、岡崎嘉平太、松本重治『われらの生涯のなかの中国』(みすず書房、昭和五八年)二四九～二五三頁。
(46) 橋本龍伍、桜井英雄、都留重人、鶴見祐輔「座談会 日本はアジアの孤児となるか?」(『文芸春秋』昭和二八年四月号)六一～六二頁。
(47) 同右、六六～六七頁。

(48) 鈴木茂三郎、臼井吉見「竹のカーテンは除かれた！」（『文芸春秋』昭和二九年一二月号）一〇八〜一〇九頁。
(49) 同右、一〇九頁。
(50) 同右、一一〇頁
(51) 同右。
(52) 竹内洋『革新幻想の戦後史』（中央公論新社、平成二三年）三一七頁。
(53) 木村喜八郎「なぜ中国は生れ変ったか」（『中央公論』昭和二八年一二月号）四二頁。
(54) 同右、四二〜四三頁。
(55) 前掲『「悪魔祓い」の戦後史　進歩的文化人の言論と責任』二〇〇頁。
(56) 前掲「中国——夜のなかへの長征」一一四頁。
(57) 同右、一三二頁。
(58) 同右、一三三頁。
(59) 同右、一三四頁。

第二章　旅行者と中国

百聞は一見に如かずという諺があるが、一見することのできた人間がいつも真実を知っているとも限らない。共産中国を旅行した日本人には、二種類のタイプがあるようである。すなわち、旅行を体験することによって自らの見聞や見識にますます自信を深めた日本人と、逆に自信喪失状態に陥った日本人である。前者の代表が、昭和二九年に訪中した左派社会党の政治家鈴木茂三郎であった。鈴木は、帰国後、朝日新聞が主催した各党代表者との座談会に呼ばれたことがある。この席で、鈴木は、中共との貿易を急ごうとする主張に懸念を抱いた自由党総裁の緒方竹虎から、こんな意見をぶつけられた。

鈴木委員長が先般中共に行かれて周恩来その他の指導者に会ってこられた印象で、もう中共の指導者達は二度と再び日本と仲違いはしようと考えていない、日本との間に平和を欲しているようにみえる、と言われたが、この点については実は私は考えが違う（中略）中共と日本との間の貿易、これは私は日本のいままでの外交上の国際信義を損わない限りにおいて拡大し得るならば無論結構だと思います。しかし大きな期待は出来んように思う。それがすなわち中共側としては平和共存の実行ということでしょう。ただこれは私は少し思いすぎかも知れんが、共産主義国家はそういうことは一つの方便としてやっているので、どうも私は共産主義とは結局において友達になれないような気がする。

これを聞いた鈴木は、「日本の外交を立てる上では、緒方さんのような見方は間違いではないかと思う。大変失礼だが、緒方さんはですね、もうすこし共産主義をですね、御研究になる必要がある」と、自らの旅行経験ということから高みに立った上で大変失礼な発言をした。すると、緒方は「私が共産主義に対する勉強が足りん（笑）と仰せられたことについてはよく考えますが、しかし、中共にですね、何日おられたかしらんが、向うのただおぜん立てしたものを見られ、また周恩来と何時間話されたかしらんが、その外交的な話をきいて、そうして直ちに中共の本質、将来の日本と中共との関係をそれで規定してしまうということは政治家としては、少し失礼な言葉ですが、無責任ではないか……」と発言した。これに対して、鈴木は「しかし、まだ緒方さんは中共にお出でにならん（笑）行かないより行った方がまだいい……（笑）」と反撃する。緒方は、「そう簡単に共産主義の政治に感心しちゃまずい」と言ったが、最後に二人の間のやり取りを聞いていた右派社会党委員長の河上丈太郎が、「私達の同僚も中共を見て帰って来たんですけれども、まあ、緒方さんは『大変短い時間なのに、どうこういうのは……』とおっしゃいましたが、やはり現実に見て来た人の考えというものは相当尊重してもいいんではないかと考えている」とまとめた。(1)

旅行経験をもつことによって自信を深めた鈴木のような日本人とは反対に、「向うのただおぜん立てしたもの」を見せられる旅行の限界を強く感じ、その結果、結局「招待旅行は二度と行かない」という固い決心をしたのが、作家の開高健である。開高は、昭和三五年、野間宏を団長とする日本文学代表団の一員として中国を旅行した。時期は、ちょうど大躍進運動が展開されていた最中であったが、惜しいことに、一行は「毎日宴会ばかりしてマオタイ酒飲んじゃ乾杯」していただけだったので、中国の実情を知るということは全くできなかった。そのことに対する深い後悔の念を込めて、開高は、のちにこんな発言をしている。

日本に帰ってずっと後になってわかったんですが、五〇年代末期に、いわゆる〝三年飢饉〟というものすごい飢饉があったらしく、毛沢東が食べるものがなくてベルトの孔を一つか二つ詰めたと言われるくらいなんです。われわれが行った六〇年は、飢饉がようやく終息期に入りかかっていた時期で中国人は食うや食わずで苦しんでいたらしい。それから例の「大躍進」政策があって（中略）われわれの案内されていったような人民公社でも、ものすごく幼稚なんだけれども、るつぼを作って鉄をグツグツ煮ているんです。あの広大な中国全土にわたってそういうことをやって、古釘から鍋釜に至るまで全部そのるつぼの中に放り込んだものだから、中国にある地上の鉄資源がカラッカラッに枯渇してしまった。大失策らしいんです。これもらしい。中国についてはすべて「らしい」としか言いようがないんですけれども。とにかく中国人は何も報道を流そうとしないし言わないものだから、われわれは毎日宴会ばかりしてマオタイ酒飲んじゃ乾杯して、日本に帰っていろいろ調べてからやっとおぼろ気にわかってきた。翌年わたくしは東欧とソビエトは行きましたけど、以後、社会主義国の招待旅行は二度と行かないという決心をしまして今日に至るんです(2)

同じ日本人に様々なタイプがあるとしても、共産中国を旅行するという体験をもち、その見聞を書いたり話したりすることによって広く社会にばら撒かれることになった一部の日本人の中国認識が、日本人一般の中国像の形成に大きな影響を与えたことは、否定できないことであろう。そうした旅行者の体験や見聞や認識が、中国の実態とはいかにかけ離れたものであったか。また、旅行を通して自らの見聞を公にした日本人が、仮に真実を見抜こうという強い意欲に駆られていたとしても、期待通りにそれを成し遂げることは容易なことではなかった。というのも、彼らは様々な制約を受けながら、中国を観察しなければならなかったからである。

そもそも、当初国交のない共産圏の中国へ渡航できる日本人は、中国側からの招待旅行者に限られていた。招待旅行の場合、日本にある日中友好協会や日中文化交流協会などを通して伝えられる中国側の希望に沿って、その年ごとに労働者や文化人や芸術家など様々なカテゴリーの招待者リストが作られ、各協会が本人の希望を確認して訪中団派遣を決定した。そして、日中旅行社、富士国際旅行社、日中平和観光という中国旅行専業三社が設立され、これを通した中国旅行が一般募集されるようになったのは、昭和四〇年になってからである。もっとも、これによって民間の自費による中国旅行が可能になったとはいえ、それは中国側からの招待が大前提であり、受け入れ当局を明示して毎年中国側から提示される招待枠内の人数が、日本の日中友好団体を通して組織された。[3] 日本人の訪中に際して、絶大な役割を果たしたのが、文芸評論家の中島健蔵が理事長をつとめた日中文化交流協会だった。自らも協会のお世話になって中国を訪れる機会を得た作家の城山三郎によれば、「日本からの文化団体の訪中は、ほとんど『協会』がアレンジし、『協会』の事務局が随行する」状態だったという。[4]

日中文化交流協会が発足したのは昭和三一年だったが、その発端は、新劇の有名な俳優千田是也が訪中したことにあった。俳優座の代表としても知られる千田は、大のソ連中国贔屓で、飯倉片町に住んでいた彼は、ソ連大使館に掲げられる国旗を目にしただけで気分爽快になっていたらしい。「うちの窓からソ連大使館の赤旗がよく見えるが、日によってそれが朱色に輝いている時もあれば、くすんだ洋紅をしている時もある。光線の具合だろうが、朱色に見える日の方が、なにかよいことが起りそうな気がして、私には愉しいのである。中国で見た赤旗も、気のせいか、みんな朱色をしているようで嬉しかった」[5]と、彼は書いている。城山三郎によれば、「俳優の千田是也氏がはじめて中国を訪問し、文化交流のための機関が必要だと、帰国後、親友の中島健蔵氏をひっぱり出したのが、『協会』の起りであった」。そして、協会の事務局長をつとめ文化人たちを中国に引率することも多かったのが、中島の片腕で小学館の若手社員だった白土吾夫である。城山によれば、「中国側から、文化各界の代表団招請の内示が来る。これを受けて、『協会』では、それぞれの分野で活躍している人々を選んで、団を結成、渡航準備をしてもらう」という形で、特定の日本人による訪中が実現された。[6] そもそも日本人たちの訪中は、中国を支配している共産党政府により主導され推進されたものであった。

共産党政権成立後に中国を訪れた日本人たちは、至れり尽くせりの「歓迎」と極めて厳しい監視の下で、中国社会を観察した。まず、彼らには、高い質と豊富な量の中華料理がふんだんに振舞われた。料理でもてなす接待攻めを洗脳の手始めにするやり方は、中国共産党お得意の古典的な手法である。今も続くこの手法によって、何と多くの日本人が陥落してしまったことか。かつて敗戦直後、ソ連軍によって拘束されたものの、毛沢東の要請でシベリアから中国に送還された約一〇〇〇名の日本人捕虜たちに対して行なわれた「人間改造」に際しても、この常套手段が使われた。ソ連にいる間、日本人捕虜たちは食事に満足を感じたことはなかったが、中国では様相が一変し、日本人の注文にそった料理が次から次へと運ばれてきたという。

昭和二〇年満州国総務庁次長として逮捕されたあと、この一行の一員に加えられていた古海忠之は、「中国へ連れていかれたときは、もう夢のようだった」と述べる。「三度、三度、米飯の食事が出る。で、コーラマ（充分か）？　と必ず聞く。プコー（ノー）、と答えると、いくらでも持ってきてくれる。うれしくなって食べ過ぎて、おかしくなってしまった奴もいたほどだったよ」と、古海はのちに回想している。[7] また、高尾栄司は、こう書いている。「当然のことながら、『日本人の飯を炊いたり、世話したりするなんてまっぴらご免だ』という〔収容所〕所員もいた。しかし、食事も捕虜〝改造〟の第一歩であった。日本人捕虜から要望があるから彼ら好みの食事を作るのではない。中国共産党の命令を実行し、これに成果を出せば、それが評価され党幹部になれるのだ」[8]。高尾によれば、日本人捕虜の「改造」に大きな役割を果たしたある中国人工作員は、のちになってこう述べたという。「一〇〇〇人の日本人が日本に帰っていって、中国のことを言えば、何十万人の中国人が日本に行って宣伝するよりも効果がある」、「私たち中国人が日本に行っていくら中国の共産主義はすばらしい、と言って宣伝しても、一人の日本人が中国で体験したことを自ら語る効果には敵わない」[9]。

昭和二九年七月から八月にかけて、国会議員たちと共に中国を訪れた哲学者の柳田謙十郎によれば、「私たちはムヤミに優遇される」と感じたという。柳田は、こう書いている。

食事などにしても全くもったいないというのほかはない。ふんだんにあとからあとからご馳走が運ばれる、ムダになることは一向かまわない。全く「もうゆるしてくれ」と悲鳴をあげたくなるくらいである。お酒はのみ放題である、三度の食事のときはもとより、室の中でもほしければいくらでも注文できる。煙草はもとより毎日ほしいだけ配給される。果物はリンゴ、ナシ、バナナ、パインアップル、モモ、スイカ、マクワウリその他あらゆる季節のものが山のようにもりあげられて、各部屋にはこばれる。せいぜいのところ一日に一つもたべればあとはわるくしてしまうのに、それを毎日毎日新しいものととりかえて、お盆に一ぱいずつもって来てくれる。床やに行こうとすれば案内の方がついて行ってお金をはらってくれる。航空便を出すといっても、小包を送るといっても電報をうつといっても、荷づくりから切手代から全部向うもちでやってしまってくれる。(10)

こうした食べ放題、飲み放題、使い放題の接待に加えて、柳田は「実は小遣としてみんな一様に百万円ずつもらっている」ことも明かしている。(11) 中国政府の接待攻めが効を奏したということなのかどうなのかは断言できないが、柳田は、帰国後次のような文章を書いた。

日本では共産主義といって目のかたきにしているが、大人も子供も男も女もみんなこんなにも幸福になってくらしているのに一体どこがわるいというのだろう。共産主義の悪口をいい、共産主義をおそれている日本国民の方がどれだけ生活が苦しく不安定で不幸でいるかわからないではないか、まことに世の中というものはおかしなものである。（中略）今度の憲法はほんとうに自分たち自身のものであるというので、全国民が真剣になって研究討議している。今まで政治協商会議というもので代行されていた政治が、今度からはほんとうに全国人民代表会議となって、真の民主政治というものが実現されるわけである。その基礎になる地方県市の人民代表大会はすでに行われている。選挙は十八歳以上のすべての公民によって行われる。婦女子の選挙への参加率は現在のところ八五％に達しており、中には選挙のために結婚式を二日間のばしたという話もあれば、投票のおわった後に子供を生んだ或るお母さんは、その生れた子に「選玉」という名をつけたという話もある。ともかくこのようにして選ばれた人々はいずれもきわめて優秀な、人格の高潔な人々であり、世の中の人から心からの信頼と尊敬をうけている人たちである。婦人で議員になった人も一七・三%はあるという。こんな美しい話をきいていると全くよだれのたれるほどうらやましくなる。日本がこんな状況になるのはいつの日のことであろうか。[12]

昭和三一年一一月から一二月にかけて、一カ月にわたって久保田万太郎、青野季吉らと共に中国を旅行した小説家の宇野浩二も、中国側から「小遣」をもらったことを明かし、ついでにあれやこれやで「まうけて帰った」ことを多少自慢げに記している。宇野は、画家の鍋井克之に宛てた書簡のなかで、中国旅行の感想を次のように書いている。

まづよかったのは、道が広くて平坦で、おまけに自動車の数が少ないので、まったくショウトツの危険性がないのと、盗難がないとのことと、どこへゆくにも最高級の自動車にのせてくれたことだ。それから、その一と月ちかくの間に金が一文もいらず、もし土産物を買ひ、酒タバコ、菓子その他を買ふとすれば、子遣としてくれた百円（日本の金で、一万五千円）で間にあひすぎたことだ。その上、中国のキソクとして、自分ではたらいたもの（例へば、放送、原稿料、その他）は、自分で働いたものだから、中国で使はずに、日本に持って帰ってくれ、といふことだ。それで、僕は、放送と原稿料と、中国の雑誌（『訳文』）に、僕の小説（『思ひ草』）の一部を出す（中国語に訳して出す）と、この三つのことで、九万円（日本金）まうけて帰った。日本むけ北京放送十分で二万円、北京新聞原稿料十枚で二万円、『思ひ草』のせ代四万円と、計日本金で九万円也だ。[13]

また、昭和三六年六月から七月にかけて、亀井勝一郎を団長とする日本文学代表団の一人として中国を訪れることになった文学評論家の平野謙は、出発に際して「内心ジクジたるものがあった」という。その理由の一つは、「旅費、宿泊料すべて向うもちということ」であった。結局、中国訪問を決意してそれを果たした平野は、「ちょっと買いものにでかけるにも通訳の人についていってもらって、それもすべて自動車をつかうというていたらくでありました。文字どおりの大名旅行だった」と回想している。平野は、さらに帰国後間もなく入院加療中の身となったが、病名は何と糖尿病であった。彼は「格別美食したおぼえもないのに、こんな病気にかかるとは」と思ったが、彼の下した結論は、こうだった。「中国へ行ったことがひとつの近因をなしてはいなかったか、と思っている。中国での半月間は、私の記憶にないほどのゴチソウつづきだった[14]」。

一方、平野のいう「大名旅行」に「不気味」さを感じた日本人もいた。昭和二七年にヨーロッパからソ連、中国へ三カ月に及ぶ旅行を決行した帆足計、宮腰喜助の二人の政治家に秘書として随行し、のちに日中貿易促進議員連盟事務局の職員として活躍することになる中尾和夫がそれである。中尾は、中国滞在中の二七年五月の日記にこう書いた。「我々の為に、総て専用の通訳、自動車、ボーイ、コック、医者等がついてゐる由。好遇は、不気味な位である[15]」。最後に、中国政府から金が配られたことに「足枷が加えられた」と感じたのが、昭和三〇年四月から一カ月余りにわたって、アジア諸国会議の代表団の一員として広州や北京などを訪れた作家の火野葦平である。火野は、旅行の手配一切を仕切っていた中国旅行社の事務局長から、一行の各人に「小遣い」を配りたい旨の提案があった時のことを、日記にこう書いている。

費用は全部先方持ち、「中華」という煙草は気をくばって配給してくれるので、自分の買い物さえしなければ金はいらない道理である。おまけに、昼食の最中、事務局長から、みなさんのお小遣いとして、各人に五十円ずつ下さるというのですが、いかがいたしますかという提案があった。中国貨幣は、この三月一万分の一に平価切下げしたが、日本金の約百五十倍見当になる。五十円といえば七千五百円だ。私にはそんなものをもらうことをためらう気持があったが、大半が折角の厚意だからおうけしようと一決したものを反対する理由もなかった。私は枷がさらに加えられた思いがした[16]。

ところで、個人の資格で旅行した倫理学者で東京教育大学教授の大島康正は、招待旅行で訪中したのではなかったが、それでも旅行慣れしていた彼は、同じ共産主義国家のソ連や東ヨーロッパ諸国と比較して、中国旅行が快適だったことを指摘している。昭和四一年五月中国を旅行した大島は、こう述べている。

ガイドたちや訪問の先々で迎えてくれる人たちは、ほとんどの場合「大島先生」と言って敬語をつけて、外賓をもてなす誠意をみせる。一九六三年に二ヵ月かけて旅行したソ連や東欧の共産圏諸国では、ガイドたちはホテルや街のレストランで外人旅行者と一緒に食事をして、その費用をこちらに払わせたが、ここ中国ではガイドは食堂の入口まで案内すると姿を消し、こちらがとうてい食べきれない幾皿もの食事をしている間にどこかで簡素な食事をすませ、こちらが食事をゆっくりと終る頃合いを見計らって、「味は如何でしたか?」と姿を現わす。(中略)ソ連ではモスクワやレニングラードなどの大都市へ行って、ホテルのボーイなどにためしにチップをやってみると、周囲に人がいないかどうかをうかがって、こっそり受けとる連中がいたが、ここ中国では何度テストしてみても、みな強硬に辞退してテスト失敗の連続である。買物も、ソ連では売子を信用しないのかどうか、モスクワのグミ百貨店をはじめ、各地の国営商店で、まずショー・ウィンドーで欲しい商品とその値段を確かめた後、レジスターの前に行列して、金を払って代りにチケットを貰い、再びその商品売り場へ行ってチケットと交換して、欲しい商品を受けとるという二重手間を払わさせられたが、中国ではそんな無駄な労苦は不要で、日本と同じく、その場で金を払えばよい。(17)

さて、共産党政府による食べ放題飲み放題の申し分のない接待を受けて、多少の疑念ないし罪悪感にさいなまれたのが、昭和三九年三月日中文化交流協会常任理事の亀井勝一郎を団長とする五人の訪中団の一員として、中国各地をまわった作家の大岡昇平である。大岡は、広州の駅前に来て、一緒に旅行していた武田泰淳から写真を撮るように頼まれてカメラを向けた時、はっとした経験をしたことがあったという。大岡は、こう述べている。

私は一行から離れて、道路の中へ出て行ったのであるが、その時私ははじめてわれわれのまわりにいる人の群に注意を向けた。正直にいって、私はその服のきたないのに、はっとした。みな中国式の詰襟の紺の綿服であるが、何度も洗濯したらしく色褪せている。ズボンの膝につぎが当っていたりする。むろんわれわれのような毛織の服を着ている者は一人もいない。自動車はわれわれを待っている三台のほかは一台もない。時々到着するのは、二人乗りの輪タクである。人々の表情もむしろとげとげしている。わが国でいうなら、昭和二十三年頃の町の状況であった。いつもにこやかに歯を出して笑った中国人の写真を見ていた私にとって、これはショックであった。(中略)私がこの広州駅頭で受けたはっとさせる印象は、以来十八日の旅行中、大袈裟にいえば、私の頭を去らなかった。作家協会の人達と、料亭でうまい中国料理を食べながら、或いは華やかな京劇の舞台を観賞しながらも、この広州駅頭のみすぼらしい服装の人達の映像が、不意に甦ることがあった。あの人達の行っている生活の苦労に比べて、われわれがこうして歓待を受けることに、なんの意味があるのか、と疑ったこともあった[18]。

日本人旅行者が堪能したのは、豪華な食事や立派で快適なホテルだけではない。交通手段の手配等も、旅行者にとっては決定的に重要である。昭和二九年九月から一〇月にかけて訪中した安倍能成らが、中国滞在中に西安への観光旅行を希望した際、当局からはわざわざ一行のために、北京から西安までの専用飛行機が提供されたという[19]。また、その前年の昭和二八年、日中貿易促進議員連盟代表団一行二五名の一員として北京に一カ月滞在した労農党参議院議員の木村喜八郎によれば、北京滞在中は一〇台の専用自動車が提供され、永定河ダム建設現場に視察に行った際には北京駅から特別列車が出されたという。木村は、感激のあまり次のような文章を書いている。

官庁水庫の視察に行く際は北京站から、わざわざ、われわれのみのために、三両編成の寝台付特別列車を仕立ててくれたほどであった。北京に着いてからは、われわれのために一カ月の間十台の専用自動車を用意してくれた。二十歳代から三十歳代の若い十二人の工作員、通訳、庶務係員が、つき切りで、われわれに対して丁寧、親切、物静かな態度で、心に新中国に対する堅い自信を包蔵しながら、常にニコニコして、穏かに接待をしてくれた。少しでも体の工合の悪い人があると、同僚よりもむしろ彼らの方が真剣に心配して、すぐに医者や病院を手配してくれた。（中略）それは彼らが、われわれ視察団という特別な一行を待遇するというよりも、むしろ中国人民と日本人民との友好関係を深めるために、中国の政府と人民に服務するという態度から出たものであった。したがって、この好遇はわれわれ特定の視察団一行に与えられたというよりも、日本人民全体に与えられたものであるとみるのが正しいと思うのである[20]。

昭和三〇年五月から六月にかけて、大内兵衛が日本学術会議のソ連・中国学術視察団に加わって中国を旅行した時にも、上海から南京に移動する際、四〇人乗りの専用飛行機が北京から出された。大内は、「恐縮この上なしである。と見ると、これは四十人乗の大飛行機、一行十人専用では広すぎて仕方がない」との感想をもった[21]。また、親中国派の政治家として有名な松村謙三を団長とし、昭和三四年一〇月から四〇数日間にわたって各地を視察した訪中団は、団員一〇名、各新聞社から派遣された随員七名の合計一七名による構成だったが、この一七名のため、広州から北京までの特別機が中国政府から提供された[22]。当初、この一行が香港から中国に入国し広州行きの特別列車に乗った際、一行の到着が遅れたため列車の出発が三十分余り延ばされた。そこで、出迎えの中国人に誰が発車を延ばさしたのかと聞くと、その中国人は「汽車を遅らせたのは松村先生ですよ」と笑って答えたという[23]。さらに、昭和三五年五月から六月にかけて訪中した野間宏、開高健、大江健三郎らの日本文学代表団が、毛沢東と会見するため北京から上海に移動した際にも、専用機が出された[24]。昭和五〇年五月、日本作家代表団の一員として三週間程中国を旅行した司馬遼太郎も、「日本から北京への航空運賃は自弁だが、中国の国内旅行での経費はみな中国側が負担してくれた[25]」と述べている。至れり尽くせりの「歓迎」を受けた多くの日本人たちが、相手側の立場に好意的な意見や同情的な見方を身に付けるようになったことは、日本人としては非難できないことなのかも知れない。

一方、共産党政権の支配する社会を旅行する者として、彼らは、当然のごとく厳しい統制と監視の下に置かれた。あらかじめ指定された宿舎に押し込められ、見学する場所も一方的に決められ、様々な厳しい規則のなかで不自由な行動を強いられたことは、一部の正直な証言者が書き残している。

例えば、昭和三〇年に訪中した火野葦平は、「一ヶ月ほどの中国滞在中、一員として気が楽であった日はなく、いつも緊張し、いつもなにかから監視されてゐるやうな重い気分で、解放的に言動することができなかった」と証言している[26]。また、木村喜八郎をして、その感激のあまり先に引用したような好意的な報告を書かせた昭和二八年の日中貿易促進議員連盟代表団の訪中の際、同じ一行に加わっていた別の人物、すなわち自由党衆議院議員の松田竹千代は、「私が不満に感じたことは、北京の〝和平賓館〟に泊められて、自動車をあてがってくれたが、規則があって自由な旅行ができなかったこと、写真をとることに余りにも厳重にすぎた感がある」[27]と書いている。さらに、同じく代表団の一員であった右派社会党衆議院議員の松前重義も、こんな文章を書いた。「今回の中国視察において私は多くの厳格なる統制と不自由さを体験した。自分の思う見学はほとんどできないで、視察団一同が束に縛られて、先方の計画通りに今日は何処、明日は何処とひっぱり廻され、そこで解放前と解放後の比較を耳にたこができるほど聞かされた。余りしつこく言われると、共産党の宣伝のようでよい感じはしない。（中略）中国を表面より見て、その説明通りに受取れば、共産党の諸君は喜ぶことであろうが、多少頭を使う者にはそうは行かない。何処に行ってもこのような態度で私は中国を見てきた」[28]。

また、作家の有吉佐和子によれば、多くの外国人が訪問することを望んだ人民公社に関しては、外国人見学用の人民公社があらかじめ用意されており、そこでは入念な準備がなされていたという。有吉は、彼女にとっては昭和三六年以来五度目となる五三年六月の中国旅行の際、瀋陽五三人民公社を訪れた時のことをこう書いている。

瀋陽五三人民公社には、午後二時四十分、定刻に到着した。（中略）バスが二台着いて、そこから降りてきたのは日本人の団体さんだった。（中略）「日中友好の船」のグループだった。全部で四百人の中から、別れて何十人かが人民公社見学に加っているのだろう。（中略）どうやら五三人民公社は、外国人の観光ルートとして指定されているらしい。副主任の説明はよどむところがなかったし、機械化つまり近代化は相当進んでいた[29]。

一方、松村謙三訪中団の一員として昭和三四年一〇月から四〇日余りの間中国各地を回った、松村の秘書でのちの政治家田川誠一は、写真撮影に関して「うす気味の悪い」体験をした。田川らは、中国国境に入る前から写真撮影は禁止の旨言い渡されていたが、列車の中でのこんな体験を記している。

二等車の中の様子が清潔な感じがするので、みやげに十六ミリに収めようと思ってカメラを上げると、女車掌から何ごとか注意を受ける。特別車から隣の二等車に行く時、案内の尹君に写真を撮っても良いかどうかただして来たのに、どうしたわけかと尹君にたずねると彼いわく、「カメラにうつる人に了解を得て撮らないと文句を食いますよ」「撮られたくない人は迷惑しますからきいてみて下さい」という話。いちいち乗客に了解を得ていてはたまらないので撮るのをやめたが、なんだかうす気味悪くなってしまった。[30]

訪中した日本人たちは中国政府要人たちと会見することも多かったが、その会見なるものは、あらかじめ要人本人や関係者たちによって周到に考えられ計画された儀式であることが多かった。会見が単なる「儀礼」であることを思い知らされたのが、昭和五〇年五月日本作家代表団の一員として訪中した際に、当初の予定を急遽変更され、共産党中央政治局委員の姚文元と会見させられた司馬遼太郎である。司馬らは上海に滞在していたが、そこへ突然「いそぎ北京にもどりましょう」という伝言が伝わった。司馬は、こう書いている。

北京でだれかえらい政治家が私どもを接見するという。「その政治家というのはどなたですか」ときいてみたが、まだ名前はわからない、という。（中略）いまから北の北京へもどれというのは逆もどりであり、それに北京はこの旅程中に二度も入っていた。（客に対して、失礼ではないか）とも思ったが、しかし、自分をなだめざるをえなかった。これは公式の招待旅行である以上、身をまかせてしまっている。「予定どおり上海から帰りますから」などという勝手なことはいえず、すべて指示に従うしかなかった。しかしながらなんともいえずおかしかったのは、ひさしぶりで――軍隊以来――命令というものを感じたことだった。[31]

結局、司馬らは北京で姚文元と会見することになるが、姚はいうまでもなく昭和四〇年「〝海瑞罷官〟を評す」によって北京市副市長呉晗を攻撃し、文化大革命の口火を切った人物であり、山東省出身の張春橋が、同郷の江青に彼を紹介し引き立ててきたといわれる。司馬によれば、会見のためホテルを出る前、一行の現地での世話人の責任者だった唐家璇が、「むずかしい話題を持ち出されないよう、お願いします」と繰り返し注意したという。司馬は、こう書いている。「この人のくどいほどの注意で、むずかしい話題とは政治むきのことらしく、この会見はそういうことよりも日常のごく軽いことが話題になる、心得てほしい、ということらしかった。このことは、よく理解できた。いきなり外国人から政治むきの議論などを吹っかけられても、それに答えるには十分に党機関で討議されねばならず、姚氏ひとりが独自の判断で答えるというわけにはいかないからであろう。このことから考えても、会見はあくまで儀礼のものであることがわかる」(32)。

また、日本人旅行者たちに対する水も漏らさぬ厳しい監視体制を保障したのが、旅行者たちが望むと望まざるとにかかわらず、彼らが常に行動を共にしなければならなかった工作員や通訳たちの存在であった。昭和三〇年四月、アジア諸国会議代表団の一員として広州を訪れた作家の火野葦平は、「ひやっとした」体験をした。『麦と兵隊』などの作品でよく知られる火野は、一六年前兵隊として広州で暮した経験があったため、この街をよく知っていた。そのため、ホテルから一人で外出しようとしたが、その時こんな経験をした。

よごれていたシャツやパンツを洗濯して浴室の窓にかけておいてから、私は夜の街に出た。地図が欲しいと思ったのである。すこし街の勝手を知っているつもりだったので、ホテルの前にならんでいる露店の本屋をあさっていると、すぐ背後で、なにが要るのですか、と声をかけるものがあった。工作員の王君だった。私はなぜかひやっとした。一瞬、監視されていて後をつけられたのではないかという疑念がひらめいたからである。地図を買いに来た旨答えると、必要なものがあったら私たちにいって下さいとすこし不服そうであった。これからそうしますといい、その店にあったペラペラの小さい広州市内地図を買った。いくらさがしてもちゃんとした地図がなかった。中国全図が欲しかったがそれもなかった(33)。

火野によれば、案内役の工作員たちの観光案内も、政府にとって都合のよい所だけを選択し、都合よく解説しているだけなのだということがわかったという。火野は、北京でこんな文章も記している。

あちらもこちらも新しい大きな建物が建築中だ。いくらさがしても、工作員に頼んでも、地図が手に入らないので、案内されても説明されても不明確になって困ったが、呉君も曖昧に説明を飛ばすことがあった。建築中のビルディングを指さして、あれはなにかわかりませんというのだった。〔労働運動家の〕常久さんは、あんまり新建築物がたくさんあるもんだから、工作員もおぼえきれないんだなと笑っていたが、曾根〔益〕さんは、いや、そうじゃない、説明がないのは秘密なんだ、呉君の持っている地図のところどころに赤いマークがしてある、それだけは説明を飛ばしているよといった。(34)

一方、昭和三五年六月から中国人民対外文化協会と中国作家協会の招待を受けて中国を訪れた日本文学代表団の団長をつとめた野間宏は、中国人通訳の日本語があまりにも流暢なので驚いた。野間によれば、「何処で日本語をならったのかときいたが、相手はしばらく日本にいたことがあるという風に答えた。その後私は新しい通訳者が来る毎にいつも同じ質問を出したが、この答はまたほとんど変ることはなかった」という。(35)

また、大岡昇平は、「話は全部通訳を通すのが、原則」であったと回想している。そして、「中国語しか話さないと思い込んでいた中国人が、止むを得ない時に突然流暢な日本語を喋ったり、われわれよりずっとうまく英語を話すのは、よくあること」であったという。(36)昭和三二年春、教育事情視察のため二カ月にわたり中国各地を旅行した西日本新聞社会部記者の大隈秀夫は、中国科学院の院長だった郭沫若と会見した時でさえ、通訳を通してでなければ話すことができなかったことに驚いた。大隈は、「郭院長はふちなし眼鏡の奥に人なつこい細い眼をしばたたきながら、中国科学界の現状を説明してくれた。だが、なぜか通訳つきであった。郭院長は日本人の誰もが知っているように、九州大学の医学部を卒業した人で、日本語のうまい学究なのだ。その人がなぜわたしたちとの間に通訳をおいて話をしなければならぬだろうかと考えた」と書いている。そして、「郭先生がつくる笑顔が、ときどきわたしのこころのなかで空々しいものに思われるときがあった」と付け加えている。(37)

さらに、日本人と常に行動を共にした通訳や案内人たちは、いつも日本人旅行者たちのことを気づかいその希望や期待に応えるために、奔走してくれたというわけではない。それどころか、日本人たちに事実を知らせないために平然と嘘をつくこともあった。例えば、昭和三六年一一月、堀田善衛を団長とする訪中文学者代表団の一員として中国を訪問した椎名麟三は、通訳に尋ねる気力を失う経験をした。椎名によれば、「広州へついて、迎賓館にあてられている羊城賓館へ自動車で案内されて行ったのであるが、自動車の窓から見た街の人々の姿に、私は、思いがけないショックを受けていた。町の人々の半分近くは裸足であり、少年少女にいたってはほとんどそうであったからだ。そして実に子供が多い。（中略）私は、通訳の人に思わずこうたずねずにはいられなかった。『どうしてあんなにはだしの人が多いんですか？』すると二十を半ばすぎた青年は、事もなげに答えたのであった。『はだしの方が、気持がいいからでしょう』私は、その答えにはなはだ不満であったが、さらにたずねる気力を失っていた[38]」。

本当は日本語をよく理解し流暢に話すことのできる中国人工作員たちが、日本語を話さないように努力していたのは、日本語のできない工作員をも含む工作員全員が、お互いに不穏な行動に出ないように、お互いを監視し合うために必要なルールだったのであろう。このようなルールが守られたのは、訪中する日本人を対象とする場合だけに限られなかった。中国を視察したインドのある社会党員によれば、彼の旧友の中国人と再会した際、旧友が以前は英語をちゃんと話したのに、今度は中国語に通訳されるまで彼の質問を理解しない風を装ったことがあったという。要するに通訳は、党のスパイであった。そのため、そのインド人は、大学教授である彼の友人たちと党のスパイの通訳を介して話をしなければならなかった。また、同じくインドのある新聞編集者が、以前友人だった中国の知識人たちと中国で再会を果たした時、友人たちから「貴君とは昔のままの我々として話をしたくない」と直接言われたという。この言葉を聞いて驚愕したその新聞編集者は、こう書いた。「ここで初めて、私が以前から漠然と感じてはいたがはつきりとは摑めなかつたことを理解した。我我の体を牢獄の中に繫ぐことは堕落することである。然し我々の体を見えざる鎖で繫ぐことは遥かに悪い堕落を来す」[39]。

また、訪中した日本人たちは、滞在する都市や宿泊所、見学する場所や施設、面会する人物等々についてそれぞれ厳しい制限を受けた。日本人旅行者たちは中国の工場を見学することも多かったが、共産革命の前後を通してたまたまある機械工場で労働者として働いていたことのある日本人は、帰国したあと次のような回想を述べている。『『文革』の前も後も私の工場には、外国人の参観団が沢山やってきました。東北で有名な機械工場ですから、政府もみせたいところだったと思います。参観団が来たときは工場もきれいになるし、参観路（見学コース）の店にも品物がならびました。中に買いたいものがあると、こういうとき買いましたが、あとで店員がとりかえしに来るときがありました」。中国で暮らしたこの日本人は、また「街路には私服の公安や民兵が通行人の形で出ていて、外国人が道をまちがえたり、横町を見ようとするのを防いでいました」と証言している[40]。

さらに、昭和三二年春、西日本新聞社会部記者の大隈秀夫は、「背筋を冷たいものが走るように感じた」体験をもつ。大隈によれば、「あたらしい中国の自慢の一つにカギのかからないドアがある。ホテルといい、個人の住宅といいカギというカギはついていない。この事実は『中国にはもはや一人の泥棒もいない』ということの宣伝につかわれてきた」。そして、広東のあるホテルに泊った時には、こんな感想をもったのだという。

八階の部屋を割りあてられたがなるほどカギがない。香港では、九竜のシャムロック・ホテル。このホテルでは、部屋の出入には必ず、各フロアのボーイからカギを受けとって、開け閉めをしておかねばならなかった。とともにボーイからチップを請求されるのにも閉口した。だから広東の愛群大厦に泊ったときのこころの安らぎは大きかった。英国領の香港はせち辛く、中国領はいかにもゆったりとした感じで、はじめて大陸に接したような感慨にふけったものだ[41]。

大隈は、その後漢口のホテルにも宿泊したが、そのホテルにもカギはなかった。そして、北京のホテルに泊っていたある日、置き忘れてきたカメラを取りに自分の部屋に戻った時、次のような場面に遭遇した。

玄関の重い回転ドアを押して階段を上り、四階のじぶんの部屋にとびこんだ。部屋のドアを押すと同時になかから一人の男が出てきた。工人服を着ている二十七八才の、みるからにガッチリしたその男は、眼鏡の奥にある大きな眼をギロッと光らせたまま、ペコンと頭をさげた。宿泊客のいない部屋にだまってしのびこんでいたこの男にわたしは少からず不審の念を抱いたので、――君は誰ですか。ときいてみた。男は無言のままわたしの顔をみつめている。ホテルのボーイなら白い上衣をつけているはずだ。どうもあやしい。わたしもこの男の頭のてっぺんから足のさきまで、そのからだをなでるようにして見廻した。男はやっと口を開いた。――こんど東北地区の鞍山から派遣されてきた通訳です。総工会の国際部のものです。少しなまりはあるが、意味のよく通ずる日本語でこう説明した。――何のために人の留守中に部屋にだまって入ったのか。失礼じゃないか。わたしの語気は鋭かった。――名前は？　――李政洛。――韓国系ですね。――そうです。――黙って入ってもらっては困りますね。――いや、部屋をまちがいました。どうもすみません。このような会話をかわしたのち、自称李通訳は部屋を出ていった。何か不明朗な空気が部屋いっぱいにただよっている感じだ。わたしは洋服ダンスのなかや机のなかを調べてみた。一見したところ何も盗まれている風はなかった。ベッドの上にほうり投げていたカメラもそのままだ。空巣なら却って気が楽になるような重苦しい気持だ。わたしはまもなくカメラを持ってまた北京大学へ出かけたが、その往復の途中車のなかで李という怪しい人物のことばかりを考えていた。(42)

大隈は、その日の夕方親しくしていた通訳から、ホテルの自室に忍び込んでいた李が「チャキチャキの共産党員」であることを知らされる。その通訳は、「あなたのお部屋にしのびこんだのも何か目的があったのではないでしょうか。日本からきたジャーナリストだということであなたをマークしたにちがいありません」と言った。大隈は、「もの取りでなければ、そうとしか受けとれなかった。わたしはあらためて机と手箱のなかに入れている日記やメモを調べてみた。異常はなかった。背筋を冷たいものが走るように感じた」と書いている。そして、最後に、

「ホテルのドアにカギがかからないことだけはどうやらわかったような気がする」と付け加えている。[43]

昭和三六年亀井勝一郎、平野謙らに同行し、四度目の訪中を果たした作家の井上靖は、中国滞在中「見たいと思うところはすべて見せて貰った」と述べ[44]、旅行中日本人の自由な意思が許容されたかのようなことをいっているが、そんなことはあるまい。もっとも、敗戦後も共産主義国家に留まることを余儀なくされたある日本人がいうように、そもそも中国側が招待する日本人を厳選した結果、「はじめから悪口なんぞいう気のない連中が出かけた」から、そうした人々は「見たいと思うところはすべて見せて貰った」という感想を述べることになったのだろうか。それとも、多くの賞に恵まれた稀代の作家井上靖のような人間には、自らの文筆業のための取材として役立つもの以外にはそもそも興味もなく、他のものは最初から見たいとも思わなかったということなのだろうか。共産党政権の下で暮らすことを余儀なくされ、訪中して来る日本人たちに対して苦々しい思いをもつある日本人は、次のように述べている。

勝手にぶらぶら歩いて見たって、ほんとのことはわかるもんじゃない。一番大切なことは、ほんとうのことを話してくれる人と会うことなんだ。ところがそれだけは実に厳重に防止されたんだ。お客さんたちは時間や空間の制限を受けなかったかもしれないが、人間の制限は極度に受けた。ちょうど声の出ないトーキーを見るようなものさ。お客さんの一人にそっと聞いてみたまえ。会いたいと思った人に会えなかったというのが少なくないはずだ。帰国問題の会議に日本代表が北京にきた頃、内地から僕あてに手紙がきて、某代表と会うときは、これこれのことを頼んであるからそのつもりで会ってくれと書いてあって、その手紙をくれた人は、日本代表は当然帰国する日本人たちに自由に会えるものと考えたんだね。ところが、僕たちが代表に会うどころか、北京にいた日本人は、日本人代表のいる間、わけのわからない出張命令で、たばになって僕たちのところにきて遊んでいたんだ。出張させられたのはいわゆる落伍分子、つまり思想的に赤化の見込みのない連中さ。積極分子と称する頼もしいのだけごく少数が北京に残されていたわけだ。高良女史が北京にきた時も、その時、夫君と共に北京の○○病院にいたむかしの友人である大潟夫人に、つ

いに会えなかったはずだから、ご本人にきいてみたまえ。(45)

敗戦後ソ連の日本人俘虜収容所に収容され、九年間にわたり抑留者として中国で暮らした医師の明石勝英も、同じようなことをいっている。明石は、次のように述べている。

最近中共のことに非常に関心をもっている人が多いが、その割に真実が知られていない。知られていないばかりでなく、肝腎なところが全くゆがめられて伝わっているようだ。旅行者、学者、その賛成者等によって日本にも色々最近紹介されたが、その多くに承服しかねる点が多い。これは無理からぬことで、私の様に俘虜の連続でいたものと、先方の指名招待で出かけ、歓待づくめで帰来したものとでは、その見かたに大きな差異があるのは致し方あるまい。(46)

こう述べた上で、瀋陽にいた明石は、昭和二七年一〇月中国政府の主催によって北京で開催された太平洋和平会議の際のエピソードについて、「中共を理解する上に何等かの参考になると思う」との理由で、詳しく述べている。

会議のある約三週間前から、北京方面の日本人高級技術員が多数、満州方面特に瀋陽を中心にやって来た。満州方面のそれぞれの技術部門の調査をしてくる様にと、可成り具体的な指示をあたえて、しかもそれには共産党員若干名の監視付きで来たのである。その人々も初めはその使命が真実であると思っていた。ところが北京から個別的にくる通信に、太平洋会議が開かれるという十数日前から、北京及びその周辺に残っていた比較的下級日本人技術者は、夫々北京郊外に集められて集合学習をしている、ということが伝えられてきた。瀋陽にきている連中の間には不安が高まってきた。中共の従来のやり口では、視察にゆけ、或は調査に行けといって、出張を命じておいて、間もなく後から追っかける様にして、その地で工作せよという転勤命令を出すからである。日本人として早く帰国したいというのは、殆んど大部分のものが持っている希望である。しかし一方には太平洋和平会議があり、高級技術者の中には語学の出来るものが多いから、街でこれらの和平会議の自由諸国代表と何らかの連絡をとられては困る。又中共がこんなに多数の日本人を抑留しているという事実をみられては困るから、出張を命じられたのだと考える向きもあった。事実、高良トミ、帆足計氏等が、ソ連からの帰国の途上、戦後最初の訪問者として北京を訪れた時も、御本人らは御存知なかったろうが、氏等の北京滞在中は、北京の日本人は極少数者を除いては、外出禁止で軟禁されたのである。そして氏らが逢ったのは、数名の、中共選り抜きの、日頃から在中日本人の怨嗟の的であった人物だけであった。こうした連中のデッチあげた事柄を聴き及んだ高良氏らが、中共の日本人は帰りたがっていないということを、日本に帰ってから言ったとかで、これを日本からの新聞、ラジオで知った在満日本人は、非常に憤激したのである。(47)

明石の証言は、日本をはじめとして、全世界で八百万部以上という驚異的な部数を売り上げた自伝『ワイルド・スワン』の著者として知られるユン・チアンが述べていることと、全く符合している。チアンによれば、「毛沢東政権は、人民を外国人から隔離するためにあらゆる手を打った」。そして、当局の許可なく外国人と言葉を交わした人間は、とんでもない目にあった。のちの時代のことであるが、アメリカ大統領ニクソンが訪中した際、彼は上海に一日だけ滞在したことがあるが、その日はたまたま春節に当たっていた。そのため、農村に下放されていた何千人という若者が上海の家族のもとに帰っていたが、これらの青年が万一ニクソンに不満を訴えるような場面があってはならないという配慮から、皆農村に追い返されたことがあったという。(48) また、米国訪中団の行く先々が完全に人払いされていることに気づいた政治評論家のウィリアム・バックリーが、「人民はどこにいるのですか？」と中国人幹部に尋ねた時、その幹部は「何の人民ですか？」と答えたという。バックリーは、「中華人民共和国の人民ですよ！」と言い返した。(49) 明石勝英は、共産中国における生活の厳しさは、日本の軍国主義の「二十倍、三十倍に及ぶ強烈さ」だと言い切る。

こうした人〔旅行者、学者、その賛同者等〕の筆で紹介された中国の姿を想像し、理解した人には、例えば、共産国家の人民は苛烈な政治的統制の下にある。こういった所で、彼の地の強力な統制政治というものは、実感をもって想像することが出来ないのではないか、とさえ思う。共産政治下の民衆の生活を、私なりに譬えるとすれば、嘗ての軍国日本における軍隊生活の、あの初年兵生活の連続とも言えよう。日本軍の軍国主義は個人の行動を統制したが、共産党のそれより見ればまだまだ甘いものである。共産党のそれはあれの二十倍、三十倍に及ぶ強烈さであった。日常生活の一挙手、一投足に到るまで、凡て監視されているということは、余程共産主義に徹した人でも苦痛なものらしい。まして一般大衆には非常な苦痛である。そしてその身辺を十重二十重に取巻いている強力な統制に驚倒し、没法小（メイファーツ）的になる他はなかった。(50)

要するに、「お客さん」として、数々の制約と監視を受けながら現地を視察した日本人旅行者たちにとっては、結局その地で起きていることの真実を見抜くことは、容易なことではなかった。一方、これとは別に、日本から中国へ視察に赴いたとはいえ、最初から自らの立場を共産主義支持、中共支持と決めている頑固な日本人たちにとっては、自らの目で中国を見ることができるという滅多に無いチャンスを手にすることができたとしても、旅行先では、自らが見たいものだけを見るという心理的な規制を自らに課すことが少なくなかった。そうした種類の日本人にとっては、そもそも最初から中国の本当の姿は見えるはずがない。昭和三〇年五月から六月にかけてソ連と中国を旅行した経済学者の大内兵衛は、当初「経済学に志した。長い間迷いに迷いつつ社会主義にたどりつき、いまはそれが正しいと思っている。そう思ってはいるが社会主義とは現実にはどういうものか、それを形象化してみる機会があまりなく、従って自分の主義とするところについて体験的な確信がない。そのことが自分として大に不満である」と考え、日本学術会議の学術視察団に加わる決意をした。(51)

ところが、「社会主義とは現実にはどういうものか」を見たいとの明確な決意をもって臨んだせっかくの貴重な体験であったはずなのに、帰国後大内が出版した旅行記を読むと、彼が社会主義の「現実」を見ていたようにはとても思えない。大内は、帰国後次のような文章を書いている。

紫禁城の前の大通りはおよそ五倍の広さにひろげられ、高く仰ぐ天安門の両側の赤い壁には、中華人民共和国万歳、世界和平万歳と書いてある。メーデーや国慶節のデモンストレーションのことを考えた。ここは、クレムリンとは全く別の偉大さ、美しさである。ここもまた曾つての清朝の、人間の人間に対する威圧の設備であったが、いまは、クレムリンと同じく、人間の人間に対する親和のシンボルである。この国においては、資産階級もこの政権に協力するのであり、その点において、ソ連と違った独裁である。これを彼らは人民独裁と称する。何にしても中国の政治は、そのままの形としては、西欧の政治学のカテゴリー以前のものである。それ故ここにはわれわれ資本主義の問題、例えば、失業の問題、人口過剰の問題など、全く未解決である。それにもかかわらず、彼らは社会主義によってそれらが解決されるという希望、また、現にそれが解決に向っているという事実によって、満足しているのである。すべては未解決であるが、すべては前向きである。そういうのが中国社会主義である。(52)

大内はこう書いたあとで、共産中国は学問を尊重することをその立国の精神としており、学問的な真理の上に権力が構成されているのだ、と主張する。

ソ連と中国においては、学問・教育が非常に尊重されています。(中略)中国で見たものは研究所二十五、学校関係二十九、工場その他の設備数十。総じてわれわれはその設備の大きいこと、完備していることに感心したといってよいと思う。(中略)学問の研究機関及び大学教育の設備が革命前に比し非常に大きくてまたよく整っているということは、これらの国の立国の精神が学問を尊重することに由来する。この点は大いに注意を要する。いうまでもなく、この両国は、マルクス主義に立つ国である。マルクス主義とは事物のあらゆることには法則があり、法則に従うことによってわれわれは自然を支配し、またさらに人間社会を支配するという主義である。それゆえにこそ彼らは自ら科学的と称する。このことは、その国権は、そのバックに神をもたぬということ、特定のイデオロギーをもたぬということに外ならぬ。学問的真理を基礎としてその上に権力が立とうとすることに外ならぬ。(53)

大内は、その旅行記にこうした中共礼賛の文章を書いただけではなく、中国の政治家たちが、いずれも「やさしい礼儀正しい紳士」で「正義を信ずる人」であり、「敬服さるべき人々」であることを強調する。

この統一においては、民族の独立、人民国家の建設、社会主義万歳は三者一体であります。そしてこの旗をたかくかかげているのが外ならぬ毛沢東であります。私は、周恩来総理にも会い、郭沫若科学院長とも話した。また実に多数の学者や著名の文人とも語りました。彼らの態度はすべて謙遜で決して思い上ったところなどはありません。やさしい礼儀正しい紳士であります。しかしかれらは、祖国の将来について迷うところある人ではなくてその正義を信ずる人でありまます。そういう点では敬服さるべき人々であります。(54)

帰国するために乗った大内の飛行機は、沖縄に到着するが、到着する直前に飛行機の窓にカーテンがかけられたことに、大内は大いに立腹する。大内によれば、「私はせめて飛行機の窓から日本の沖縄を見ようとしましたが、窓には黒いカーテンがかたくかけられました。これは鉄のカーテンではないが、私はそのカーテンを以て私共の目をふさぐことをしなければならぬ人をあわれと思いました」という。そして、六年前スイスからの帰途同じ空港に降りた時、「沖縄が一日も早く日本に復帰するように」と切々と語っていた売店の沖縄の娘と再会したため、今度も彼女たちと話したが、今回は復帰の話はわざとしないようにしたという。その理由について、大内は「ここには制服をきたアメリカの軍人がいっぱいであり、私はそれに威圧されたからです」と述べる。(55)大内は、共産中国には「鉄のカーテン」などはなく、日本やアメリカにこそ、それがあるのだと言いたかったのであろう。

(1)「日本再建の方途　四党首座談会（上）」（『朝日新聞』昭和三〇年一月一日）。
(2)開高健、橋川文三、萩原延寿「鼎談　中国現代史と日本人」（『中央公論』昭和五一年一一月号）一一〇～一一一頁。
(3)福岡愛子『日本人の文革認識』（新曜社、平成二六年）二四八頁。
(4)城山三郎『中国・激動の世の生き方』（毎日新聞社、昭和五四年）一七二頁。
(5)千田是也「一九五六年　メーデー記」（『世界』昭和三一年七月号）二一〇頁。
(6)前掲『中国・激動の世の生き方』一七二～一七三頁。
(7)古海忠之、城野宏『獄中の人間学』（竹井出版、昭和五七年）二四～二五頁。
(8)高尾栄司『「天皇の軍隊」を改造せよ　毛沢東の隠された息子たち』（原書房、平成二四年）三九～四〇頁。
(9)同右、四三～四四頁。
(10)柳田謙十郎「北京」（『世界紀行文学全集　第一二巻　中国編Ⅱ』修道社、昭和三五年）一三三頁。

(11) 同右、一三五頁。
(12) 同右、一三五～一三八頁。
(13) 増田周子編『宇野浩二書簡集』(和泉書院、平成一二年)一八九～一九〇頁。なお、亀井勝一郎によれば、この三名の作家の訪中が日本の文学代表団による最初の訪中であった。第二回目は昭和三二年で、山本健吉を団長とし、中野重治、本多秋五、井上靖、十返肇、多田裕計、堀田善衛の七名が訪問した。第三回目は、三五年で、野間宏を団長とし、亀井勝一郎、松岡洋子、開高健、竹内実、大江健三郎、それに日中文化交流協会事務局長の白土吾夫を加え七名で訪中した。第四回目は、三六年で、メンバーは亀井勝一郎、井上靖、平野謙、有吉佐和子、白土吾夫の五名であった。同年訪中した第五回目のメンバーは亀井勝一郎、由紀しげ子、武田泰淳、大岡昇平、白土吾夫の五名であった(亀井勝一郎『亀井勝一郎全集』第一四巻、講談社、昭和四九年、一〇三頁、一一九頁)。椎名麟三、中村光夫、武田泰淳であり、その後、昭和三九年にも訪中したが、その時のメンバーは亀井勝一郎、堀田善衛、
(14) 平野謙『平野謙全集』第一三巻(新潮社、昭和五〇年)一〇七～一〇八頁、一一六頁。
(15) 波多野勝、飯森明子、清水麗編『日中友好議員連盟関係資料　中尾和夫文書―日記・会談記録』(現代史料出版、平成一四年)七三頁。
(16) 火野葦平「赤い国の旅人」(『火野葦平選集』第六巻、東京創元社、昭和三三年)一五七頁。
(17) 大島康正「毛帝国の嵐のなかで」(『自由』昭和四一年九月号)二四～二五頁。
(18) 大岡昇平『大岡昇平全集』第二〇巻(筑摩書房、平成七年)五一五頁。
(19) 安倍能成「新中国見聞記(二)」(『新潮』昭和三〇年二月号)六七頁。
(20) 木村喜八郎「なぜ中国は生れ変ったか」(『中央公論』昭和二八年一二月号)四一頁。
(21) 大内兵衛『社会主義はどういう現実か――ソ連・中国旅日記――』(岩波書店、昭和三一年)九四頁。
(22) 田川誠一『訪中一万五千キロ』(青林書院、昭和三五年)九頁。
(23) 同右、五～六頁。
(24) 竹内実「中国で感じたこと」(『文学』昭和三五年八月号)四六頁。
(25) 司馬遼太郎『長安から北京へ』(中央公論新社、平成一五年)三三四頁。
(26) 火野葦平「息苦しい国々」(『新政界』昭和三〇年一一月号)八三頁。
(27) 松田竹千代「めざめた獅子」(『中央公論』昭和二八年一二月号)四七頁。
(28) 松前重義「新中国と日本の前途」(『中央公論』昭和二八年一二月号)四八頁。
(29) 有吉佐和子『有吉佐和子の中国レポート』(新潮社、昭和五四年)一七二頁、一七四頁。
(30) 前掲『訪中一万五千キロ』五～六頁。

(31) 前掲『長安から北京へ』三〇九～三一一頁。
(32) 同右、三四〇～三四一頁。
(33) 前掲「赤い国の旅人」一五〇～一五一頁。
(34) 同右、二〇一頁。
(35) 野間宏「中国訪問旅行」(『新日本文学』昭和三五年九月号) 八六頁。
(36) 大岡昇平『大岡昇平集』第一八巻(岩波書店、昭和五九年) 三〇六～三〇七頁。
(37) 大隈秀夫「新中国の裏通り――社会主義建設の背後にあるもの――」(『文芸春秋』昭和三二年一二月号) 一〇〇～一〇一頁。
(38) 椎名麟三『椎名麟三全集』第一九巻(冬樹社、昭和五一年) 二六四～二六五頁。
(39) リチャード・L・G・デヴェラル(明星逸朗訳)『人民中国――中共の真相――』(アメリカ労働総同盟アジヤ部、昭和三〇年) 一一九頁。
(40) 阿部治平「中国の市民生活」(『UP』昭和五五年九月号) 三〇頁。
(41) 前掲「新中国の裏通り――社会主義建設の背後にあるもの――」一〇一～一〇二頁。
(42) 同右、一〇二～一〇三頁。
(43) 同右、一〇三～一〇五頁。
(44) 井上靖『井上靖全集』第二六巻(新潮社、平成九年) 四八四頁。
(45) 吉村晴彦「新らしい『神様』の国」(望月百合子編『灰色の恐怖――中共は天国か地獄か――』万里閣新社、昭和三一年) 二三五～二三七頁。
(46) 明石勝英「中共に自由ありや」(『文芸春秋』昭和三〇年五月号) 九二頁。
(47) 同右、九二～九三頁。
(48) ユン・チアン、ジョン・ハリデイ(土屋京子訳)『マオ　誰も知らなかった毛沢東』下巻(講談社、平成一九年) 四三六頁。
(49) 同右、四三三頁。
(50) 前掲「中共に自由ありや」九三～九四頁。
(51) 前掲『社会主義はどういう現実か――ソ連・中国旅日記――』はしがき。
(52) 同右、五九頁、六七頁。
(53) 同右、一二二～一二五頁。
(54) 同右、一一八頁。
(55) 同右、一二一頁。

第三章　奮闘する旅行者

中国共産党支持を貫き通すため、都合の悪いところは見ないと最初から決めていた日本人たちとは対照的に、旅行者に対する様々な制約や困難を乗り越え、中共の真実を知ろうと自ら奮闘したり、鋭い洞察力を働かせたりした日本人旅行者たちもいた。まず、最初に注目に値するのは、当初日中貿易協定の促進のために大いに活躍するものの、その後中国人の国民性などについて研究し、『シナ民族性の解明』（内外事情研究所、昭和四六年）などの著書を書き残した政治家の池田正之輔である。

池田は、昭和二八年日中貿易促進議員連盟代表団の団長として一カ月にわたって中国に滞在し、結局第二次から第四次までの日中民間貿易協定の交渉で大きな役割を果たすことになる。中国滞在中は、窮屈なホテルにほぼ軟禁状態のまま缶詰にされ、耐え難いその肉体的精神的苦痛から学んだ面もあるのかも知れないが、彼は中国に対して決して甘い夢をみることもなく、冷静な観察眼をもち続けた。池田は、昭和四三年五月朝日新聞の紙上で、同じ自民党の政治家であった宇都宮徳馬と対談したことがある。そこで、宇都宮が日中貿易の拡大や北京政府の承認を急ぐべきだとする主張を展開すると、池田はこう言って釘を刺した。「日本は中国問題と取組む前に、もっと相手を研究しなければならない。中国の実情を、日本では専門家ですら、どの程度知っているかが問題だ」。そして、池田は、こう述べている。「宇都宮君のいい方は、あまりにも中国ペースだ。国際的な緊張を国民に訴えて、国内を治めようという、中国の国内向けの政策に乗るのは、愚の骨頂だ。むしろ中国の歴史をふり返って、漢民族の性格がどんなものかを検討する必要がある。中国は秦の始皇帝以来、外国に攻めて行かなかったのは、隋、唐、宋の時だけだ。こんな国は他にはない。歴史からみると決して平和的な民族とはいえない」(1)。

池田は、「駈け足の急ぎ旅」で外国を視察して回る旅行を「小便旅行」と呼ぶ(2)。そして、短期間の旅行の経験から中国について批評したり判断したりすることに、強い警告を発する。彼は、次のように述べる。

田舎者が東京にきて、十日や二十日、見物したところで、東京を充分に知ることはできない。簡単に批評することもできまい。中共にしても同じである。一ヶ月か二ヶ月、視察したといって、なにもかも知ることができたと考えるのは、全く早計である。たとえばわれわれ一行のうちにさえ、こんな話があった。改進党の喜多壮一郎君はなかなかの中国の古典に通じている。北京の西部に、金儲けの神さまが祀ってあるという。昔から有名なものだそうである。喜多君が退屈まぎれに、そこへ行ってみようじゃないかと自由党の長島銀蔵君を誘った。帰ってきて、私が長島君にたずねること、こんな話だった。「行ってみたところが、小学校になってしまっていて、廟は中にあるんだ。休みなので門がしまっている。通れないのだ。すると近所の中国人が一ぱい集ってきた。日本人がきたぞといって、大いに歓迎をしてくれた。合カギであけてくれようとしたが、なかなかあかなかった。結局、窓からおさい銭をあげて拝んできた」そういう話だった。だがこの話、私は可笑しいと思った。で、喜多君にたずねると、「いや、そうじゃない。日本人を歓迎する意味で、中国人が集ってたわけではないんだ。われわれがいい自動車に乗って行ったから、それを見たさに集ってきたんだよ。まア親切なことは事実だがね……」これだけのことでも、すでに長島君と喜多君の話は食い違う。してみると、容易には、中共の事情はわからない、見方によって歪んでしまう——ということができる。俗に、惚れてしまえば、アバタもえくぼというし、坊主憎けりゃけさまで憎いというが、まずそういうことは、中共視察にもいえるのであるまいか(3)。

また、池田は、昭和二九年八月からソ連や東ドイツ等を旅行した際、「同行した左翼観念論者たちが、何を見ても一から十まで感激し、賞めそやしていたこと」[4]に呆れた話についても書いている。彼は、旅行中のこんな経験について述べている。

私のソ連行で不愉快に思ったことが一つあった。何を見てもベタ褒めする日本の文化人、学者グループと自負する人達の態度である。一行の中には共産党議員もいたが、割合に割切った態度を示していたので好感がもてた。ところが共産党員でもない、大学教授の肩書をもつ〝文化人〟の不見識さには滑稽なくらいだった。ソ連で美しいカット・グラスを見ると「これはスゴイ」と目を丸くする。あの程度のものなら日本でもいくらもあるのだが見たことがないらしく、珍らしがって買っていた。東ドイツのホテルでもそうだった。俄造りのさほどでもないホテルに泊ったのだが、大学教授は相変らず褒め上げている。大きな建物、上り下りはエレベーター、これだけで「立派なホテルですね」と驚嘆の連発。私は、帰国したら彼らに帝国ホテルを見せてやらねば……と思った。帝国ホテルの方がずっと立派だからである。同じ東ドイツでの出来事だが有名な植物園を見物した。美しい花が咲き乱れていた。「またはじまるな」と思っていた途端、「綺麗なものだね、こんな美しいものが、日本にあるのだろうか」で褒め方が開始された。植物学者で知られる園長さんが「ここにある花は全部日本にもありますよ」と答えたので先生ら「あるいはそうかもしれませんな」と首を傾けていた。私は園芸に興味があるので少しはわかるのだが、同じ花でも多摩川べりで見るのと、富士山頂で見るのとは、かなり感じが違う。寒いところでは、ぐっと色彩がはえてくる。東ドイツは緯度からいって、日本より北になるので、自然草花の色が美しく見える。この程度の常識が、先生らにはないらしい。これでは、日本の学者や文化人は〝赤大根〟だと悪口をいわれても、しょうがないかもしれない。[5]

池田に続いて、次も政治家であるが、中国側から用意周到にお膳立てした上で与えられるイメージをそのまま丸呑みすることを拒否し、真実を突き止め、それを伝えようと気炎を吐いた日本人の代表が、昭和二九年九月から一〇月にかけて中国を視察した自由党の代議士山口喜久一郎である。山口は、超党派の国会議員によって構成された最初の訪中団の一員として、中国を視察した。訪中の目的そのものは、建国五周年を記念する国慶節への参加だったが、自由党の山口の他に小川平二、改進党の中曾根康弘、桜内義雄、園田直、左派社会党の鈴木茂三郎、佐々木更三、右派社会党の曾根益、河野密らが訪中団に加わった。山口は、帰国後佐々木、河野らとともに、政界往来社が主催した座談会に臨んだ。

この座談会で、山口は中国について、「とにかく独裁国家ですからね。また、権力の国家ですからね。だから鶴の一声の国だナ、なんと言っても……」と述べた。(6) これを聞いた佐々木は、それを否定し、「中国はいわゆるソ連式の独裁課程というものから一清算期に入って、新しい民主々義方向にむかっている」と主張する。さらに、佐々木は「われわれが受取った感じで、たとえば血の粛清をやったとか、反対党に対する苛烈な弾圧をやったとか、法律やいろいろなものをもって規律したということはないいんじゃないですか」と述べた上で、「政治協商会議をもって、少数の意見をとり入れてやって行こうというのは、ソ連の共産主義の体制とは大分ちがうんじゃないか。やっぱり中国的な民主々義的なてだてということで、うまくいってるんじゃないか」と言う。座談会に加わっていた河野密も、佐々木の見方に賛同して、「中共は東洋の伝統の上にたって、道徳的匂いがありますね、道徳的な。そこにわれわれとして大いに親しみを感じると思うんです」と発言した。

山口は、佐々木らの認識に対して真っ向から反論し、「それはぜんぜんちがうね。（中略）毛沢東政権の考えていそうなことの枠の中に議論をしているんで、……毛沢東政権の考えないようなことを云ったりしたら打首だから」と述べる。これに対し、佐々木は「毛沢東政権に或る意見を提出したから打首になることは、いまの中国にはないよ」と応酬した。しかし、山口はなおも食い下がり、「新聞をみたらわかる。毛沢東政権以外の新聞はないんだから」と述べた。(7) 視察中の山口は、まず中国における言論統制の徹底振りに注目した。

中国の新聞は「人民日報」一つだけ。日本の官報と同じたぐいだから、政府側だけの一方的ニュースが記されているばかり、日本式な三面記事や国民の意見は何もない。随行の日本新聞記者諸君に、「これでは高野豆腐のナマみたいなもので、味もそっけもないじゃないか」といったら、みんな笑っていた。報道の自由といっても、人殺しやドロボウの記事だけでもこまるが、私たちの旅行にさえ、報道陣が同行して、ありのままをつたえてくれる日本の自由が、無性にうれしかった。共産主義とは、生かすも殺すも自由自在、絶対の権力を主権者が掌握する超独裁政治であり、人民は自己の意見すらのべる機会を与えられないのだ。(8)

こう述べた上で、山口は、中国側の新聞記者たちとの異様な会見の様子や新聞の実態について筆を進め、「総理大臣であろうが、何であろうが、自由に批判ができ、筆誅をくわえることのできる日本のペンマンたちは幸福である」と書く。

新中国で私たちがまず失望したのは、新聞記者との会見であった。この種の会見などは、中国ではめずらしいことでもあるかのように、新僑飯店の二階の広間に集った十五名ばかりの記者諸君は何かおちつかない。左派社会党の佐多忠隆君が、この会見に備えて、日本からもってきた名文のステートメントを朗々と読んでも、だれ一人書きとめようとするものがいない。また私たちが「何か質問はありませんか」といっても、ただ彼らはおたがいにジロジロ見合わしているだけで、無言のてい。同席の党工作員の指示でも待つかのように、ただ黙々としているばかり。私はたまりかねて、会見をうちきってしまった。それでも翌日の新聞には、ステートメントぐらいはのっているだろうと思ったが、それらしいものもない。記者団会見の味気なさの一端がわかったような気がした。総理大臣たらんよりは、ロンドン・タイムスの社長になることが名誉だと、あこがれてペンをもつ自由国家の記者諸君は、安い月給もこのプライドでつぐなわれるが、中国の記者諸君はカスミでも吸って得意なのだろうか。総理大臣であろうが、何であろうが、自由に批判ができ、筆誅をくわえることのできる日本のペンマンたちは幸福であると、つくづく思った。(9)

山口たちは、国慶節の儀式に参列したあと、一〇月二日にソ連展覧会の開会式に招かれて行った。山口の抱いた感想は、こうである。「夜郎自大」という表現を使うなど、彼の批評は、全く辛辣で容赦がない。

中国人たちは長蛇の列でつめかけては、みんな驚異の眼でながめている。三日後にこの前を通ったら、やはりたくさんの人々、とくに学生、在郷軍人といった団体が多かったようだ。おそらく政府の命令でここに集められ、強制的に観覧させられているのであろう。そのネライは、新中国が一日も早く、このレベルに達しなければならないと、国民大衆を鼓舞指導することにあるのだろう。この建物はそういう意味をもって建設された殿堂であると、私は思った。しかし、私たちから見れば、機械類にしても、化学製品にしても、ヤボくさいものばかりでも、民度のひくい中国の大衆からみれば、世界第一の文明品と感ずるであろう。その品々をつくる国が、労働者や農民の天国ときいてはたまらない。こういった夜郎自大、うぬぼれさが第三次世界大戦への歩みを早める危険なしとは、保証しがたいのである。(10)

政治家山口喜久一郎がその真骨頂を発揮した場面は、一行が東北医科大学を視察した時に訪れた。山口は、その時のことを、こう書いている。

私たちはこの学長室で、実に長々と中国革命の沿革と、この医大が今日東北大学として建設されている歴史をくり返し、恐らく居眠りが出るほどきかされた。学長というのは四十四、五歳の人。日本だとさしづめ県立病院の医長さんと言う身ごなしで、この学長が得意になって、標本室から科学教室など引き回した。熱心な説明ではあるが、私たちのように医学の知識にとぼしい者にとっても、これはと感心するものは何一つとしてない。外科の手術台の上にある反射鏡を指して、これはわが国の生産で、上海で作った最新式の医療機械だ、と説明される。私は心の中で、こんなものは日本では町医者にでもあるものをと思ったトタン、思わず「幼稚だなア」と口ばしってしまった。同行の社会党の某君が、「団長シツレイじゃないか」と私をたしなめた。この対話を耳にした通訳から、山口先生何ですか、と改めて尋ねられたが、私はいまさら訂正する気にもならず、「こんな機械は日本では町の医者にでもありますよ」と答えた。通訳は、「先生の言葉そのままを通訳してもよろしいか」と言うので私は、よろしいと答え、これが学長に通じたため、この学長さん、極めて不機嫌なお顔になった。それから病室の案内だと言うが、私は一同にはかって、「こんな程度の低い設備を、物めずらし気に見て回るのは、私たちの虚偽ではないか、この程度で失礼しよう」と言ったら一同も、その方がかえって私たちの慈悲心でもあろうとうなずいて、サッサと辞去した。帰路、通訳氏が、「きょうの学校見学の感想は」と聞くから、「あんな設備を自慢すること自体が、中国の医学水準の低いことを立証している。しかし、これでもインドシナやチベット、蒙古などの代表に見せれば感心するでしょう」とつけ加えておいた。(11)

一行が、鞍山製鉄所と郊外にある労働者住宅を視察した際には、山口によれば、社会党の議員たちは「〝これこそ日本への良きミヤゲである〟とばかり、盛んにシャッターをきっていた」。ところが、山口はそうではなかった。彼は、訪問先が「見せるために用意された、例の共産党式の形だけのもの」であることも、的確に見抜いていた。山口は、こう述べる。

私はくわしく検討するため、そのアパートの内部を観るのを忘れなかった。各室は清潔に整頓されていたが、三畳に四人、六畳に八人という工合に、極めて窮屈そうであった。日本の労働者だととてもこれではシンボウできまい。きっと人権じゅうりんだなどと騒がれそうだが、この国の「住むに家なき労働者」であった人々には、これでも〝天国〟なのであろうとながめて来た。（中略）むかしと変らぬ撫順炭田（中略）その露天掘の有様や設備など日本が経営していた時代と何ら変っていない。露天掘の石炭はまだまだ百年ぐらいは、このまま掘れるという。惜しいものを日本は失ったものだ。（中略）新しく建てられた保育園や養老院を見せてもらったが、私たちの目には私たちに見せるために用意された、例の共産党式の形だけのもので、よしんば利用されているにせよ、労働貴族や共産党の人々の家族が優先的に使用する「憩いの場所」にも見えた。(12)

中国滞在中のある晩には、在留邦人と会見する機会があったが、山口にとって、それははなはだしく違和感をおぼえるものであった。彼は「共産党工作員の看視下であるだけに、一同は口をそろえて、共産党の治下で、生活が安定しているから日本には帰りたくない、といっていた。しかし何だか言い方が他人行儀で、お互いに日本人であるという感情さえわかなかったのは、どうしたことだろう。私たちが一目でも会ってその消息を知りたいと、飛びつく思いのこの会合であったにかかわらず、今は別の世界に住む人々であり、血の通うハラカラの気持で話すことができない。よそよそしささえも感じられ、いささか失望と寂しさを禁じ得なかった」と書いている。[13] そして、山口は、旅行を振り返って、こう書くことを忘れなかった。

政府のサービスは、かゆいところに手が届き過ぎて、いささかサービス過剰の感があった。日本の議員団一行には工作員（通訳や連絡世話係）が多い時は十二名もつき、議員団のわがままな頼みごとがあっても、いやな顔もせずに世話をしてくれる。（中略）タバコは毎日二十本、食事は相当豪華な中国料理で、昼食、夕食にはきまってビールとブドウ酒がつき、注文すれば他の酒も出る。夜は芝居、映画、演芸、音楽会、舞踏、あるいは招宴と、ほとんど連日の歓待攻めで疲れるくらいであった。[14]

山口と並んで、中国視察に際して、冷静な観察眼と鋭い洞察力を働かせた日本人の代表として、小説家の宇野浩二の名を挙げたい。宇野は、昭和三一年一一月に久保田万太郎や青野季吉らと共に中国を訪れた時の感想を、「忘れ難き新中国」と題された文章に記している。宇野によれば、この文章は、もともと「新中国について」と題して『大公報』という新聞に与えたところ、編集者が本人の意志を無視して勝手に「忘れ難き新中国」と改題してしまったものだという。宇野は、その独特の魅力的な文体で、中国を見た率直な感想を書いている。

中国に行つて、意外に思つたのは、（私だけかもしれないが、）どこに行つても、（広州にも、北京にも、上海にも、蘇州にも、杭州にも、）『作家協会』のやうなものがある事であつた。さうして、それらの文学者たちは、小説家、戯曲家、評論家、童話作家、翻訳家、その他である。さうして、これらの人びとは、見たところは、皆、温厚であり、柔和であり、深切であつた。しかし、しかし、文学の話になると、一と口に云へば、どこの町の文学者たちも、結局は、共産主義のイデオロギイにかなふものを書く、と云ひはつた。私は、この事を思ひ出す毎に、政治家とかその道の人たちは別として、これらの人びとは『芸術家』ではないか、芸術家ならば、百人の中の一人か二人ぐらゐは、あるひは、千人の内の三人か四人ほどは、『共産主義』といふものに対して、不審か、疑惑か、あるひは、反対か、の考へを持つべきではないか、と、しばしば、考へた。しかし、新中国では、そのやうな事は、殆んど絶対になささうであり、いや、絶対にないらしい。かういふ点では、日本の文学者と新中国の文学者の考へは、まづ、当分は、あるひは、半永久的に、並行するにちがひない。(15)

宇野はこう書いた上で、芸術家らしく、共産中国における芸術なるものについて、その本質論から鋭く切り込む。彼は、中国では作家は空想の余地を奪われ、作家にとって命よりも大切な創作というものが、そもそも不可能なのだと指摘する。

さて、それから、新中国では、国家が、作家の創作を援護する、つまり、たしか、作品が出来あがるまで作家の生活を保障する、それから、或る作家の一冊の本になつた作品が、作家協会に、あるひは、有力な批判家に、大いに認められるか推奨されるかされると、又、或る本が『ベストセラア』などになると、その作家は半生(あるひは二十年ぐらゐ)生活が保障される。(中略)いづれにしても、これらは有り難い事と云ふべきであらうか。しかし、私は、私自身の独断的な考へでは、さうは簡単に思へないのである、『統制』といふ事は、或る種の国にとつては、この上もない有利なことで、その国を押しも押されぬ国とする方法であるらしいが、それは、近頃、多くの人に褒められてゐるらしい。しかし、私は、いかなる制度の国でも、作家が、新中国のやうな方法で、生活を保障されたら、その作家は、まづ、空想の余地をうばはれ、自分の思ふ事が書けなくなつて、限りなく窮屈にならうからである。これでは、まつたく作家の立つ瀬がなくなり、作家の命より大事な創作が出来なくなるであらうと考へるのである。(16)

宇野は、中国滞在中、周恩来に会う機会があった。訪中した多くの日本人たちにとっては、共産党政府の最高幹部とわずかな時間でもかまわないから会見し、その場面を写真に収めてもらうこと、そのこと自体が最初から旅行の重要な目的だった。また、実際に最高幹部たちと会見した日本人は、その多くがひたすら感動し、共産党指導者の「偉大さ」に心を打たれた。ところが、宇野は違う。周恩来と会見した宇野は、周恩来が彼に向けた笑顔が周にとっての外交手腕、すなわちまさしく政治そのものであることを見抜いた。宇野は、こう書いている。

私たちは、十一月十一日に、周恩来に逢つたが、(「周恩来小春の眉の濃かりけり」久保田万太郎)その翌日の朝、周総理が、アジアの何とか会議に出席するために、飛行機で飛び立ち、それから、二た月ほどの間に、ソヴィエト、ハンガリア、ハンガリア、ソヴィエト、と、早業のやうに、飛びまはつた事を、私のやうな者でも、新聞で知つて、「ナルホド」と思つた。それで、やうやく、周恩来が私たちにも見せた愛敬は、持ち前のものであり、それが周総理の本職に大へん役に立つことを、私は、知つた。これは、ほかにも書いたが、私が、北京で周総理に初めて逢つた時から、考へてゐた事である。しかし、又これが周の外交の『腕』であらうとも考へた。(17)

宇野は、中国で作家の創作活動が不可能であることを指摘したが、作家に限らず、国民一般が自由を奪われ逼塞していることを指摘したのが、同じく作家の火野葦平だった。戦時中兵隊として長く中国に滞在した経験をもつ中国通の火野は、昭和三〇年に団体旅行者の一員に加わったが、一カ月余りという短い旅行であったにもかかわらず、さすがに共産主義の下でもがき苦しむ国民の真の姿や共産党権力の本質を見抜いた。彼は、北京滞在中にある新聞記事を見た体験から、次のような文章を書き残している。

「公安局通告」の欄があって、反革命分子に関して、人民大衆の密告の便宜のため、また、反革命分子の告白自首の便宜のために、規定された条目が書いてある。公安局や分局に特別応援室をつくること、公安派出所には専任の係りをおいて、日曜祭日も平常どおり執務すること、郵便局に専門の受信箱を設けること、密告の手紙には切手を貼る必要はないこと、など。最近、瀋陽で百八名を密告した女性が密告模範として表彰されたという一文がその後にあった。密告というものは陰惨なものであるが、新政府は革命目的達成のために、大いにこれを奨励しているようだった。私のような旅人でさえ、つねに誰かに監視されているような重苦しさにとざされているのだから、そこに住み暮らしている人たちの不安感はどんなものであろうか。私などは考えただけでもやりきれぬ思いになる。つねになにかを警戒し、つねに相手を疑っているような日常坐臥というものが、人間の幸福や自由の裏づけとなることができるだろうか。（中略）私は密告のもたらす人間の不安を考えると、表面の現象を支えている力に疑義がわく。おいしい生ビールを飲んでいても、あまり飲みすぎると批判され、誰かに密告されるのではないかと考えはじめると、酔いもさめビールの味もなくなるのである。天国と地獄とのわかれ目は自由の有無にかかわっているのではなかろうか。百八人も密告した気味の悪い女が、模範として褒めたたえられるような国は、住むところではないような気がする。こういう陰惨さや権力の圧力がなければ、わずか五年ほどの間に、新中国がこんなにも変ることはできなかったにちがいない。それは一種暴力的な印象さえあたえる。(18)

作家の杉森久英も、中国旅行とその旅行記の執筆を通して、奮闘した日本人の一人であった。武田泰淳、永井路子、尾崎秀樹らと共に昭和四二年訪中した杉森を中国旅行に誘ったのは、亀井勝一郎と武田泰淳であった。訪中を終えて、最後に広州から香港へ向けて出発する際、広州駅に在中国民間大使として知られる西園寺公一が、突然見送りに現われた。杉森らが汽車に乗り込もうとした時、西園寺は一行一人一人の手を握り、「日本へ帰ってお書きになるものを、拝見するのを楽しみにしていますよ」と言った。杉森は「ええ」と答えたが、内心「私はこの人たちの好意に酬いるため、できるだけ自分の主観と感情を押えて、控え目に書くつもりだけれど、最終的には、この人を満足させないものになるだろう」と思った。(19)その後、香港からの飛行機で夜遅く羽田空港へ到着した杉森は、待ち構えていたNHKの職員から、中国の印象を語る番組に出てほしいと頼まれ、翌朝の番組に出演することを承諾する。番組では、アナウンサーから「いかがでしたか、中国の一般民衆からお受けになった印象は?」と聞かれ、「ええ、活気にあふれていると思いました」と答えた。ところが、その答えは、杉森の本心ではなかった。杉森は「内心、たまらない羞恥を感じた」と述べている。

もちろん、一部分だけの現象をとらえて、活気があるといっても、それはうそではない。町には朝晩、デモの行列が練りあるいているし、赤い腕章の文工隊や宣伝班の若者たちは、軍歌のようなものを歌いながら、民衆を鼓舞してあるいている。しかし反面、無気力で弛緩しきった表情の人たちも、私はたくさん見た。そういう人間のほうが大多数であった。それに、経済的に、ひどくおくれている。これで活気があるといえた義理ではない。(中略)私はアナウンサーの問いに、心にもない答えをして、恥かしく思いながら、しかし、これもやむをえないことだと、自分に言い聞かせた。

私は昨日まで、中国全土を歩きまわって、中国人民の税金でさんざん御馳走になり、いろんな人の世話になっている。その人たちと、きのう手を振って別れを惜しんだばかりなのに、今日はケロリとして、あすこはつまらないところだったとは、なかなかいえるものではない。また、いうのは礼儀にもとるという気もする。口に合わない料理を馳走になっても、結構な風味でしたというのが、客の心得というものではないか。それに、私が訪中団の一員になるについては、日本人の何人かの好意が働いていることも忘れてはならない。（中略）亀井さんと武田さんのほかにも、Nさん、Kさん、Sさん、それにもう一人のSさんの好意がなければ、私の中国ゆきは実現しなかったろうことも、付加えておかねばならない。この人たちは私が中国へいって、その建設面、明るい面を好意的に見、日本へ帰っても、好意的な報告をするだろうと信じて、私を訪中団に加えてくれたにちがいない。招待してくれるのはむろん中国だが、中国の委託を受けて、人選するのは、この人たちである。私はこの人たちの好意と信頼に答える道義的な責任を負うているわけである。だから私はNHKで「活気にあふれています」という答えをしたばかりでなく、新聞や雑誌に訪中記を執筆するときも、つとめて中国の否定的な面を避け、積極的な面、建設的な面を表へ出すような書き方をした。[20]

こうして、杉森は、自らに言い聞かせながら中国に好意的な文章ばかりを書き綴ったが、やがて彼の心境に、変化が訪れる。「私はだんだん、自分を偽るのが苦痛になってきた。自分を偽ることによって、人をあざむくことも苦痛になって来た。悪いものをはっきり悪いといわず、周囲の様子をうかがいながら、当りさわりのないことを言うことに堪えられなくなって来た」と、彼はいう。

私は、私と同じように中国へ招かれて、あちこち見て来た人たちの報告に対して、疑い深くなった。この人たちはみんな、中国はすばらしかった、偉大だった、建設の意欲にあふれている、人々は希望にあふれているというけれど、ほんとにそう思っているのだろうか？　この人たちには、あの貧弱な生産施設や、おくれた技術や、粗悪な雑貨類や、未発達の交通機関の状況が、目にはいらなかったのか？　それから、あの幼稚な個人崇拝や、安価なヒロイズムや、独善的な排外主義や、尊大な他国蔑視が気にならなかったのか？　この人たちもまた、帰国直後の私と同じように、いろんな人に気がねや遠慮をする余り、言いたいことも言わず、控え目に、口ごもりながら語っているとしか思えなかった。

（中略）こういうことが何年にもわたって、多くの人によって繰り返されてゆくうちに、日本人の大部分の頭の中に、最も近い隣国についての、まちがった像が築き上げられてゆくのではないかと思うと、私はやはり心配しないでいられなかった。

弱い者、劣った者に、自分の弱点を自覚させず、励まし、力づけてやるのはいいことだが、それも度がすぎると、相手を思い上らせたり、増長させたりすることになりかねない。あまり卑屈になるのも見苦しいが、あまり思い上るのも見苦しい。一方、自国の側に、過度の劣等感や自信喪失を招来しかねない。あまり思い上るのも見苦しいが、あまり卑屈になるのも見苦しい。見苦しいばかりでなく、相手の実力と、自分の実力について誤算すると、将来政治、経済、外交上で交渉を持つにあたって、判断に狂いを生じて、思わぬ不覚を招くこともあるかも知れない。国交上、一番必要なのは、相手についての正確な知識である。正確な知識の前には、礼儀や、好悪の感情は、吹けば飛ぶようなものである。(21)

こう考えるに至った杉森は、「自分が事実と思ったこと」を書く決意を固めた。そして、中共政権下で見られた数々の風景について、改めて正直に詳細な記述を行っている。例えば、北京で、北京作家協会の作家代表で造反派でもある一〇人程の人たちとの座談会があったが、杉森は、彼らについてこう書いている。「全体としての印象をいえば、この会合で語られたことは、文学についての政治ばかりで、文学そのものではなかった。大体、出席者の態度、物腰から言葉まで（言葉は通訳による以外なかったが）文学を天から与えられた職業としてたのしんでいる、あるいは誇りとしている人らしい何物も感じ取れなかった。時代の政治的要求に応じて、走り使いの役を与えられて、世間の役に立つ仕事をしているとカン違いしている人たちの集まりとしか思えなかった」。

また、ある夜「白毛女」というバレエを見に行ったが、その粗筋は、貧農の娘が強欲な地主の追及をのがれて山中に隠れているうちに白髪となり、解放軍に救われるというものだった。杉森は、そのバレエをこう見た。「ほんとのバレエの持っている魅力——夢みるような情感や、ほのかな余韻、優雅と洗練の感覚といったものがなにもなくて、やたらと勇壮活発なばかりである。毛沢東夫人の江青女史が、こんな舞踏や芝居が大すきで、やたらに青竜刀や槍や鉄砲を振り回して、飛んだり跳ねたりする軍事劇を奨励しているのだそうだが、根本においてそれは、バレエではなく、バレエに似たほかの何物かだとしか言いようのないものであった」[22]。工事現場で見かけた労働者たちに対する杉森の評価も、作家やバレエ団に対するそれと同様に厳しい。

いちいち場所をおぼえていないが、ごく稀に、シャベルを揮ったり、モッコをかついだりして、何かの工事をしている風景を見たことは事実である。しかし、それは近代的な土木工事というには、あまりにも簡単すぎた。ノロノロ動いている彼等の姿は、能率などとはまるで無関係にみえた。こういう景色を見るだけなら、私はこの国の現状に同情と憐憫を催すだけで、不機嫌にもならなければ、いらいらもしなかったろう。私をいらいらさせたのは、この人たちが、こういう状態の中にいながら、自分たちがいかに幸福であるか、中国人民がいかに偉大な民族であるか、中国の前途がいかに希望と光明に満ちているかを説いてやまないからであった。この人たちは、自分たちの、ボロを着ないのがせいぜいで、あらゆる贅沢、享楽を許されない生活、パチンコ屋もマージャン屋もなく、夜は八時になれば暗くなる生活、（節電のためである）皮革製の靴でさえ貴重品であるような生活について、政府に苦情をいうでもなければ、デモをするでもなく、ひたすら歓呼と拍手をおくっているが、いったいこれは、どこまで本気なのだろうかと、私はふしぎでしょうがなかった。[23]

中国の一般庶民の表情や態度に対しても、杉森の疑問は、絶えることがなかった。彼は、「どこからともなく野次馬が集まって来て、われわれを取囲み、身動きできなくなったことは、この文章のはじめの方に書いた通りである。まったく、どうしてこんなに集まって来るのだろうと思う」と書き、中国人をこう観察している。

彼等の多くは粗末な着物を着て、あまり風呂へも入らないとみえて、顔や手足もなんとなく垢じみて見える。まず、終戦直後のわれわれ日本人よりいくらかましといった程度の外観である。しかし、もっと問題なのは、この人たちの顔つきや態度であろう。そのしまりのない口もとや、無気力な目つきは、そのままこの人たちの精神内容の空虚を物語っているとしか思えない。中華人民共和国の人たちは、機会あるごとに、革命によって中国人民は過去の悲惨な状態から救われ、前途に希望を見出して、建設にいそしんでいるというけれど、それはごく一部で、何億という人口の大部分は、まだ新政の恩恵に浴していないのではないかとしか思えない。もし、これでも、いろんな宣伝文書にいうように、革命前にくらべると、地獄から極楽へ来たほどよくなったというなら、その地獄はどれほどの惨状を呈していたか、ほとんど想像することもできないくらいだろう。[24]

杉森は、このような調子で、自らが目にした様々な風景について具体的に記述したあと、次のような総括的な文章を書いている。彼が、訪中団の一員として特別待遇を享受することに由来する罪悪感を大岡昇平と共有していたことと、共産党によって仕切られた中国社会を批判的に見ていたことは、疑う余地がない。

私が中国を歩きまわって、何よりも不審に堪えなかったのは、こんな貧しい国のどこに、原水爆をこしらえたり、アジアやアフリカの新興国に援助したりする余裕があるかということだった。繰り返していうけれど、この国の貧しさは、まったく行ってみない人にはわからない。指導者は、国民はたらふく食べていると強調するけれど、彼等はあてがわれたものをたらふく食べているだけで、好きなものを選んで、たらふく食べているわけでは、決してない。それは、寄宿舎の飯をたらふく食うと同じような「たらふく」さである。私たち訪中団は特別待遇で、どこの町へいっても、その町の代表的な賓館や、有名料理店で、どれから箸をつけていいかわからないほど、たくさんの皿に盛られた御馳走でもてなされたが、私たちがピカピカ光る外車をそれらの料亭へ乗りつけたとき、私たちを取り巻いて、好奇と羨望のまなざしで見上げるそのへんの子供たちの、ほとんど戦争直後の日本の浮浪児を思い出させるような、いたいたしく痩せた（中国では、日本で問題になっているような肥満児らしいものには、ほとんど出くわさなかった）薄よごれた少年たちの姿には、胸の痛むのを禁ずることができなかった。[25]

このように述べた杉森は、最後に、政治指導者たちや政治そのもののあり方についても、次のように付言することを忘れなかった。

私が切に思ったのは、この国の指導者たちは、こういう少年たちをうっちゃっておいて、どうして、地球の向うの端のアフリカに鉄道をひく手つだいをしたり、インドネシアのジャングルの中に、共産政権を打ち樹てるようなお節介をしたがるのだろうかということであった。もっとも、この国の政府は見かけによらず金持ちなのかも知れない。（中略）この国には、やかましい議会もなければ、うるさい新聞もない。人民にどんな耐乏生活を強制したからといって、それを礼讃する者はいても、非難する者もいなければ、抗議する者もいないし、せっかく大金をかけて育成したインドネシアの政権がひっくりかえって、金を溝に捨てたような結果になっても、新聞は政府を攻撃する代りに、相変らず「紅い太陽が昇り、東風は西風を追払う」という、景気のいい歌を歌うばかりである。独裁者にとってはまことに結構な国で、民衆の一人々々が貧困なわりには、国家のふところは、家族にまずい物を食わせて小金をためている隠居のように、案外あたたかいかも知れないのである。(26)

ところで、中国人顔負けのその持ち前の強引さと厚かましさを武器に、中国社会の真相を知ろうと突撃し奮闘を続けた日本人の代表として、是非その名を挙げたくなるのが、作家の有吉佐和子である。彼女の旺盛な好奇心と探究力は、日本人らしくない強引な行動を引き起こしたが、それは多くの人々を困惑させたと同時に、社会の実像を垣間見させる貴重なレポートの作成を可能にさせた。昭和三六年、文学代表団の第四回目の訪中に際して有吉と行動を共にした亀井勝一郎によれば、信じられないことに、有吉は中国では「絶世的美女」として人気があったのだということ。しかも、レセプションにはなるべく地味な服装で行くべきだとのアドバイスを先輩から受けてから、逆にど派手な着物を着て行くという心意気を見せた有吉は、周恩来にも気に入られたらしい。亀井は、こう書いている。

夕方歓送のレセプションがあった。一日の歓迎会のときに集った人々全部におめにかかったので、団員交々立って厚く御礼を述べる。今度の旅行中、有吉佐和子さんが最も人気があった。宴会のときは華かな和服を着るので、会場が一際あかるくなるし、「絶世的美女」といふ名が高い。我々の世代とちがって、ものに臆することなく、闊達に振舞ふので誰からも好意をもたれたやうである。（中略）〔周恩来との〕会見が終ってから一同で庭先へ出て記念写真をとった。郭沫若氏との会見後にも記念撮影したが、そのとき郭氏は、有吉さんに向って、「こっちへおいで」と言って自分の傍へ連れて行った。今度もいよいよ撮影する瞬間、私と並んで立ってゐた周総理は、あっといふ間に有吉さんの傍へ行ってしまった。あとで出来あがった写真を見たら、皆が一斉にニコニコ笑ってゐる。(27)

日本人旅行者の行動に様々な規制をかけ、日本人の目にふれる風景を意図的に管理しようとしていた当局者や案内役の中国人も、有吉にはかなり手古摺った。有吉は、彼女にとっては昭和三六年以来五度目となる五三年六月の中国旅行の一場面を、その旅行記に、こう書いている。

「有吉さんは、今度、中国で何がしたいですか」運ばれてきた冷たいジュースを飲みながら、孫〔平化、対外友好協会常務理事〕先生が訊く。私は半分呆れながらも、この質問には答えなければならなかった。「人民公社に泊りこんで、農村の人たちと一緒に暮すのが目的です」「農村は条件が悪いですよ」「悪い条件って、なんのことでしょう」「どこの農村にも風呂場がないですよ」「私は普通の日本人と違うのかもしれませんね。毎日入らないと気がすまないでしょう。とても農村では暮せないですよ」「日本人は風呂が好きでしょう。毎日お風呂に入る習慣がありません。一カ月や二カ月入浴できなくても平気です。孫平化先生、垢で人間は死にませんよ」「しかしですねえ、他の条件も悪いですよ」「具体的に言って下さい」「農村は衛生的に問題があります」「どうしてですか」「豚とか牛とか沢山いますからね、穢いです。臭いです」「家畜が農村にいるのは当り前ですよ。家畜が排出するものは、畑に必要な肥料ですからね。毛主席が、豚は肥料工場だと書いていらっしゃるでしょう?」「しかし衛生的じゃないですよ。それにもう一つ大きな問題がありますよ」「何ですか」「便所が、都会とは大変違います」「当り前じゃありませんか。人糞尿というのは上等の肥料なんですから、水洗で流して捨ててしまう農民がいたら馬鹿ですよ」私が一つ一つ論破するものだから、孫先生は閉口しながら扇をバタバタ鳴らし、外を見ている。私の顔を見ない。「それで、有吉さんは、どういう人民公社に行きたいですか」私は本当に呆れ果てた。私は蘇州の人民公社に入ることになっていた。その他にも河北省に二つぐらいの人民公社が私の受入れをする手筈になっていた。そういうことは北京と東京にある日中文化交流協会で、事務的に話し合いはすましてあった。私は今日すぐにでも人民公社へ直行するものと思っていたのに、孫平化氏は、まったく気のない表情で

こんなことを訊くのである。(28)

孫平化を相手にして全く負けていない有吉には、敬服する他ないが、それ位でなければ、中国社会の実相の一端を捉えることなど、到底できないという気がする。有吉は、「中国に招待される日本人の多くが、極端に怯えて、恐縮の固りになり、支那語とか支那料理などという古い言葉で中国の人々の感情を傷つけてはならないと、頭の中でお経を唱えているような有様を見ていると、私はこんな情けない日本人には決してなるまいと決意してしまうのだ(29)」と書いている。

元地主の人たちと直接会って、彼らの体験や意見を聞きたいと申し出た有吉は、またまた当局者を困らせた。結局、彼女は、粘りに粘って元地主の家族に会わせてもらえることになったが、またもや中国人に謀られたことを知るに至り、ここでついに、彼女の怒りが爆発する。適当にあしらわれたことに加えて、平然と嘘をつかれことに対する怒りを込めて、彼女は、こんな記述を残している。

山歩きから帰って来ると、富農の息子が会いに来てくれたが、一目見て、私は失望した。見るからに優等生なのである。こういう人と話しても、何も面白くない、困ったな、と私は、まず思った。四年前に労働模範に選ばれ、表彰された栄誉を持つ青年は、二十九歳であった。（中略）私は、目の前の優等生との対話には退屈した。（中略）私はカメラを一度も使わなかったし、途中でノートに何も書きこまなかった。模範青年を送り出したあと、私は会議室の椅子に坐ると、いつまでも黙っていた。不機嫌を隠さなかった。助役さんも、通訳も、息を詰めて私の様子を見ている。私は全身で、退屈で不満な一刻を過したことを表現していた。「何も知らないじゃないですか、あの子は」やがて私は怒気を含めて口を切った。「両親とも、姉さんの家へ行った、三日前から。それも別の人民公社なんでしょう？　つまり私には会わさないつもりなんですね？」助役さんが弁解した。「別の人民公社へ行っていることは知りませんでした。いつ帰るかは、本当に分らないようです」「大老峪の地主の息子は五十二歳だと聞いてましたから、まさか富農の息子があんなに若いとは思いませんでしたよ。意味なかったですね。何も知らない人に会っても、ええ」私は、ふくれあがり、そ

れを抑制する気もなかった。まったく馬鹿にしている。三日前に姉の家に行きました、だなんて!(30)

有吉の破壊力をもってしても、元地主からの聞き取り調査を実現することはできなかったが、それにしても、「富農の息子」なるものに会わせてもらえただけ、よく健闘したというべきであろう。昭和四一年九月「大宅考察組」の一員として訪中した経済評論家の三鬼陽之助の場合は、是が非でも「民族資本家」に会いたいと強く希望し、何度もしつこく懇願したが、ついに会わせてもらえなかった。三鬼は、次のような報告を残している。

結果的には、まったく希望がかなえられなかった。なんとしても、会う自由が許されなかった。その理由は簡単である。「彼らはいま文化大革命に邁進、格別多忙で、勉強中であるから」ということであった。私はどこへいっても「民族資本家に会わせろ」と何度もしつこくネバッたので、このことですっかり話題になったくらいだ。勇竜桂という元大学教授で現中国国際貿易副主席に会った際、「文化大革命に共鳴、民族資本家の過去から完全に更生しているものでも構わないから」と譲歩、懇願した。しかし、ついに許されなかった。(中略)私は勇竜桂に、民族資本家に会わさない理由は結局「彼らのもつ〝財産〟を没収するか、奉還を余儀なくさせる過程にあるからではないか」と問うた。しかしこれに対する回答は「目下台湾に亡命している蔣介石とその四大家族のばく大な財産以外、個人の財産を強制的に没収するようなしうちはしない」といった。それで私の誤解はとけなかった。私の想像するかぎり民族資本家といわれる連中は、目下軟禁状態におかれ、そこで文化大革命思想で洗脳され、結局、自発的意思の名目で財産奉還ということになるのではないか。私はこの〝私見〟を中国の新聞記者に話した。記者は笑うだけで、肯定も否定もしなかった。ややあって、つぶやくように、「私の所得も、農民、労働者、革命烈士の子弟にくらべると高過ぎる。当然引きさげるべきでしょう」とささやいた。私は「それは本心か」と訊問の気配を示すと、「本当に心からそう思っている」と。だが、その顔には複雑な笑いがあった。(31)

(1) 『朝日新聞』昭和四三年五月二日。
(2) 池田正之輔「赤いカーテンの内と外」(『東洋経済新報』二六五一号、昭和二九年一一月)八八頁。
(3) 池田正之輔「この眼で見て来た中共」(『国会』七巻三号、昭和二九年)三二～三三頁。

(4) 池田正之輔「鉄のカーテンを覗く――六十日間の欧州旅行記――」(『政界往来』二〇巻九号、昭和二九年)五八頁。
(5) 前掲「赤いカーテンの内と外」九一～九二頁。
(6)「中共の実態はこうだ　座談会」(『政界往来』二〇巻一二号、昭和二九年)一二六頁。
(7) 同右、一二七～一二八頁。
(8) 山口喜久一郎『保守党から見た新中国』(読売新聞社、昭和三〇年)二二二頁。
(9) 同右、二九～三〇頁。
(10) 同右、三一頁。
(11) 同右、四二～四四頁。
(12) 同右、四六～四八頁。
(13) 同右、四八頁。
(14) 同右、六九頁。
(15) 宇野浩二『宇野浩二全集』第一二巻(中央公論社、昭和四四年)四二七頁。
(16) 同右、四二七～四二八頁。
(17) 同右、四三〇頁。
(18) 火野葦平「赤い国の旅人」(『火野葦平選集』第六巻、東京創元社、昭和三三年)二三〇～二三一頁。
(19) 杉森久英『中国見たまま』(文芸春秋、昭和四七年)二二一頁。
(20) 同右、二二四～二二七頁。
(21) 同右、一七二頁、二二七～二二八頁。
(22) 同右、六五～六六頁。
(23) 同右、一四六～一四七頁。
(24) 同右、一七九～一八〇頁。
(25) 同右、一七五～一七六頁。
(26) 同右、一七六頁。
(27) 亀井勝一郎『亀井勝一郎全集』第一四巻(講談社、昭和四九年)一一三～一一四頁、井上謙「有吉佐和子と中国」(井上謙、半田美永、宮内淳子編『有吉佐和子の世界』翰林書房、平成一六年)二六九頁。
(28) 有吉佐和子『有吉佐和子の中国レポート』(新潮社、昭和五四年)九頁。
(29) 同右、一三頁。

(30) 同右、一一二〜一一四頁。

(31) 三鬼陽之助「〝毛沢東会社〟の株は買えない」(『週刊文春』昭和四一年一〇月一七日号)一二一〜一二二頁。

第四章　日本人の毛沢東像

戦後の多くの日本人の間で共有された間違った中国イメージ、その一因ともなり、またそれを最もよく象徴しているといえるのが、日本人の思い描いた毛沢東像なのではないだろうか。もちろん、政権の座についてからの毛は、自らを英明な世界的指導者として売り出すことに心血を注ぎ、特に他国の人々に対して積極的な自己宣伝を行った。したがって、そのことが、日本人の歪んだ毛沢東イメージの形成に絶大な威力を発揮したことは、否定できない。毛は、毎年メーデーに多数の外国人たちを北京に招待して、自身が脚光を浴びる舞台を用意し、また多くの代表団を自ら進んで接見した。その際、彼は、こうした行事について最大限の報道を行うよう指示し、新聞の記事にさえ自ら細かく朱筆を加えていたという(1)。この種の惜しみない努力の成果が実を結び、毛は、ひとかどの世界的人物になっただけではなく、誰もが会ってみたがる憧れの人物となった。そして、世界中の政治家が毛との会見を求めて北京に殺到したが、毛自身は、自分と会見できる幸運に感激した面持ちでやって来る客人を迎えることを大いに喜び、死ぬまでこうした会見を続けた。毛にとって、会見を求めてやって来る客人の列は、世界的栄光の印だったのである(2)。

それぞれの日本人の抱いた毛沢東像がその実像に近かったか否かは、その日本人の知識水準の高低や、直接毛に接した経験を有したか否かとは、あまり関係がなかったように思われる。西武百貨店の社長でセゾングループ代表もつとめた作家の堤清二によれば、昭和四八年九月に中国を訪れた経済界の訪中団の副団長をつとめた経団連の土光敏夫は、「わが国にも毛総統のような指導者が必要だ」と言ったというが[3]、それは、高い見識をもって知られる土光のような人物でさえ、思い込みや誤ったイメージから免れ難かったことを示している。また、ある日本人が、仮に中国人と頻繁に交際したり、何度も中国を訪問して多くの場所を視察したりしたからといって、彼が真実を見抜くようになるとは限らない。朝鮮軍司令官をつとめた著名な陸軍大将の息子で、自民党の代議士として活躍した宇都宮徳馬の毛沢東像は、そのことを如実に物語っている。陳毅副総理をはじめとして、数々の中国共産党幹部たちと付き合いのあった宇都宮は、昭和四二年九月、七回目の訪中から帰った直後、次のような文章を書いている。宇都宮によれば、毛沢東という政治家の行動の原動力は、「中国の貧困な圧迫された人民への愛情と、中国に貧困と圧迫をもたらしているものへの怒り」なのだという。

毛沢東の人物と、その大衆的信望は、抜群である。現代の中国において抜群であるばかりでなく、中国史と世界の近世史に於て抜群である。スターリンは毛沢東にくらべれば、スケールの小さな権力政治家、権謀に長じて、首領の地位を得た共産党官僚にすぎないであろう。（中略）毛沢東の行動を見ると、機いたらざれば待ち、不利ならば退き、機いたらば疾風のように動く、戦略的政治的天才といわざるを得ない。そして成敗を天運に任せきった飄々とした余裕がある。私欲やつまらぬ名誉心が、常人よりもはるかに少いからであろう。彼を動かす動機は、中国の貧困な圧迫された人民への愛情と、中国に貧困と圧迫をもたらしているものへの怒りであろう[4]。

そして、さらに驚かされるのは、一国の外交を担った人々のなかにさえ、毛沢東を礼賛する日本人がいたことである。昭和三八年から六二年まで外務省のれっきとした外交官として活躍し、五八年から六〇年までは本省のアジア局中国課長という要職までつとめ、のちに明治学院大学教授となる浅井基文は、平成一一年一一月北京郊外の盧溝橋の抗日戦争記念館で開催されたシンポジウムで、毛沢東のような政治家の出現が日本にとって最も望ましいとする発言を行なった。彼は、「いまの日本に毛沢東、レーニンが担った役割を担いうる政治勢力、一般国民を覚醒させ、彼らに明るい未来を約束するリーダーシップが存在するか」と、問うたという。この話を聞いた産経新聞初代中国総局長の古森義久は、さすがに「日本の外務省の中枢にこういう見解の持ち主がいて、対中外交を運営していたことの重大性」を、指摘しないではいられなかった。(5)自らも毛沢東路線支持の立場に立っていた朝日新聞社外報部長の秦正流は、毛の魅力について、「われわれにとって非常に親近感があり、やはり、ソ連とは違う、なんかマルキシズムと中国の古来からあるものと結びつけた新しい思想である、というのでちょっとした魅力があった(6)」と述べている。それぞれが、都合の好いように勝手に共産主義のイメージを膨らませていた日本人たちにとって、ソ連とは違うという点で、毛は自らが期待するイメージの代表的な存在であった。

また、ソ連や中国に幻想を抱きそれを宣伝していたいわゆる進歩的文化人たちについていえば、彼らを厳しく批判した福田恆存が鋭く指摘したように、(7)彼らがおよそ「人間観」というものを遂にもつことができなかったことも、毛という人間に幻想を抱いてしまったことと大いに関連があるように思われる。福田は、進歩的文化人の自己欺瞞を指摘して、こう述べる。

日本の進歩主義者は、進歩主義そのもののうちに、そして自分自身のうちに、最も悪質なファシストや犯罪者におけるのと全く同質の悪がひそんでゐることを自覚してゐない。一口に言へば、人間の本質が二律背反にあることに、彼等は思ひいたらない。したがつて、彼等は例外なく正義派である。愛国の士であり、階級の身方であり、人類の指導者である。そのスローガンは博愛と建設の美辞麗句で埋められてゐる。正義と過失とが、愛他と自愛とが、建設と破壊とが同じ一つのエネルギーであることを、彼等は理解しない。彼等の正義感、博愛主義、建設意思、それらすべてが、その反対の悪をすっかり消毒し払拭しさったあとの善意だと思ひこんでゐる。その何よりの証拠に、彼等は一人の例外もなく不寛容である。自分だけが人間の幸福な在り方を知ってをり、自分だけが日本の、世界の未来を見とほしてをり、万人が自分についてくるべきだと確信してゐる。そこには一滴のユーモア（諧謔）もない。ユーモアとは相手の、そして同時に自分の中のどうしやうもないユーモア（気質）を眺める余裕のことだ。感情も知性と同じ資格と権利とを有することを、私たちの生全体をもって容認することだ。過去も未来と同様の生存権を有し、未来も過去と同様に無であることを、私たちの現在を通して知ることだ。そこにしか私たちの「生き方」はない。それが寛容であり、文化感覚といふものではないか。(8)

さて、毛沢東を崇拝した日本人の数は、驚くほど多い。まず、毛沢東を政治家としてよりも、むしろ導師あるいは教師として敬愛した日本人がいた。その代表が、戦前南満州鉄道に入社したあと本社総務部調査課長までつとめ、戦後は中国研究所を設立したり、日中友好協会副会長をつとめたりして活躍した伊藤武雄である。彼は、毛のことを「人師」と呼ぶ。伊藤は、毛の死後、次のような文章を書いている。

「偉大なる人類の教師　毛主席」を弔電の頭につけた。北京で発表された公告によれば、導師となっている。偉大な指導者・革命者であったことは言うまでもないが、われわれには人師としての親近感が強い。（中略）私が教師と書いたのには、身辺事情がある。一九六一年一〇月安保の翌年、武漢の一隅において、老百姓然たる主席から、八〇余分にわたる講話を、顔をつきあわせて、拝聴する光栄をもったことに関係する。主席最初の語りだしが「私はもと教師になりたいと思いました」という自己紹介に始められた情景は、生涯の深い印象だが、それ以来、毛主席の政治経済の実践行動のなかに、偉大な教育者的香気の漂うことを見落すことはなかった。（中略）資本主義の国々が、核戦争で全滅するときがきても、「人民公社をもつ、組織体中国は、どこかで、最後まで、必ず生き残る」この愛情に護られる中国人民は、世界に比類のない幸せ者といえよう。(9)

次に、日本人の思い描いた政治家毛沢東像の一つの典型を記しているのは、新橋の元芸者で西園寺公一の妻となった西園寺雪江である。彼女は、毛に何度か会ったことがあるという。彼女は、こんな毛沢東像を書いている。

毛主席は心の底からの大衆指導者であり、大衆政治家です。一貫して大衆を愛し、大衆の側に立ち、人民に服務する生涯でした。「大衆に依拠する」という毛主席の言葉は、けっして空虚なお座なりではなく、厳粛な信条なのです。それでこそ、長い、苦しい革命を成就させて、人民大衆を主人公とする新しい中国、中華人民共和国を成立させることもできたのだと思います。また、大衆を信頼してこそ、あの難しい時期に文化大革命を自ら発動し自ら指導して、大衆が劉少奇ら走資派の口車に乗せられるのを防ぎ、新中国が変色して、旧社会へ逆戻りするのを防ぐこともできたのです。[10]毛主席を独裁者という人もありますが、毛主席ほど独裁者となるのを嫌い、神格化されるのを嫌った指導者はないでしょう。

朝日新聞社の特派員として中国に駐在した経験をもち、西園寺夫妻はもちろんのこと、その息子とも交遊の深かった秋岡家栄の毛沢東イメージも、西園寺雪江のそれと酷似している。秋岡は、朝日新聞編集委員となったあと、こんな文章を書いている。「毛主席は自分が人から大げさに尊敬されることを好まなかった。毛主席は神格化されて、大衆と隔絶するよりは、いつも大衆のなかで生き続けることを願ったのである。人柄の謙虚さにもよろうが、やはり、天才論否定の、その哲学に負うものであったろうと思われる。（中略）毛主席は大衆に学ぶことをもって、その哲学の基礎とした[11]」。

こうした大衆を愛して止まない政治家というイメージとは別に、度量の広い寛大な政治家だとする毛沢東像もあった。そうした毛沢東像を抱いた日本人の代表が、社会党の委員長もつとめた政治家の佐々木更三である。佐々木によれば、毛に指導された共産党の洗脳はすばらしい政策なのだという。

毛沢東思想の中で、私の最も敬服しているのは、〝洗脳〟の政策である。自分の考えが間違いであると自覚し、悔い改めた者はこれを許し迎え、適当に処遇するという政策は、現実的に極めて効果的である。（中略）毛主席の指導による、共産主義指導について来る者は皆同志なのである。この図太さ、この度量の広さ、この確信、私は毛主席でなければ仮りに蒋介石を台湾に追い落として、世界最大の富と武器と兵力を持っている米帝を主軸にする資本主義国の包囲とソ連の締めつけの中に、なお八億五千万の人民を団結させ、躍進させている力は彼の思想や組織や闘争にあるが、彼の人間性の中に、世界の人類を敬服させる徳望を持っている不世出の英雄と考える[12]。

一方、ノーベル賞を獲得した作家の大江健三郎は、日本文学代表団の一員として昭和三五年五月から六月にかけて訪中した際、毛沢東と会見する機会をもった。大江は、安保騒動の際の樺美智子の死に深い悲しみの表情を示したと大江が主張する毛と、日本や他の諸外国の政治家とを対比させて、次のような文章を書いている。大江は、冷酷な日本の政治家たちとは異なり、慈愛に満ちた毛は「あと百人も娘らが殺されれば、悲嘆にたえず発狂するだろう」と断定する。

中国の政治家は魅力的だった。革命的な国の〈一代目〉はカストロでもスターリンでも魅力的なのだろう。しかし中国には、きわめて農民的な魅力をそなえた二代目、三代目が育っている。それが重要だ。毛沢東はアイクやフルシチョフ、ドゴールらにはまったく感じられない人間の魂の魅力・東洋の哲学者・政治指導者の魅力で私をとらえた。毛沢東と会見したときに私がうけた感動は、大学でフランス文学をまなんだ青年を、誇りとともに東洋人の魂のなかへかえすだけの力をもっていた。毛沢東主席が、樺美智子さんの死について語った時、私はこの老人がその眼にうかべた深く激しい悲しみを思いだす。一人の勇敢な娘が不当にも死んだ、痛ましい、そういう感情のふるえが率直にその眼にうかんだ。（中略）樺さんが死んだ時、暴力の徒のなかの一人の当然の死だ、といった〔日本の〕政治家は、あと何万人死んでもそれに抽象的な態度をたもち、冷淡に見すごすことが可能だろう。しかし一人の娘の死に、悲しみに耐えぬ眼をした老人はあと百人も娘らが殺されれば、悲嘆にたえず発狂するだろう。(13)

日中文化交流協会代表訪中団の一員として訪中した俳優の河原崎長十郎は、国慶節の行事の一環として毛沢東に接見してもらった昭和四二年一〇月四日を、「私にとって忘れられない佳い日」だったと回想する。彼は、接見が毛によるいわば流れ作業的な接見だったにもかかわらず、それを「役者の私の『劇的』瞬間」だったと断言して憚らない。この日本の一流の俳優は、毛に会った時の感動を次のように書いている。

各国の代表団が、一組六、七人ずつ、十組以上、刻々と集まってきた。（中略）暫くするうち、「本日は、毛主席が接見されます」という通訳の声が耳にひびいた。とたんに何となく、この大きな部屋にさわやかな小波が立つような、ざわめきが流れるのであった。私の胸も轟き出した。顔がほてり、胸がさわぐのを押えることがむずかしくなるのを感じた。（中略）各国の代表団は一グループずつ、十メートルおき位に分れて接見を待期することになった。私たちは四番目位に落ちついたのである。（中略）次々と、そして私たちのグループの順になってきた。私は団長だったので、毛主席の歩みを迎えて、列から一歩出て主席に近よった。私はこの瞬間を私の人生の最も尊い一瞬と感じだした……。（中略）三メートル……二メートルと近づくにつれて、私の筋肉の緊張は知らず知らずゆるやかに、全身に血液が流れる思いがしてきた。秋晴れの空のようにすがすがしく、夏の海のようにつきるところを知らない、位あって親しみ易い、私のかつて接したことのない人格が私の前に一歩ずつ近よって来られる。毛主席の瞳と、私の瞳がぴったりと線を結んだ時、心の中が楽になって何かほほえましくなって来て、私は思わず……ニタリ……とほほえんでしまった。すると、毛主席も、訳もなく……ニタリ……とほほえまれた。そしてニタリ、ニタリと相好がくずれて、ほほえみの中へ溶け込んでゆくのであった。私は、あつい主席の掌を握った時、「ニイハオ（今日は）」とおごそかに口をひらいた。政治家、学者、詩人、軍事家、その生涯を革命のため、人民のために奉げ、未だかつて統一されなかった全中国を統一し、プロレタリア独裁の社会主義国家を建設した、このような、人民の指導者は、現世界いづくを見渡しても他に見ることは出来ない。激しい限りの困難を人民と共にのり越えてすごされた、その偉大な指導者は、……と想像はしていたものの、これほどまでに温和な、優雅な、渺茫とした魅力に満ちあふれた人柄であろうとは思わなかった。(14)

昭和三五年中国対外文化協会の招待によって、新劇の五劇団が第一次訪中新劇団を結成して訪中した際、毛沢東と握手した女優の杉村春子も、河原崎と似たような感動を述べている。「生涯うけることのないような強烈な感動の瞬間」を味わった彼女は、毛に握手してもらった多くの紅衛兵たちがそうであったように、「自分の手を大切に抱えて何にもふれたくない気持ち」になった。

私は副団長として参加しておりましたために、その夜の慶祝の花火見物に天安門楼上に上ることができて、毛主席にお目にかかれ、握手をしていただくという幸運にめぐまれました。ほんとうに短い時間、それもあまり思いがけない事態のために、ボーッとしてしまった、私には毛主席の印象記など書けるはずがないのです。でも人類の歴史がはじまって以来、何人も現われていないような偉大な人を眼のあたりにみて握手をしていただいたということは、私にとって生涯うけることのないような強烈な感動の瞬間でした。毛主席は大きなかたでした。写真にみる通りのニコニコしたお顔でした。大きな手でした。私は自分の手を大切に抱えて何にもふれたくない気持ちでした。想像することさえもできないようなあの困難な戦いを戦い抜いて、今日の中華人民共和国を創立した毛主席、あの広場の民衆の毛主席に対する親愛の情、ウワーともなんとも音にならない地響きのような怒涛のような歓声がこうして書いていても潮のように私の耳に響いてきます(15)。

杉村は、のちに再び訪中し、自らが敬愛する毛沢東が進めた文化大革命を目の当たりにした際には、それを絶賛するに至る。彼女は、こんな文章も書いている。「二年余り〔に〕わたるプロレタリア文化大革命の状況を各地で聞きました。そしてこの大革命が、実に激しいたたかいであって、幾多の困難を乗り越えてきたものであることを知り、なぜそれをしなければならなかったかということが理解できるようになりました。大多数の勤労人民のための政治を行ない、真に社会主義の大道をきわめるために、それに逆行する要素を完全に消滅させることが、いかに重要であるか、そして、そのことは中国のためばかりでなく国際的にもいかに大きな意味をもつものであるかを知りました(16)」。

一方、文化勲章を受章した作家の井上靖は、「毛主席が御健在であった時代に、何回も中国を訪ねているのに、毛主席の謦咳に接することができなかったということは、私の不運であった」と、大いに悔やむ。彼は、昭和五一年に、次のような文章を書いている。

毛主席のすばらしさは、写真の毛主席からも充分窺うことができる。あの大きい包容力を持ったお顔、いかなるものでも抱きとろうとしているお顔、しかもその表情を崩さない同じお顔で、中国革命の大きいお仕事をなされたのである。温顔の中にひそむ不退転の意志。長征の折のお写真に見る毛主席から、何と決然とした意志と、同時に大きい優しさを感ずることか[17]。

井上と同じく作家の野上彌生子も、毛沢東に強く憧れていた日本人の一人であった。野上は、昭和三二年の夏、中国対外文化協会と中国作家協会の招きを受けて訪中した。彼女は、宮本百合子が一七才の時自宅を訪ねてきたことから百合子と親しくなり、家も近かったことから、その後も深く交際していたという[18]。野上は、宮本の夫であった共産党の宮本顕治を介して野坂参三と会見し、野坂から延安の話などを聞いたあと中国に出発する[19]。野上は、中国に入国し広州のホテルに着いて、滞在中のスケジュールについて希望を聞かれた時、延安行きを加えるよう頼んだ。その理由は、「中国を訪ねる折があったら、延安に行って見たいとはかねて考えていた。これはずっと以前に、エドガー・スノーの『中国の赤い星』をよんだ頃の影響で、（中略）今度の旅行で、古くからの希望が叶えられるものなら、という願いがあらたにされた」からであった[20]。

そして、実際に延安へ行って、共産党幹部らが生活していたとされる洞窟などを見た野上は、「すべての仲間が石の洞窟に軒をならべて困苦を分ちあい、勇気づけあい、労わりあった当時の友情、愛、団結をみじんも乱さないで今日に及んでいる中共の生成過程は、世界の革命の歴史に曾つてない珍らかな美しいものだと私は信じたい[21]」との感想をもった。野上によれば、「ここで軒を並べて住まっていた人びとが、その時の友情とつながりを少しもかえないで、中国の新しい建設に熱情をそそぎ、北京に移って今日の輝かしい成功をかち取っても、みじん揺がずそれがつづいていたと、こういう例は遠くフランス革命について考えても、また近くはソヴェート・ロシアのしばしばの粛正などに比べても、革命の歴史において実に珍しいことではないかと思われるとともに、かかる中共政府の独特の姿、むしろ中国の叡智がどこに根ざすかに深い興味を感ずるのは私のみではありますまい[22]」。野上は、日記にこう書いている。

中央の毛沢東の部屋にはいると、右の窓の下に粗末な机と、曲がり木で凭りかかりのついた椅子がおかれている。奥の正面の壁にはひょろひょろの書棚、その上にあった書物が、手をのばせばすぐ取れたはずの位置にある粗ら板の寝台、またそのすそから一歩とはない壁にあいた狭い通路は、防空壕の入口だという。隣りの客間も、デッキチェアふうの椅子が五、六ならんでいると書けば聞こえがよいが、立ったまま話さないですむだけの設備に過ぎない。もっともこれらの家具は、どの部屋のも破壊されたあとの模造だときく。以前のものとても、これより粗末でも上等ではなかったのであろう。夫人の部屋はむかって取っつきになる。奥の寝台の横には、子供用の枠のついた小さい寝台がならべられ、窓寄りの方卓のそばにも、おかしなロッキングチェアといっしょに、私たちの浴室にあるくらいな低い腰掛がおかれている。(中略)いま北京で、毛沢東夫人がいかなる生活をしていられるのか、私はすこしも知らない。とはいえ、どれほど簡素に生きることを望んだところで、ほんのこれだけの家具と、三つの房からなる洞窟に、夫や子供と蜜蜂の巣の中のようにささやかに暮らした流儀はとれないであろうから、時にはるかに、このすう辺の山麓をなつかしむ日がありそうな気がする。(中略)現在の北京の中共政府を性格的に正しく認識するには、この渓谷に約十年間あった延安政府を学ぶことが前提になるとしたいのであり、同時に、それと並んで一つの疑いが私を打つ。彼らの政府の樹立が、茫漠とひろい中国においてはほんの薬研の窪みに過ぎない延安でなく、北京とか南京とかの大都市でなされたなら、一方に、あれほど熾烈な軍事を遂行しつつ、他方では、ほとんど牧歌的ともいえる和やかで素朴な政治形態を打ちたてることが、果して可能であったろうか。[23]

野上の目には、共産党支配下の中国の政治が、本当に「ほとんど牧歌的ともいえる和やかで素朴な政治形態」と映じていたのであろうか。彼女の場合には、延安へ行く前からすでに、延安におけるかつての中共幹部の生活に憧れていたのであるから、その必要もなかったのかも知れないが、中国側でも、中共幹部に対してそれなりの好意や敬意をもってもらうための演出を行おうという意図が、強く働いていたようである。というのも、ずっとあとのことになるが、昭和五〇年五月井上靖を団長とする日本作家代表団の一員として、三週間程中国を訪れた司馬遼太郎が延安に行った時、司馬らに対して、日中文化交流協会から随員として加わっていた事務局長の白土吾夫から「革命の聖地へゆくのですから、ネクタイをして下さい」という注意が、出発の日の朝暗いうちからあったという。

司馬は、「この訪中団にあっては白土氏は団長秘書長という、中国風の団体組織（どの訪中団もこの組織をとっている）の中の職分で、秘書長の指示はすなわち命令であるといっていい」と述べている[24]。また、「延安では、質問は革命ということに焦点をあわせていただきたい。質問をするというより、学習をする、という気持で。――」との「中学生に対するような注意」も受けたという。これに反発した司馬が、「このことは自分のなかにいっぴきのコドモを同居させているような人間たちに、ひどく酷なことであろうとおもった。好奇心というものは、焦点も脈絡も文脈も本来なくて、所かまわず出てしまうものであり、延安滞留中これをおさえつづけることに自信がなかった[25]」と書いているのは、中国当局やその意を汲んで動いている団長秘書長に対して司馬が示すことの出来た、精一杯の抵抗だったのだろうか。そして、野上や司馬が気づいていたかどうかわからないが、共産党政権の下で、延安の人々の暮らしはかつて共産党がやって来た頃と比較して随分貧しくなって行ったという。ユン・チアンは、「延安城内には腹をすかせた物乞いがあふれていた。外国人が毛沢東の革命根拠地を見学にやってくるたびに、物乞いたちはロープでつながれて拘禁場所に押し込められ、そのあと故郷の村へ送り返された」と述べている[26]。

「簡素」で「素朴」な生活を生きる毛沢東像を思い描いたのは、野上だけではなかった。野上の訪中から三年後の昭和三五年六月、野間宏、開高健、竹内実、松岡洋子らと共に訪中し、広州の「農民運動講習所」の跡を見学した亀井勝一郎は、そこに毛の「質素で単純で、同時に剛健な気風」を見た。亀井は、こう述べる。

私は中国の土をふんだ翌日、広州で毛沢東が嘗て所長をつとめていた「農民運動講習所」の址を見学した。一九二四年に創立された革命幹部の養成所であり、もとは広東の孔子廟である。一九二六年以来、毛沢東は所長に就任して、中国の革命運動、農民運動をはじめ、宣伝工作から軍事行動にいたるまで一切の教育をここで行ったわけである。一九五三年に修築して、講堂、食堂、寝室、教官室から毛沢東の私室までが、昔のとおりに復原された。孔子廟と言っても、もとは荒れはてたものであったろう。すべては質素で単純で、同時に剛健な気風がそのあとからもうかがわれる。私が中国へ来てはじめてみた革命の遺址であるためか、印象が強く残っている。（中略）社会主義の建設とは、反面においては新しい人間の教育であり創造である。その原型は、少くともこの農民運動講習所に発したと言って差支えあるまい。ここにはいわゆる「近代的設備」などひとつもない。すべてが土の匂いのしみこんだ素朴なものばかりである。ここで理論を学び、同時に遊撃戦術を学んだ。粗衣粗食に堪えぬくといった気風は、復原状態からも充分感じられる。[27]

また、野上や亀井と同様作家の大原富枝は、広州の「農民運動講習所」跡と延安の両方を見て強い感動を覚えた。大原は、第六回目の中国訪問作家代表団の一員として昭和三八年に訪中し、一カ月間中国に滞在したが、帰国後次のような文章を書いている。

広州で印象的だったのは毛沢東の「農民講習所」であった。一九二四年に毛沢東が、「革命は、国民の九割を占める農民を除外してはできない」と、インテリと都市労働者に重点のおかれていた運動を改めさせた、農民教育の発祥の地で、広州の孔子廟のなかで開かれた。各地方の農村青年がここに集まってきて講習を受け、各地方の農村のリーダーとなって散ってゆき、そこの農民運動の中心となった。そこにはいまも当時毛沢東青年（三十三歳）が使った粗末な机と、椅子と、ベッド用の台がそのままに置かれてある。あとで延安にゆき、毛主席以下中国共産党の幹部の人たちが、十数年をたえ忍んだ穴居のあとを見たとき、私は、その旅のはじめに見た農民講習所の粗末な机と椅子と寝台を思いだした。延安のそれもまたまったく寝る台というだけの粗末な、荒けずりの厚板を打ち合わせたものにすぎない。（中略）不勉強な私は、共産主義についてどれだけの知識も持ってはいない。素朴な人間としての感動であって、そこにはイデオロギッシュなものは含まれてはいない。毛沢東主席はじめ、中国共産党幹部の人間としての偉大さに、私は胸をうたれ、感動したのである。[28]

野上が、延安における毛沢東の「簡素」な生活に感動し、「すべての仲間が石の洞窟に軒をならべて困苦を分ちあい、勇気づけあい、労わりあった当時の友情、愛、団結をみじんも乱さないで今日に及んでいる中共」に思いを馳せていた頃、中国がいったいどのような状況に突入しようとしていたのかについては、のちに詳しく述べる。ただ、そもそも毛沢東の簡素な生活というイメージは、全くの誤解から生まれたものであり、彼の「清貧」は農民出というその出自からきた彼の好み、あるいは嗜好に他ならなかった。毛沢東の主治医で、長い間毛を身近で見てきた李志綏は、こう述べている。

毛沢東はこれまで、禁欲的な簡素な生活、模範的な清貧の生活をおくったと説明されている。死後に住居が公開されたとき、着ふるした衣服類やスリッパのたぐいが、民衆との接触をうしなわないために贅沢を犠牲にした証拠として一般に展示された。毛は農民の出であり、簡素の好みがあった。どうしても避けられない場合にかぎって服を着用し、それ以外は一日の大半をベッドですごし、バスローブしか身につけず、靴下もはかなかった。服を着る際には着ふるしの服とくたびれた布靴を着用し、いわゆる「毛沢東服」の出で立ちになった。革靴は正式の公的行事にしかはかなかった。新品の革靴はだれかに――たいていは警護官のひとりに――試しばきをさせた。きちんとした服装で執務する毛沢東の写真は、演出されたものである。じつのところ、執務はベッドの中か屋内のプール・サイドで行なわれたのだった。それでいながら、毛沢東は皇帝然とした生活をおくっていた。[29]

こう述べた李は、毛の公私両面にわたる生活について、あれこれと具体的な事例を詳細に書き遺している。昭和三八年一〇月、中国映画の俳優たちの招待を受け夫婦で中国を旅行した女優の高峰秀子は、中国人の平均的な月給額が日本円で七千円であるのに対し毛沢東の月給が六万円だと聞いて、「ちょいと日本国のエライ人たちにお聞かせしたいような話です[30]」と書いたが、高峰の甘い空想や期待とは全く逆に、実際には、毛沢東はまさに皇帝然とした生活を送っていた。李は、「私は毛主席の地方巡察に同行するようになってからはじめて、主席のためにいつも手配される豪勢かつ浪費としか言いようのない段取りに気づくようになった。主席の安全と健康を守るためなら、どんな手立ても行き過ぎということはなかった。旅の快適さ、満足感が最優先事項だった。水ももらさぬ警備態勢はよく承知していたが、中南海では保安があまりにも日常化していたので、それを意識することはめったになかった。ところが、いざ旅に出ると、過剰警備は目にあまるものとなった」(31)と回想している。さらに、李は、自身は毛から様々な恩恵を受けたり愛情を注がれたりしていたものの、毛は要するに、通常の人間とはかかけ離れた冷血漢そのものなのだと言い切る。

毛沢東に友がなく、通常の人間的な接触から孤絶していたというのは事実である。江青とともにすごす時間はきわめて少なく、子供たちにいたってはほとんど顔をあわせなかった。私にいえるかぎりでは、最初の面談でしめされた親しみが忘れがたいにもかかわらず、毛沢東には人間的な感情が欠落しており、したがって愛することも、友情をいだき、思いやりをいだくこともできないのであった。いちど上海で私は主席の隣にすわり、雑技を見物していたところ、まだ年端もいかない曲芸師が突然足をすべらせて重傷を負った。観衆は息をのんで悲劇に立ちすくみ、子供の母親はいくら慰めてもたりなかった。ところが、毛沢東はまるで何事もなかったかのように気遣いすら見せずに談笑しつづけた。いや、私の知るかぎり、幼い曲芸師の運命について問い合わせることさえしなかった。私はしまいまで主席の冷血漢ぶりが理解できなかった。(32)

毛沢東自身の感覚や彼のことを普通によく知っていた多くの中国人たちの感覚と、それを観察したりあるいは勝手に解釈想像したりしていた日本人たちの感覚、その両者の感覚の絶望的な程の隔たり、これはいったい何なのだろうか。そもそも日本人たちは、何者を相手としていたのか。李は、毛は「反逆者、偶像破壊者でありながら、あえて中国を改造して、偉大な国家に仕立てあげよう、自分なりの〝万里の長城〟を築いてやろう、という気概であった。おのれの偉大さと国家の偉大さとがないまぜになっていた。中国全体が毛沢東が望むがままに実験できる対象だった。毛沢東が中国そのものであり、したがって自分の地位をおびやかそうとしたり、ものの見方が自分のそれと異なる者がいれば、相手がだれだろうと疑り深くなった。敵を抹消するに際しては情け容赦がなかった。臣民の一命など鴻毛にひとしかった」と述べた上で、次のように続ける。

私はそんな毛沢東を即座には理解できなかった。なぜなら、毛が目的達成のためなら自国民すら犠牲にするのもあえて辞さないというその意思がとうてい素直に受け入れられなかったからだ。一九五四年十月、インドのネルー首相と会談したとき、主席は原子爆弾を「張り子の虎」とみなして、いわゆる「帝国主義者」との闘いで勝利をおさめるためならば、原子爆弾で数百万の人民をうしなってもかまわないと述べたことも、私は早い時期から承知していた。「原子爆弾など恐れるにたりない」と、主席はネルー首相に言った。「中国には人間がたくさんいる。爆弾で彼らを一掃することはできない。原子爆弾を中国に落とそうとする者がいるなら、私にだって原子爆弾が落とせる。一千万か二千万の人間が死んだところで恐れるにたりない」。ネルーは非常な衝撃を受けた。一九五七年十一月、毛主席が政府代表団を率いて訪ソしたおり、自分は三億の人民――全人口の半分――をうしなうことも辞さないと演説した。人口の半分をうしなっても中国にとって大きな損失とはならない、人間ならいくらでも生産できるのだから、と毛沢東は述べた。後年の「大躍進」になってはじめて、つまり数百万の同胞が餓死しはじめたときになって、毛主席が日ごろ讃嘆した無慈悲な皇帝たちにご当人がいかに酷似してきたかを、私はやっと思い知らされることになるのだ。主席は人民が数百万も餓死しつつあるのを知っていた。毛はそんなことを少しも意に介さなかったのである[33]。

大躍進期のことに関していえば、ある研究者によれば、当時毛沢東は「食べ物が十分になければ人は飢えて死ぬ。半数を餓死させてしまった方が得策だ。そうなれば残りの半数はたらふく食べられるからだ[34]」と言ったという。毛沢東のために、ひたすら自身や家族の人生を犠牲にして毛に仕えてきた李志綏は、ある日、自分のしていることは毛のいう「人民に奉仕せよ」という言葉と矛盾しているのではないか、との疑問をもつようになり、上司の汪東興にその疑問をぶつけることになる。

「人民に奉仕せよ」というスローガンは毛沢東の文言であり、この呼び掛けメッセージは中国全土の津々浦々まで掲示された――主席直筆の漢字が白色で真紅の地に写しとってあった。（中略）毛主席のために働きだしてからほどなく、何もかもが毛を機軸に回転しており、それはしっかり守り、育み、あやさなければならない希少価値の人間をあつかうかのようだと私は気づくにいたる。毛のためなら、あらゆる手がつくされた。毛はいっぺんも手をあげる必要がなかった。自分で靴、靴下、ズボンをはいたためしがなかった。髪の毛を自分ですいたことさえなかった。かつて警護主任の汪東興に対し、第一組のエネルギーが「人民に奉仕する」ことではなくてもっぱら毛主席だけに集中していると指摘したら、汪は「人民に奉仕する」とは抽象的な表現であるとやり返した。「われわれは奉仕するのに具体的な人物を持たなければいかん。主席に奉仕すれば、人民に奉仕したことになるのじゃないか。党は君がここで働くように命じた。君は党のために働いていることになる。ちがうか」年若くてまだ天真爛漫だったから、私は汪東興が正しいのだろうと思った。(35)

李は、取り敢えずこの場は汪東興によって説得されるが、毛という人間に関して自らが下した結論について、次のように書くことを忘れなかった。

後年、自分の意見に完全同意しなかったとして重臣を情け容赦なく罷免する皇帝たちを大目にみてきたのと軌を一にするかのごとく、毛は全面的に自分に同意しなかった人々をしりぞけるのにいくらでも冷血になれる、ということを私はこの目で知ることになる。最初のうち、時として主席と意見を異にした最高指導部の者が追放されずにすんだというのは事実である。しかしながら、毛はそうした怨恨を決して忘れず、戦友であれ後輩であれその忠誠心がうすれたとみてとり、その政治的タイミングも熟したと判断するや、一瞬の躊躇もなく革命の元老でさえ切りすてた。周恩来首相のような人物はこうした毛の性向を熟知していたらしく、その忠誠心には一点の曇りもなかった。劉少奇にせよ林彪にせよ、そうした心得に欠けていたばかりにしりぞけられる羽目になってしまったのだ。党中央の指導者が毛沢東からはなれて一本立ちしようとすると、かならず追放の憂き目にあうのであった。(36)

フランスの歴史学者ジャン＝ルイ・マルゴランは、毛によって推進された大躍進によって人々が地獄の苦しみを味わっていた時期、すなわち昭和三四年から三六年に至る時期に出た「過剰な死者」の数を、二〇〇〇万人から四三〇〇万人と推定し、その「数字は、毛沢東という一人の男の常軌を逸した企図からのみ生じた飢饉、この壊滅的事態に対策を講ずることを受け入れさえすれば自分の誤りを認めることになったろうに、それさえも拒んだ犯罪的な彼の頑なさから生じた飢饉の犠牲者」だったと断定する。[37] そして、こう結論づけている。

毛沢東と彼がつくりあげたシステムは、あらゆる時代とあらゆる国をひっくるめても、絶対値で最大多数の死者を出した飢饉として今に残り続けている（これが最後だと希望するものだが……）出来事にたいし直接責任があったということだ。毛沢東の目的が同胞を大量に殺すことでなかったことは認めてもよい。しかし、最も控えめに言って、飢え死にした数百万の人々のことを、毛沢東はほとんど気遣いはしなかった。この暗い歳月における彼の主たる気がかりは、彼自身が糾弾される可能性があると知っていたこの現実を、最大限に否認することだったように思われる。この大災害にあっては、計画自体か、それとも計画適用にあたってのたえざる逸脱か、双方の責任の取り分を明確にするのはかなり困難なことである。いずれにせよ全体の経過は、共産党指導部の、とりわけその主席の、経済分野における無能力、国にかんする誤解、思い上がりのなかでの孤立、主意主義的なユートピア主義を強烈に照らし出している。[38]

もちろん、多くの人々を絶望のどん底に落としたのは、毛沢東一人の手による仕業だったというわけではない。何しろ、国を指導しなければならない最高実力者毛自身にとってさえ、自国の実情を詳細にまた正確に把握することは、容易なことではなかったからである。ある研究者が記す大躍進期の毛や共産党幹部たちと地元幹部たちとに関する次のエピソードは、およそ政治家、あるいは一般に人間というものが、真実を知った上でそれに基づいて人々を支配したり統治したりするなどという行為が、いかに困難で骨の折れる仕事であるかを、如実に物語っている。

訪問者には入念な演出が施された。麻城県では、村の住民は訪問者の前で決して大躍進の悪口を言わないよう警告された。省第一書記、王任重が農地を視察したさいには、山盛りの飯をかきこんでいる農民の姿を目にした。これは彼の訪問に合わせて抜かりなく演出されたものだった。河北省徐水県では、軍人の張国忠が、外部の人々に非の打ちどころのないイメージを与えるために、好ましくない輩は、県、人民公社、生産大隊、生産隊レベルに至るまで細かく設けられた強制労働収容所に入れるよう徹底させた。「生産意欲を高める」ために、怠慢な者は収容所に入れる前に街中を引き回された。この地では、一九五八年から六〇年までに、およそ七千人が検挙された。広東省羅定県では、一九五八年末に監察委員会が連灘人民公社を訪れたとき、高価な香水を振りかけた若い娘たちの出迎えを受け、真っ白いお手拭と十六皿もの料理を用意した豪華な宴会が待っていた。多くの農民たちが、山腹に人民公社を賛美する巨大なスローガンを彫るために何日も駆り出された。毛沢東の視察に同行した李志綏は、大豊作を印象づけるために、主席の視察ルートに沿って、たわわに実る稲穂を移植させたという話を聞いている。彼によれば、「中国全体が一つの舞台だった。全人民が毛沢東向けの華やかなショーの出演者だった(39)」。

フランク・ディケーターはこう書いた上で、「実際には、独裁体制はたった一人の独裁者の手によるものではない。大勢の人々が自分のすぐ上にいる人間との権力闘争に走るからだ。地方は支配者たちで溢れかえっていた。誰もが上司を欺き、自分たちの成果こそ本物だと信じさせようとした」と指摘する。そして、こうした政治の仕組みが、人々を奈落の底に突き落とした悲劇に結びついて行く様子について、次のような生き生きとした描写を行っている。

毛沢東は有頂天だった。全国から届く、綿花、米、小麦、落花生の収穫量が新記録を達成したという報告を聞いて、余った分をどうしたものかと考え始めた。一九五八年八月四日、徐水県を視察したさい、報道陣に囲まれた毛は、麦藁帽子をかぶり綿の靴を履き、張国忠を従えて農地をゆっくりと歩きながら顔を輝かせた。「これだけの穀物を食べきれるだろうか？　余った分はどうするつもりかね？」「機械類と交換しようかと思っています」。張は一瞬考えて答えた。「いや、余っているのはきみのとこだけじゃないぞ。他だって有り余っているんだ！　穀物を欲しがるところなんかどこにもないぞ！」毛は気の毒そうな微笑を浮かべて言い返した。「タロイモで酒を作る手もあります」と別の幹部が持ちかけた。「しかし、どこの県も酒造りを始めるぞ！　われわれにどれだけ酒がいると言うのだ？」。毛はしばし考え込んで口を開いた。「穀物が多すぎるなら、将来的に生産量を減らすべきだ。労働時間を半分にして、空いた時間は文化的な活動に充てたり、楽しみを見つけるとか、課外授業や大学もいいじゃないか？……皆、もっと食べなくては。食事を一日五回にすればいい！」ついに中国は、長年の飢えの問題を解消し、食べきれないほどの食糧を生産し、過酷な貧困から脱出する方法を見出したのだ。（中略）北京には各地の人民公社から、農業部門での新記録樹立を証明するおびただしい数の人間や手紙や贈り物が殺到し、一九五九年一月、国務院はこうした届け物にストップをかけなければならなかった。毛主席は酔いしれていた。(40)

信じられないような話ではあるが、毛の指示を受け人々が爆食いに走ったことは、歴史的な事実である。大躍進期に自らも湖北省の農村で父親を餓死させた経験をもち、その後新華社通信高級記者の肩書きを駆使することによって、中国各地の内部文書の閲覧や幹部らへの取材を重ねた結果、大躍進に関する著書をまとめることのできた楊継縄は、高校生時代の自身の体験について述べている。楊は、「地方によっては通行人に食事の便をはかった所もある。通りすがりに食べて、食べ終わったら去るのである」とし、「筆者は、夏休みを利用して郵便を配る仕事をしていたが、ある時、浠水県の県城から洗馬鎮まで配達に行く途上、ちょうど公共食堂の昼食に出くわした。食堂の壁には『食事の金は不要』の赤い横幕がかかっている。ためしに食堂に入ってみると、管理人は何も言わず私に大きな茶碗を渡し、勝手に食べさせてくれた。私は白米を腹いっぱい食べ、〝共産主義〟の美食を味わった」と述べている。(41)

また、日中貿易会理事長で、昭和三四年九月に石橋湛山と共に訪中した際、周恩来総理、陳毅副総理らと懇談した経験をもつ鈴木一雄は、中国人の間で行われていた爆食いの事実を耳にしていたようである。彼は、その話を聞いて大躍進の成功を強く確信し、感動のあまり同じ年の一一月にこんな文章を書いている。「何億という人間が食べ過ぎたので政治指導者が頭をかかえたという例が、人間の歴史にあったことであろうか。好！　人民公社の実験は失敗することはない。科学的根拠を論ずる以外に、とにかく何億という貧乏であった人間が食べ過ぎたという以上失敗するわけはない。楽天的人間は最終的には失敗しない。（中略）食い過ぎた農民達の哄笑は、大水や旱魃の労苦をふきとばし、民族資本家的人達の浅慮に煩わされることはないだろう」[42]。

中国が過酷な貧困から脱出する方法を「発見」したことに酔いしれた毛沢東という政治家には、とりわけ合理的で常識的な知性が欠けていたといえるかも知れない。しかし、そうした人間であったからこそ、彼は、常人にとっては耐え難い熾烈な権力闘争に耐え抜き、そしてその最終的な勝利者となり、共産党政権の最高権力者として君臨し得たともいえる。その彼の指導の下で、人々は想像を絶する悲劇を体験することとなる。ディケーターは、「村から徴収した資金や食料や家具を利用した新しい共同食堂が完成すると、村民たちはすさまじい勢いで貪り食った」とし、こう続ける。

共産主義はすぐそこまで来ていて、国がそれをもたらしてくれるはずだった。「各人の必要に応じて与える」は文字どおり受け取られ、それがまかり通る限りは、人々は食べられるだけ食べた。毛沢東が徐水県で命じた「食事を一日五回にすればいい」を踏まえて、およそ二カ月のあいだ、国中の多くの村で人々は「胃袋がパンパンになるまで」食べた。とりわけ、綿花などの食料以外の作物を作っている地方には、国が穀物を支給したため、なおさら抑制が利かなかった。労働者はひたすら食べ物を詰め込み、食欲がないと説教された。残ったご飯はバケツに山盛りにしてトイレに捨てた。誰が一番食べられるかを競った生産隊もあった。食べきれず泣き出す子供もいた。毛沢東の言葉「衛星を打ち上げる」を真に受けて、日に五回食事をした人もいた。一つの村を三、四日養える食料が一日で消えていった。江蘇省江寧県では一度に一キロの飯を平らげる人もいた。都市部では、無節操な消費行動がさらに顕著だった。一九五八年末、南京の工場では、何と一日五十キロもの飯が排水溝に流された。蒸しパンがトイレを塞ぎ、ある几帳面な検査官によると、汚水タンクの底に溜まった飯は三十センチにも達したという。一部の工場では、労働者が飯を一日二十杯も食べ、残りは豚の餌にしていた。だが、〝宴会〟は長くは続かなかった[43]。

（1） ユン・チアン、ジョン・ハリデイ（土屋京子訳）『マオ　誰も知らなかった毛沢東』下巻（講談社、平成一九年）二三二頁。

(2) 同右、四三七～四三八頁。
(3) 辻井喬『叙情と闘争　辻井喬＋堤清二回顧録』（中央公論新社、平成二四年）二九八頁。
(4) 宇都宮徳馬「文化大革命と毛沢東――七回目の訪中から帰って――」（『世界』昭和四二年九月号）八二～八六頁。
(5) 古森義久『日中再考』（産経新聞ニュースサービス、平成一三年）一二二～一二六頁。
(6) 「座談会　毛沢東路線の形成と展開」（『朝日ジャーナル』昭和四〇年一月三日号）三三頁。
(7) 持丸博、佐藤松男『証言　三島由紀夫・福田恆存　たった一度の対決』（文芸春秋、平成二二年）七六頁。
(8) 福田恆存『福田恆存評論集』第七巻（麗澤大学出版会、平成二〇年）二七～二八頁。
(9) 伊藤武雄「人師毛沢東主席を敬弔する」（『中国研究月報』三四四号、昭和五一年一〇月二五日）一～二頁。
(10) 西園寺雪江「毛沢東主席を偲ぶ」（『婦人公論』昭和五一年一一月号）七一頁。
(11) 秋岡家栄「大衆を信じ天才を否定　理論と実践の哲学」（『朝日新聞』昭和五一年九月一〇日）。
(12) 佐々木更三「毛沢東主席のおもかげ」（『月刊社会党』二三九号、昭和五一年一一月）一七七～一七八頁。
(13) 大江健三郎「孤独な青年の中国旅行」（『文芸春秋』昭和三五年九月号）一五八～一六〇頁。
(14) 河原崎長十郎「役者の私の『劇的』瞬間」（『潮』昭和四五年一一月号）一一四～一一五頁。
(15) 杉村春子「あたたかい大きな手」（『潮』昭和四五年一一月号）一二一頁。
(16) 杉村春子「深く感動した中国の旅」（『アジア経済旬報』七三九号、昭和四三年一二月）一〇頁。
(17) 井上靖『井上靖全集』第二六巻（新潮社、平成九年）五二二頁。毛沢東を礼賛した井上は、毛が主導した文化大革命が終焉したあとの昭和五一年一一月から一二月にかけて訪中したが、その旅行記では、意外にもこう述べた。「華国鋒主席就任間もない北京で多勢の人に会った。（中略）会った印象はみなそれぞれに明るかった。いわゆる『四人組』なる反党グループの問題が、新しい政治体制のもとで一挙に解決されたあとの明るさと受け取られ、そう受け取ってまず間違いないものであった。（中略）四人組なるものの正体について、他国人である私たちは云々する知識は持ち合わせていないが、何年か中国の政治中枢に巣食った陰湿部として理解してよさそうである。『暗雲が取り払われた』と、みな同じような言い方をしたが、確かに四人組の跳梁跋扈は鬱陶しいものであったのであろう」（前掲『井上靖全集』第二六巻、五二三頁）。
(18) 渡邊澄子『野上彌生子　人と文学』（勉誠出版、平成一九年）一四九頁。
(19) 野上彌生子『野上彌生子全集　第Ⅱ期』第一三巻（岩波書店、昭和六三年）四七頁、五三頁、一六四頁。
(20) 野上彌生子『野上彌生子全集』第一五巻（岩波書店、昭和六一年）二八一頁。
(21) 同右、三三一頁。
(22) 同右、三四六頁。

(23) 同右、三一一〜三一二頁、三二九頁。
(24) 司馬遼太郎『長安から北京へ』(中央公論新社、平成一五年)五八〜五九頁。
(25) 同右、六五頁。
(26) 前掲『マオ　誰も知らなかった毛沢東』下巻、四九三頁。
(27) 亀井勝一郎「見たこと感じたこと——中国訪問ノートから」(『文学界』昭和三五年九月号)一二〇頁。
(28) 大原富枝「壮大で変貌する中国」(『時』昭和三八年一一月号)一〇五〜一〇六頁。
(29) 李志綏(新庄哲夫訳)『毛沢東の私生活』上巻(文芸春秋、平成一八年)一二八〜一二九頁。
(30) 高峰秀子「私の中国見たままの記」(『婦人公論』昭和三九年四月号)二〇二頁。
(31) 前掲『毛沢東の私生活』上巻、二一〇頁。
(32) 同右、一九八頁。
(33) 同右、二〇五〜二〇六頁。
(34) フランク・ディケーター(中川治子訳)『毛沢東の大飢饉』(草思社、平成二三年)二〇四頁。
(35) 前掲『毛沢東の私生活』上巻、二〇七〜二〇八頁。
(36) 同右、二〇八〜二〇九頁。
(37) ジャン＝ルイ・マルゴラン「中国——夜のなかへの長征」(ステファヌ・クルトワ、ジャン＝ルイ・パネ、ジャン＝ルイ・マルゴラン(高橋武智訳)『共産主義黒書——犯罪・テロル・抑圧——〈コミンテルン・アジア篇〉』恵雅堂出版、平成一八年)一一四頁。
(38) 同右、一四一〜一四二頁。
(39) 前掲『毛沢東の大飢饉』八五〜八六頁。
(40) 同右、八六〜八七頁。
(41) 楊継縄(伊藤正、田口佐紀子、多田麻美訳)『毛沢東　大躍進秘録』(文芸春秋、平成二四年)一二三二頁。
(42) 鈴木一雄「石橋湛山氏とともに」(『世界』昭和三四年一一月号)一九四頁。
(43) 同右、一〇二〜一〇三頁。

第五章　大躍進と日本人

井上靖は、昭和三二年一〇月、山本健吉を団長とする第二回訪中文学代表団に加って中国を訪れた。井上は、これ以降二〇回以上にわたって中国を訪問することになる。彼は、中国の歴史から題材を得た数々の作品を執筆すると同時に、中国通の作家として広く知られるようになる。彼は、中国旅行から帰ったあと、ある雑誌に次のような文章を執筆した。井上は、共産中国が餓死者と流民を根絶したとして、その功績を高く評価している。

中国で現在最も外国人たちに誇りをもって見て貰いたいことは、六億の蟻が少くとも飢えないで生きているという厳とした事実であると思う。日本が一人の餓死者をも持たないということと、中国が一人の餓死者をも持たないということは全くその意味が違うのである。現在中国においては新しい政治が餓死者と流民を失くしてしまっているが、これは全く輝かしいことであり、中国の大きい歴史の上で、初めての政治の勝利といっていいものであろう。黄河の治水も、餓死者を亡くすることも、中国においては史上未曾有の大変な事件なのである。(1)

文芸評論家の本多秋五も、井上と同様、第二回訪中文学代表団の一員として中国を訪れた。そして、本多は、一一月に重慶の郊外にあたる覃家崗郷という村の農村合作社を見学したが、ここで「中国における革命が、マルクス主義が民衆の間に滲透したとか、共産党の理論が民衆をつかんだとかいう底の浅い、簡単なものでないらしいのを感知するとともに、中国政府の富の秘密の、少なくとも一端にふれる思いがした」という。本多は、次のように書いている。

ここの村では、解放前には畝から三五〇斤から四二〇斤の籾を収穫するのが普通であったが、いまでは八〇〇斤から一〇五〇斤の収穫があり、以前には米だけの一毛作であったのが、いまでは米一回、麦二回の三毛作であるという。以前は一戸あたり一月に平均一斤のランプ油しか使えず、冬は暗くなれば寝るより仕方がなかったが、いまでは月に二斤ないし三斤の油を使用することができる、ということであった。ここできいた話は、ほんの一例であって、全国をその並みで律することはできまい。しかし、五六年に『新中国紀行』を発表したワンダ・ワシレフスカヤは、これと瓜二つの例を広州近郊の合作社や、杭州付近の農村について挙げている。地主が耕作させていた時代には「虎がかくれるほど」雑草が生い繁っていた畑に、いまは一本の雑草もない、と彼女は書いている。中国は——少なくとも国民の大部分のものに関するかぎり——個人の利益と国家の利益とが一致する道を見出したことに疑いはない。(2)

中国全土を奈落の底に落とすことになる大飢饉が始まったのは、井上靖が「新しい政治が餓死者と流民を失くしてしまっている」と確信し、本多秋五が「個人の利益と国家の利益とが一致する道を見出したこと」に感嘆した年の翌年、すなわち昭和三三年であり、その大飢饉は三六年まで続いた。この時期、中国は実際どのような状況にあったのか。同じ時期、農村に比べれば餓死者の数ははるかに少なかった都市部において、人々が飢餓に苦しむ様子を目撃したあるポーランド人は、「日常がスローモーションで進んでいるように見える」と観察し、「人力車の運転手は、ほとんどまともにペダルをこぐこともできない。……自転車に乗っている何万という人々も、ぼんやりしてまるで生気がない……通りかかる人々の目は死んでいる」と証言している。(3)

フランク・ディケーターによれば、共産中国では、早くも人民公社が導入される以前から飢饉で亡くなる人々が続出していたという。そのため、昭和三三年三月共産党の食糧会議の席上で、各地の代表から、農民が灌漑事業に動員されたことから生じる食糧不足に対して懸念する意見が表明されていた。ディケーターは、こう書いている。

飢饉を警告する兆候は、土埃の道を、足を引きずりながら物乞いをして歩く集団や、住民全員が逃げ出し無人となった村に現れていた。財政部長、李先念はこうした兆候を一蹴し、穀物生産目標の達成に邁進した。四月末、飢えと食糧不足は国中に蔓延した。広西チワン族自治区では、六人に一人が食べ物も金もなく、各地で餓死者が出ていた。山東省では約六十七万人が飢え、安徽省では百三十万人が困窮状態にあった。湖南省では、農民の十人に一人がひと月以上穀物にありつけなかった。亜熱帯気候の広東省でさえ百万人近くが飢え、とりわけ、恵陽、湛江は悲惨で、飢えた親たちが子供を売った。河北省では、何万もの人々が食べ物を求めて村々をさまよい歩くほど穀物が不足し、滄県、保定地区、邯鄲地区では子供が売られていた。天津の街には、打撃を受けた村々から一万四千人の物乞いが押し寄せ、間に合わせの避難所に収容された。甘粛省では、多くの農民が木の皮を食べるほかない状況に追い込まれ、何百人もの餓死者が出た。この飢餓は収穫以前の春の話であり、一時的な欠乏だったと説明できないこともないが、夏が過ぎても各地の食糧不足は悪化の一途を辿った。雲南省陸良県はその典型的な例だった。(4)

大躍進期初期の様子についてこのように書くディケーターは、死に追い込まれた人々の死因の多くは、飢餓と疾病によるものだったと見ている。

ここ〔雲南省陸良県〕では早くも一九五八年二月の時点で、灌漑運動に農民を動員したことにより飢饉が発生していた。だが、飢饉に見舞われたのはダムや貯水池に徴発された住民だけではなかった。一例を挙げると、人口千六百十人の茶花郷では、一九五八年一月から八月までに六人に一人が亡くなった。殴り殺された人もいたが、大半は飢餓と疾病だった。（中略）飢餓は陸良県に限った問題ではなかった。雲南省の曲靖地区の全域で餓死者が出ていた。報告では、陸良県ではおよそ一万三千人が亡くなり、路南、羅平、富源、師宗などの県でも何千人もが餓死した。潞西県では、早くも一九五七年の時点で県の党委員会が、実際に収穫可能な量は半分だったにもかかわらず、農民一人当たりの年間穀物収穫量を約三百キロと公言し数字をつり上げていた。このため、一九五八年五月以降、十四人に一人、およそ一万二千人が餓死した。住民の五分の一が命を落とした村もあった。(5)

ただでさえ多くの餓死者を出していた共産中国において、昭和三三年に、銅鑼や太鼓の鳴物入りで熱狂的にかつ遮二無二開始された「大躍進運動」は、人々を絶望のどん底に突き落とした。まず、土法高炉でできた鉄が使いものにならず、膨大な資本と労働力の無駄遣いを招いた。ユン・チアンによれば、毛沢東は昭和三三年の粗鋼の生産目標を一〇七〇万トンに設定したが、この数字が生まれた経緯は、「六月一九日、中南海でプールサイドに腰を下ろしていたとき、毛沢東は冶金部長に、『去年の粗鋼生産量は五三〇万トンだったな。ことしは二倍作れるか？』と尋ねた。イエスマンの冶金部長は、『だいじょうぶです！』と答えた」。これだけだったという。そして、目標達成期日である年末が近づくにつれて、毛は生産責任者と顔を合わせるたびに、「目標を達成するのだ！」と檄を飛ばした。結局一〇七〇万トンの数字は達成できたものの、毛自身が「良質な鉄は四割だけだ」と言い放ったという。「良質な」鉄は、本来の製鉄所で生産された鉄で、使い物にならない鉄は土法高炉で生産された鉄だった。後者は、その後間もなく廃棄された(6)。

土法高炉と並んで、密植深耕による「衛星田」があった。これが中国各地に作られたが、密植すれば稲の内部の温度が上昇して蒸れ、穂が出なくなるのを防ぐために、人々は一日中竿でしごいて風通しをよくするか、アンペラで造った手回しの扇風機で風を送らなければならなかった。そして、そのために、膨大な労力を要した。さらに、人民公社化による失敗が、こうした無思慮なやり方に拍車をかけた。人民公社は、昭和三三年の夏に毛沢東が農村を視察し、河南省のモデル人民公社を見て「人民公社好」と言ったその鶴の一声で、全農村の公社化が唐突に決定されたものである。楊継縄によれば、毛は、資本主義の温床だと彼が考えていた家庭というものを、社会から消滅させることを意図していたのだという。そして、日本の小説家武者小路実篤が唱えた「新しい村」が、毛に影響を与えていた。毛は、昭和三三年八月成都における講話のなかで、家庭は「将来的には消滅する」、「家庭は将来生産力の発展に不利なものとなろう」と述べた。楊は、「毛沢東のこの言葉が出るや、彼の〝臣下〟たちは果敢に考えたばかりでなく、果敢に実行しはじめた」と書いている(7)。

公社化は、まず何よりも、農民の労働意欲の減退となって表れた。また、農民が副業として正規の労働時間以外に耕作することを認められていた自留地ですら、公社に召しあげられてしまったことも、農民のやる気を決定的に殺いでしまった。農民は、共産主義の到来を告げるこの巨大なコミューンに組み込まれ、すべてが集団化された。それによって、農村部に暮らす人々は、仕事と家ばかりではなく、土地も財産も家畜も奪われた。集団化によって誕生した共同食堂で、各人の働きぶりに応じて供給されるわずかな食料は、党が発するあらゆる指令に人々を従わせる武器へと転化した。灌漑キャンペーンによって、村の半分の労働力が何週間もぶっ通しで十分な食事も休息も与えられず、遠く離れた僻地の巨大水利事業に駆り出された。そして、大規模な「自然改造」事業や土法高炉、「衛星田」に膨大な労働力を割かされたため、人民公社では肝心の農作業が疎かになり、播種や収穫すら粗雑になってしまった。こうした事態を受けて、都市では食糧品店の店頭に長い行列ができ、主食の米さえ必要量が手に入りにくくなった。農村では昭和三四年から三六年にかけて、広範な地域で大規模な飢饉が発生した。(8)

毛沢東の主治医として働き、毛の秘められた驚くべき私生活のみならず、毛に指導された中国社会の変化を克明に書き記した李志綏は、大躍進は壮大なユートピアであり、それがこの世に実現させたのは、「共産主義のばかげた一形態」に他ならなかったと見ている。李は、その回想録のなかで、次のような文章を書いている。

毛沢東の「大躍進」計画は壮大なユートピアだった――十五年以内にイギリスに追いつこうと農業生産法をかえ、人民公社をつかって社会主義から共産主義へ、貧しさから豊かさへの途をつきすすもうというのだ。毛沢東はごますりとへつらいになれきっていた。この壮大な計画をなんとかのませようと党や政府の最高首脳をおしまくっていたのだ。そんな毛に気に入られようとして、また応じなかった場合のわが身の政治的な将来も恐れて、高級幹部は下級幹部に圧力をかけ、下級幹部は下級幹部で農民を無慈悲に働かせたり、上司の聞きたがるような報告をしたりして対応せざるをえなかった。このようにして考えられぬ途方もない報告書が作成されたのである。穀物の平均収穫高が一畝につき五トンどころかその二倍増、三倍増にもなったのだ。大衆の行動様式を研究する心理学者なら、一九五八年の晩夏に中国の何がまちがったのか説明できるかもしれないが、（中略）われわれは十月一日の国慶節に間にあうよう北京にもどった。(9)

李が強烈な印象を受け、その回想録に記さないではいられなかったのは、列車の窓から見ることのできた中国の農村の変わり果てた異様な光景だった。彼は、大躍進期の農村の様子を次のように描いている。

沿線の光景は信じがたいものであった。収穫期がちかづきつつあり、作物は実りきっていた。田畑は働く農民でみち、それも婦女子、緑や赤のブラウスを着た娘たち、白髪の老人か十代の男女ばかりであった。四肢が頑健な壮年男子、つまり中国の真の農民たちは農業生産の現場をはなれ、「裏庭煉鋼炉」の世話に投入されたのだった。煉鋼炉の林立は田園風景を一変してしまった。炉がいたるところに存在し、いっぱしの農民がたえず狂奔して燃料や原材料をはこび、火をかきたてている姿がみとめられた。夜になると、見わたすかぎり炉が広大な大地に点在し、夜空をあかあかと照らしだしていた。行く先々の人民公社では、せまりくる取り入れの豊作ぶりを断言した。穀物も鉄生産も統計は度肝をぬくものであった。人民公社の食堂には「報喜台」と称する吉報板が設けられ、競争関係にある生産大隊や生産小隊の生産高が記入されると、最高かつ途方もない数字には紅旗がふられ、銅鑼や太鼓が打ち鳴らされた。（中略）一九五八年の農業生産高は、中国史上最高を記録したはずだった。ところが十二月中旬になると、国家は深刻な食糧不足にみまわれた。(10)

李志綏の見た光景と同様の光景をほぼ同じ時期に目撃した日本人が、昭和三三年一〇月、人民公社を視察するため訪中した平野義太郎だった。平野は、帰国後の見聞記に、「夜、保定から北京への夜汽車にのって沿線を眺めると闇のなかに野が燃えている。北京への帰途、定興、高碑店、琢県どこでも夜もなお熔鉱炉の火は燃えていた」(11)と書いている。もっとも、日本から来た平野は、この光景を見て大躍進の成果を確信し、「一歩一歩共産主義にむかって移ってゆく」中国社会の歩みを絶賛した。彼は、帰国後、次のような報告文を執筆している。

「われは他人のために生産し、他人もわれのために生産する」社会主義社会の性格がこの人民公社に打ち出されてきた。大きな生産手段は人民公社の公有となる。すべて社会主義的群衆方式で共同耕作もすれば、工農業の建設に努力する。

そして農業の生産力が高まるにつれて御飯もただつ〔に〕なったうえ、農民が工資制で定った賃金をもらうのであるから、生活は安定した。都市人員や機関幹部も農村に「下放」して農民といっしょになって働くから都市と農村の差別がちぢまり、頭脳労働と体力労働との差も少くなる。（中略）食事をはじめ生産物が豊富になれば、その品物を供給制のやり方にうつし、必要に応じて分配するという定量供給の部分をだんだんとひろげてゆき、労働に応じて受けとる報酬の部分を、だんだん、ちぢめてゆく。このようにして一歩一歩共産主義にむかって移ってゆくのである。（中略）能力に応じて働き、必要に応じてとるやり方を実行すると、怠け者がでてくるという共産主義反対論は事実によって反証された。というのは、衣食の心配がなくなった農民は、より一そうの意気込みをもって生産力をあげようと頑張るようになったからである。(12)

毛沢東の主治医といえども例外ではなく、李志綏自身の生活にも現実が襲い掛かって来ないはずはなかった。そして、そこで彼は、改めて大躍進の真実を認識することになった。「北京にもどった私は、中南海にもはや肉も食用油もないことを発見していたし、米などの必需品は入手がむずかしく、野菜類も少なかった。何か手違いが生じたにちがいなかった。いや、じつのところ、大変な手違いが生じていたのである。大収穫の大部分が集荷されないまま田や畑に放置されてしまったのだ」と、彼は書く。

大多数の壮健な男性農民が田や畑から「裏庭煉鋼炉」の作業に動員、投入されたためであった。婦女子だけではせっかくの収穫も集荷できなかった。その労作業は婦女子にはとうてい耐えきれないほど過酷なものであり、収穫は田や畑でくさるがままにしておかれたのだった。実際に私も当時は気づいていなかったものの、中国は一歩一歩と災厄の瀬戸際にちかづいていたのである。（中略）一方の「裏庭煉鋼炉」もおなじように惨憺たるものであった。鉄鋼増産の運動がかつてないほど熱狂的なペースで続行されるにつれて、人民は深鍋、平鍋、戸の把手、錬鉄製の門扉、シャベル、鋤などの供出をしいられた。火力用の石炭が充分になかったため、燃料として農民の家具類——テーブルや椅子、ベッドなど——がくべられた。ところが炉から生産されたのはなんの役にもたたない鉄の塊——溶解された包丁や鍋類にすぎないのであった。毛沢東は、中国がまだ共産主義のとばくちに立っていないと述べたが、しかし現実にはすでに共産主義のばかげた一形態が出現していたのである。私有財産が現実にも廃止されつつあった。私有財産はことごとくとどまるところを知らぬ煉鋼炉用に供出されていたからである。[13]

李志綏は、昭和三三年春から夏にかけて実施された貯水池開削運動の際の毛沢東の様子についても、生き生きとした描写を書き遺している。この大動員は、農村部で労働力の深刻な不足を引き起こした。李は、「一九五八年の夏、中国全土は巨大な貯水池開削計画に動員され、人民の大半が建設に必要な骨の折れる肉体労働に参加した。毛主席が陣頭指揮したのである。（中略）北京では数万の市民が——宣伝文句によれば——『志願』して壮観な『明の十三陵』ちかくの新しい貯水池の建設に従事した」として、その時の模様を、次のように述べている。

一九五八年五月二十五日の午後、毛主席が乗ったバスを先頭に中国共産党、政府の最高幹部を満載した六台のバスが中南海をあとにした。毛沢東は元気一杯、最後部にすわる私の真ん前でまわりの者と誰彼なしに談笑した。「ふだんわれわれお偉いさんは人さまのサービスを受ける。こんどはわれわれがなにがしかの肉体労働をやる番だ。人はみんな肉体労働をやるのはいいことだというが、いったん実際に働きはじめたら、すぐに考え方をかえてしまう。人はそれぞれ異なる理由で、この貯水池建設にたずさわっておる。ほんとうに働きたい者もいれば、そうしなければならんと感じる者もいる。かと思うと、肉体労働を一種の金看板と考える者までおるな。理由が何だろうと、肉体労働をやるのは何もしないよりずっとましだ」（中略）毛主席は楊将軍や党首脳、私どもをしたがえてダムの麓まで足をはこび、シャベルを手にして砂礫をすくいあげはじめた。あとのわれわれもめいめいシャベルを手にして地面を掘り返しはじめる。主席は普段着のまま、白いワイシャツに淡いグレーのズボン、黒の布靴という出で立ち。たいそう暖かい日で、陽差しもつよかった。主席の顔はたちまちあかるい赤味がさし、黄色い砂ぼこりにまみれてしまった。汗が吹き出ると、流れ落ちる水滴は蜘蛛の巣状の模様を顔面に描きだした。三十分ちょっと働いたあとで、楊将軍がもうこのあたりでと主席に中止を求める。「じつにひさしぶりだな、こんなにからだを使ったのは」と毛沢東。「ほんの少ししか力を出さないのに、もうこんなに汗をかいてるよ」。主席は総指揮所のテントにひきあげ、休養しながらお茶をすすった。[14]

李は、毛が形の上だけだったが重労働にたずさわったこの一回だけのゼスチャーが、中国全土を過酷な労作業への狂気へと駆り立てたとして、次のように続ける。

あくる朝、全国のあらゆる新聞の第一面に、シャベルを手にした毛主席がにこやかな政府、党高官や民衆にかこまれた写真が掲載される。このいまや古典的な写真は人民大衆に対する主席の献身、高い地位にもかかわらず労働参加によって人民の一員にとどまろうとする主席の意欲を立証するものとして、新聞や雑誌に数えきれないほどくり返し転載され、毛沢東礼賛を謳いあげる書物のすべてにのせられた。主席のために働いた二十二年間のうち、毛沢東が重労働にたずさわったのはこのたったの一回だけであり、それもシャベルを動かしたのは一時間にもみたなかったのである。人類史上、かかる単純にして象徴的なゼスチャーが、一国をこのような熱烈にして過酷な労作業への狂気にかりたてたのは、けだし前代未聞だろう(15)。

ちょうどこの後に中国を訪れ、十三陵ダム建設現場での毛沢東の「実践による指導」を耳にした日本人が、昭和三二年に日本社会党訪中使節団団長として訪中して以来、三四年三月に再び中国を訪れていた社会党書記長の浅沼稲次郎だった。李の観察や評価とは全く逆に、浅沼は毛から深い感銘を受けた。浅沼は、こう述べる。

中国では若い青年男女が全力をあげて喜んで建設事業に従事していることである。また、指導者が先頭にたっていることである。北京の郊外で十三陵ダムを建造するとき、これは四カ年計画であったが、一日に義務労働で十万人が働き、百五十日間で出来上らしたそうだ。この際は毛沢東、劉少奇、周恩来、朱徳等々の指導者は、一週間、労働者とともに働いた。ともにスコップをもち、ともにモッコをかついで働き、ともに食べともに寝て働いたそうだ。文字通り実践による指導である。ここに中国の強味があると思う(16)。

毛沢東の号令によって進められた灌漑事業のなかで、最も有名なものの一つは、甘粛省で行われた灌漑事業であった。これは、中国西北の旱魃に苦しむ黄土台地を横切って、全長一四〇〇キロに及ぶ水路を建設するという計画であった。そのためには、八〇〇の山や谷を越さなくてはならず、労働に駆り出された一七万の人々は、自分たちでねぐらを掘り、野草を探し歩いて粗末な食事の足しにした。事業が始まってから数カ月間、手作業でトンネルを掘り進める作業が続いたが、トンネルよりも暗渠の方が良いということになって、トンネル工事は中止された。ところが数カ月後、今度は暗渠が中止になって、トンネル工事が再開された。事業はこんな調子で三年間続き、その間に少なくとも二〇〇〇人の労働者が死に、あげくの果てに工事は断念された。この事業以外でも、灌漑事業の大多数は途方もない浪費に終わり、多くの工事が中途で断念された。五〇〇件を超える大規模ダム（貯水量一億トン以上）建設事業のうち、昭和三四年末の時点ですでに二〇〇件が断念されていた。毛が生きているうちに早々と崩落した工事現場も多く、大躍進の時期に建設された数十カ所のダムが嵐で崩壊し、二三万ないし二四万の人々が溺死した。(17)

一方、毛沢東は、灌漑事業について省級幹部と話をする際、死者数の話題を頻繁に持ち出したという。毛は、河南省について、冬に三〇〇億立方メートルの土木工事が予定されているから「三万人が死ぬだろう」と言い、安徽省については、「二〇〇億立方メートルと言っているから、二万人が死ぬだろう」と言った。(18)

さて、人々が毛沢東の大躍進のなかでもがき苦しんでいた時期とちょうど同じ時期、中国に滞在していた日本人は数多い。その一人が、伊藤武雄であった。伊藤は、昭和三三年一〇月中国を訪れたが、「視察の目標を、鉄と試験田と人民公社においた」という。そして、北京北郊の石景山製鉄所を視察したが、そこで「量の拡大だけでなく質への飛躍を、まざまざ身に感ぜざるをえなかった」との感想をもった。彼は、製鉄所を見た時のことを、こう記している。

敷地面積6㎢（約150万坪）となり、1300㎥の近代高炉から、日産2000トンを生産するといい、昨年1カ年の生産量が過去38年の生産量の倍額に相当し、今年3月の第1期工事の完成によって、（冶金機械工場、圧延までふくめた中型コンビナートになる）銑鉄190万トン、鋼塊150万トンの目標に向って大躍進しておる。あふれる活気を目の前に見、附近農村をふくめ、人口14万人が人民公社に組織されたと聞いては、あまりにも新旧の相違のはげしさ、量の拡大だけでなく質への飛躍を、まざまざ身に感ぜざるをえなかった。[19]

次に、伊藤が試験田を視察するために訪れたのは、湖北省麻城県の人民公社であった。伊藤によれば、ここで県長から「懇切なそして科学的解説」を受けた。伊藤は、観察の結果をこんな具合に書いている。

生産隊長に案内されて密植衛星田のうず高い穂波の上に乗ってみもし、毛せんのような、地面の見えぬ刈あとを見、稲穂の粒数や、分けつ状態を調べたりして、この奇蹟が誇張でないことを実視したのであるが、試験田の面積はきわめて小さいものであること、試験田とは別に、広面積の豊産田なるもののあることも、ここで知ることができた。奇蹟的農産が誇張でないことは、その収穫計量の時には、各地方から見学にきて、多勢の大衆の面前で、計量されるという話。試験田、豊産田は、主として農業生産協組、人民公社の指導幹部が、責任耕作によってなされるということも知った。試験田の企ては、土地の潜在能力の限界を引きだして、収穫てい減法則の打破と、人間の積極的能動性の実証にあると聞いてきたのであるが、その他に指導層の官僚化を打破する、整風運動の浸透化をも目ざしておることにも、ねらいがあったようである。[20]

様々な場所を視察し、自らの目で観察を行った結果、伊藤が最終的に到達した結論は、次のようなものであった。伊藤は、中国の状況は、建設の見通しから食料問題、製鉄事業、人民公社化に至るまで、何もかも「まことに羨しいかぎりであった」と言い切る。

現段階だけでみても、中国の建設において、その見通しのすばらしいものであることは疑いない。農業生産における大躍進の実践を通じて、6億の食料問題を解決し、資本主義の禍根を永久に断ちきり、三三制、全国庭園化の希望すらもできたようである。製鉄事業を中心として工業化気運もすばらしい。土地所有の私有化が根絶し、孫文の言ったバラバラの砂の個人が、公民化、組織化されて生産、建設、施設がスムーズに、快速調に躍進しておる実態は、まことに羨しいかぎりであった。毛沢東は、公社運動の将来を、機械化に賭けておるが、現段階においては、鉄生産を専門家に依存した在来の迷信を打破して、土法炉生産を通じて、何人も万能人間（農工商学兵）になりうるということ、消費人口が生産人口になりうる大教育運動を展開しておるともいえる。[21]

松村謙三の秘書でのちに自民党の政治家となる田川誠一も、大躍進の時期に中国を訪れた。彼は、昭和三四年一〇月から四〇日余りにわたって、松村を団長とする訪中団の一員として、北京や広州はもちろん昆明、成都、重慶、蘭州など「北は甘粛省から南は雲南省に及び、東北（満州）を除いて中国内陸地方の三分の二」を視察した。[22]田川は、帰国した直後の昭和三五年三月に公にされた文章によれば、中国の状況について、「人類歴史はじまって以来といってよい大改革」のおかげで「農民は食生活が保障され、ある種の安定感さえ持っている」と観察した。

人民公社の制度は全国的にかなり徹底している。もちろん個人生活には一つのワクがはめられ生産手段は衆団所有となり、外国人たる私たちには農民が非常に拘束された生活を送っているようにみられた。しかし、これまでひどい生活にさらされていた農民は食生活が保障され、ある種の安定感さえ持っているようにもみられた。（中略）人民公社がとにもかくにも軌道にのりつつあるということは、公社制度をとりやめた地区がひとつもないところをみてわかるし、現実に労働力の集中化によって増産の実をあげていることでもうなずける。こうした人類歴史はじまって以来といってよい大改革が大したトラブルもなくここまで固められたのはおよそ次のような点に求められると思う。その一つは新中国の素晴しい組織的な実行力であり、指導者をはじめとして中共党員の率先躬行と清潔な政治による。（中略）第二は弾力性ある現実政策である。生産目標が高すぎたと思えば、こだわらないで思い切った修正をする。一部の公社に行過ぎがあれば、それを是正する。共同の食事に例外を認めたり、賃金にも等差をつける、などの例は現実に応じた策といえるのではないか。[23]

また、作家の井上靖は、先に述べたように、大躍進に突入する前の時期に訪中しただけでなく、その真っ最中にも中国を旅行した。彼は、昭和三六年六月から七月にかけて半月ほどの間に、広州、北京、合肥、上海、南昌の各都市をまわり、また揚子江、黄河、韓江、永定河といった川を機上から眺めた。井上は、「旅は暑いという一事をのぞけばすべて快適であった」とし、「中国は飢饉だと聞いて行ったが、私たちの眼にはそうしたものは少しも感じられなかった。飛行機が大雷雲のために飛べなくて、スケジュールになかった合肥とか南昌とかいった街にも泊ったが、どこにも飢えている人がありそうな気配はなかった。炎熱の中で、人々は働いており、どこへ行っても子供の多いことだけが眼についた。ひどく逞しい裸体の子供たちだった」と述べている(24)。

一方、昭和三六年六月から七月にかけて約四週間中国に滞在し、「健康な、おちついた表情で着々と中国の大衆は社会主義建設にいそしんでいる」様子について、紹介したり、解説したり、宣伝したりしたのが、西園寺公一である。西園寺は、雑誌『世界』に掲載された経済学者の岡倉古志郎との対談記事のなかで、大躍進期の中国の「実情」について、次のように述べている。岡倉も、西園寺と同じ期間に訪中し、北京滞在中の西園寺を訪ねて両者の対談が実現した。

ぼくも日本で中国の自然災害、旱魃のことが過大に伝わっているので驚いた。いつか偶然日本のラジオを聞いたら――福岡からＮＨＫのだと思うけれども――災害の結果広東で暴動が起きたとか、北京大学の学生がもっと食糧をよこせというハンストをやっているとか、撫順の炭鉱の労働者がストライキをやっているとか、そういうたまげたことをいっている。そんなこと、あなた来てみたってわかるでしょう、全然ありはしない。健康な、おちついた表情で着々と中国の大衆は社会主義建設にいそしんでいる。むろん、この災害は非常に大きな災害で、百年ぶりといわれている。百年前にこんな大きなことがあったかどうか知らないけれども非常に大きな災害です。ここの老人たちに聞くと、解放前だったら二千万人くらい死んではいなかったか、飢えてはいなかったかという。そのくらい大きな災害です。古老がいうのだから確かだと思う。しかし、それにもかかわらず、おそらく町の表情を見てわかったろうけれども、餓死線上の人というのは一人もいやしない。みな自力で克服すると、大へん自信を持っているわけだ(25)。

西園寺はこう述べた上で、大災害であるにもかかわらず、かつての時代のように「餓死線上の人というのは一人もいやしない」理由は、中国では、今や「大衆、人民の生活まで考えた行き届いた政治」が行なわれているからであり、また人民公社が発展しているからである、と説明する。

どうしてこんなことができたかといえば、それは、政治が行き届いているからでもあるが、同時に、何といっても二つのこと、第一に解放以来増産を非常に進めていたということ、第二に人民公社を発展させてきたこと、の二つによると思う。人民公社をあそこまで発展させた意味はどこにあるかといえば労働力を組織化して、これに機動力を与えた。何か事があるといえば、すぐそこに集中的に労働力を注ぎ込める。そういうことで、たとえば災害を受けた耕地の約三分の一はそれで救ったわけだ。そこまではできなかったところでも、何らかの収穫があるような回復程度までは行ったわけです。そういうふうに人民公社の存在は非常に大きな役割を果たしております。ぼくがちょっと驚いたのは、日本でもって人民公社のやり方が悪いから災害が防げなかったというけれども、とんでもない、それは逆なんで、人民公社があったからこそこういうふうに一人の餓死者も出さずに、自分で克服する体制ができたと思うのだ。[26]

対談相手の岡倉も、西園寺の発言に相槌を打ち、「もともと人民公社があったから、大旱魃とそこから生じた困難を克服できたということは、まさにその通りだと思います」と言っている。[27]

また、中国研究を専門とする早稲田大学教授の安藤彦太郎は、昭和三四年から三七年にかけて中国が悲惨な状況にあったことに気づいていたらしいが、その原因は「自然災害」だったと断定している。

党の政策にひそかな中傷をおこなった文章が一九六一～六二年に、集中している、ということは、一九五九年から六二年にかけて、中国は自然災害で、この時期にいろいろな矛盾があらわれたためであろうと、私は考えております。（中略）私の感じを申しあげますと、一九五八年に「大躍進」がおこなわれた。そのときは市場も活気を呈し、若干放漫なところもあり、思想面でもいろいろの問題があったようです。このあと三年つづきのいわゆる自然災害があった。この自然災害は、おもな原因はもちろん自然の暴威ということでしょうけれど、災害というものが人間社会にあらわれるときは、かならず社会的矛盾をともなうし、その克服の過程でも矛盾が露呈するものだとおもいます。それに三年つづきというが、災害そのものが果して三年つづいたか、災害は一年ないし二年で、あとでその調整に一年なり二年かかったものなのか、そのあたりもよくわかりません。しかし、ともあれ、たいへん困難な状況が現出した。この困難な時期に、風刺だの中傷だのが生れたわけです。ところが、これを乗りきったのですね。(28)

安藤は「災害というものが人間社会にあらわれるときは、かならず社会的矛盾をともなうし、その克服の過程でも矛盾が露呈するものだとおもいます」と述べていることから、彼は、本当のことを知った上で、敢えて悲惨な状況の原因が自然災害にあると強調していた可能性もある。安藤と同じように自然災害という要因を強調し、中国の悪い面だけをことさら報道しているとして一部のメディアを批判したのが、毎日新聞論説委員の新井宝雄と一橋大学助教授で中国経済論が専門の石川滋であった。

両者は、連名で「中国の経済困難をどう評価するか」という論説を書いた。この論説は、「最近このわが国の期待に若干の暗い影がさし始め、一種の〝戸惑い〟とでもいったものが国内一般に感じられている。その第一の〝ためらい〟は、人民公社の制度的後退や、三年連続の農業飢饉、成長率のスローダウンなどにみられるように、中国経済が深刻な困難に見舞われているという事実に根ざしている」とした上で、「昨年北京から帰国した人の話では、農村地区では部分的に栄養失調でむくみを生じている農民も見うけられたということである。この地域差は、凶作地域と比較的収穫の良かった地帯との差、および輸送、管理など種々の原因によってもたらされているが、一般に香港情報などには、中国の食糧状態の悪い部面だけをとりあげて流す傾向があるのではないか」と述べている。(29)そして、この論説は、中国が経済的な困難に直面していることは事実だとしても、経済政策そのものは「善意」にもとづくものであり、「十分同情に値する性質」のものだと主張する。

中国の経済政策そのものが誤っていたのであり、政策それ自体が基本的に悪い、もっと明確にいえば、中国のとった経済政策の根底には、基本的に、民衆に対する圧制というものを含んでいて、それが現在の困難を誘発しているのだという議論が行なわれている。（中略）しかし、それが、経済政策の基本的な悪につながる圧制に由来するというような考え方には、賛成できない。むしろ、中国の経済政策は善意に基づいており、現在の失敗もその善意に根ざしたものではないかと思われる。その善意とは、具体的にいえば、中国の急速な経済自立、経済成長を目指すものである。ただこの目標を達成するためには当然、中国のもつ構造的な困難を打破しなければならぬが、その打開を少し急ぎすぎた点に問題があるといえるのである。必要な技術的、物的、人的準備を飛び越えていきなり大躍進を遂げようとした。そのため経済法則、自然法則の側からの反撃を受け、結局、経済的な困難に見舞われた。いわゆる「経済政策の失敗」というものの性質も実は、このように理解していいと思う。中国の失敗は、われわれの過去の経験に照らして、十分同情に値する性質の失敗ではないか(30)。

ところで、昭和三五年五月から七月にかけて、中国人民対外文化協会と中国作家協会の招待を受けた日本文学代表団の一員として訪中した作家の野間宏は、「大躍進」の進展に「哲学が大衆のものとなり、現実に用いられて役立つものとなったこと」を感じた。野間は、こう観察している。

工場の壁には「人々学哲学、処々講哲学、来々用哲学」という言葉が大きな墨字で書かれていたが、私はこの最後の来々用哲学のところに中国に於いて「大躍進」のなかで哲学が大衆のものとなり、現実に用いられて役立つものとなったことを見た。大躍進は中国の物と人間のすべてをつらぬいている発展であり、社会主義そのものなのであり、このように「大躍進」をとらえることが出来なければ、中国そのものはその人の前にあらわれず、また中国の「大躍進」をとらえることは出来ないのである。（中略）「大躍進」という言葉は物質的生産と精神活動との関係を十分結びつけることの出来ない日本にあっては、一つの掛声或いは中央が地方に撒きちらしている宣伝の合言葉のようなものにすぎないと感じとられる。しかし「大躍進」をそのようなものと読みとるならば「大躍進」によって今日の中国を根底から変え、中国革命の内容を新たに発展させつづけている、状況を見失うことになる(31)。

野間と同様に大躍進の推進に好意的で、さらにその「成果」に感動したのが、東京大学教授で農政学者の阪本楠彦である。阪本は、「セメントがなければ手で石をほり出せばよい。運ぶ道具がなければ肩にかつげばよい。資材が計画に組めぬから、ダムの建設は見あわせろというのではなくて、まずやらせてみよう。工場の建築材料がたりないなら、ワラ小屋で間にあわせることを考える、等々。とにかく大衆の力を発動するなら大躍進はできる。そうした大躍進で共産主義へ一日も早く到達しようではないか。——およそこういった『意気天をつく』考え方で一九五八年の大躍進ははじまったのである」と、大躍進について解説する。そして、「いまでも中国を旅行してみて驚くことは、ダムにせよ、建築物にせよ、道路にせよ、農村用発電所にせよ、およそ目ぼしいもの——ただし重工業重点主義の政策では取残されそうな『目ぼしいもの』——は、ほとんどが『大躍進の産物です』という。大躍進はそういう目立った成果をあげた」と述べて、大躍進の「成果」を絶賛した(32)。

阪本と似たような目で大躍進期の中国を眺めたのが、野間と同様、昭和三五年五月から七月にかけて訪中した日本文学代表団の一員だった亀井勝一郎である。亀井によれば、中国の政治家とは、「人民へ奉仕する人であり、最高の首脳部であつても、直ちにひとりの労働者と同列のところへ自己をおいて考へることの出来る人」なのだという。そして、亀井は、「山あれば山を抜き、大河あればこれをせきとめるといつた気概」に満ちていた大躍進に心を打たれた。彼は、帰国直後、次のような文章を書いている。

今度の中国旅行で、最も心ひかれたのは何かと問はれるならば、私は第一に、中国の政治家たちの人間的魅力をあげたい。それは毛沢東主席とか、周恩来総理とか、陳毅副総理のやうな首脳部だけを指すのではない。たとへば人民公社の若い指導者たちをもふくめていふのだが、革命後十年を経て、いまが様々の人材の一斉に出そろつた時代であるらしい。まさに百花斉放の感があつた。政治家といふ観念は、私が日本で抱いてゐたものとは全くちがつてゐた。端的にいふなら、政治家とは人民へ奉仕する人であり、最高の首脳部であつても、直ちにひとりの労働者と同列のところへ自己をおいて考へることの出来る人といふ意味をもつてゐる。（中略）長城にしても一三陵にしても、どれだけの人力を傾けたかわからない。人民が主人公となつた新中国では、自分の国づくりのため、今度は生産大躍進に全力を傾けてゐるわけだが、この調子でゆくなら、将来何をつくり出すか予想も出来ないほどだと思つた。実にねばりづよい、執拗なエネルギーの表現である。山あれば山を抜き、大河あればこれをせきとめるといつた気概にみちてゐる。[33]

野間や阪本、亀井らの他にも、毛沢東の大躍進に感銘を受けたりそれを賛美したりした日本人の数は、決して少なくなかった。その代表者を挙げれば、日朝協会理事の寺尾五郎は、昭和三四年三月に掲載された雑誌の対談記事のなかで、土法高炉に関して述べ、次のようにいっている。

井崗山から大長征あたりの中共の気魄が、全中国人民のなかへひろがりつつあるといえます。この全人民をつかまえつつある気負いたった気魄、熔鉱炉がなければ土ガマを満天の星の数ほどつらねて鉄鋼を作ろうという、不可能を可能にしようとする思想の力を考えないで、今の中国の大躍進を説明することはできません。（中略）土ガマ製鋼で品質はどうかと聞くと、これだけみんなが熱中してかかっているのだから必ずそれは解決される、熱中していなければ近代的大設備をもっていたってダメだ、この全人民的な白熱した努力は、土ガマでも洋式と全く同じ技術水準、品質に必ずすぐなりますとの確信をきかされる。[34]

同じ対談記事のなかで、安藤彦太郎も寺尾に相槌を打って、こう述べた。「ともかく現実にできる形で土鋼を生産し、そこで農民が働いていく中で、一歩一歩中国の農村の近代化・工業化が農民自身の手で、それこそ地に足をつけて実現されてゆく。土ガマはこういう効果を十分ねらってやっているので、採算を無視したような労力の注入も、ほんとうは初めからちゃんと計算に入っているのではないか[35]」。

寺尾や安藤に加えて、土法高炉を賞賛した日本人が、平野義太郎である。昭和三三年訪中して人民公社を視察した平野は、帰国後、土法高炉についてこう書いている。

いま中国の農村を歩けば、どの村でも鋼鉄生産の土法高炉がつくられ農産物の加工、ボール・ベアリングの製造、農具の製造、肥料の生産、メタンガスの利用、小型水力発電、機械器具の修理工場が建てられつつある。だから農村が工業化してゆく。農民は農民であるとともに労働者でもある。――こうして農村と都市との差がしだいに縮ってゆく。（中略）武漢鉄鋼コンビナートは洋法で一九五九年には年産三〇〇万トンの鋼を生産するが、土法の高炉でも全国の農村の人民公社が生産するのだから数百万トンの鋼生産も可能である。大は小を兼ねるということは当り前だが、中国では「小もまた大をかねる」のである。小さい土法の高炉で数百万トンの鋼をつくるばあい、その組織方法は群衆が大動員される群衆方式である。これは社会主義の優点である。(36)

平野は、土法高炉にとどまらず、各分野で推進されている「飛躍的な大躍進」を絶賛し、次のような文章を付け加えている。

一カ月にわたり、十三陵ダム建設、保定のちかくの河北省徐水県の人民公社、山西省太原の工業地帯、河南省鄭州の人民公社や紡織機械製造工場、湖北省の武漢鉄鋼コンビナート、広東省三元里の人民公社や造船所などを見学した。そして、いたるところで飛躍的に発展している農工業生産の大躍進をみた。このような大躍進は六五〇〇〇万の人民の政治意識がいよいよ高まってきた結果なのである。（中略）いま「迷信打破」というのは、既成概念をうち挫けということである。いままで出来ないと考えられてきたことでも、工夫をすれば出来るのに、どうしても出来ないと諦めている諦めの思想を打破しようというものである。稲は一反歩当り二石五斗しかとれないと考えてきたことは「迷信」であった。今年は、一反当り三〇〇石の稲もつくれたではないか。北京で斌瑞龍・農業部副部長が小麦、稲の多収穫の話をしたあと、ある日本人は、こんなに今年とれたら来年は地力が減耗するから取れなくなりはしないかという質問をした。日本人はいつでも出来ない方面からだけ見ようとする。地力が減耗したらそれにたいする対策を講じて、来年も今年と同様に多収穫をあげることを考えるのが、いまの中国人の考え方である。(37)

さらに、竹内好に至っては、土法高炉を見習って、日本でも「大いにやるべきだ」と主張する。竹内は、こう述べている。

私は当時からそう想像してました。教育的効果がねらいだろうと。教育ってのはつまり、鉄はどこにも材料がある。鉄鉱石でなくて砂鉄だっていい。石炭でなくて薪だっていい。その所在の材料で人間の努力次第で鉄が出来るという体験を、全国的な規模でやった。非常にプリミティブな形で産業革命をやった。というよりも古代のね、銅器から鉄器へ変る時の経験を全国民に植えつけるという教育効果がねらいだった……。（中略）あの実験は日本なんかでは大いにやるべきだと私は思うんです。最小限の自分の必要なものをどう生産するかという計画はもっていなくちゃいけない。子供のころにそういう経験を持たせる教育ができるといいんですがね。原始時代から今日までの人類の歴史を個体の中で再確認する必要がある。(38)

稲垣武は、こうした見解に対して、「寺尾にせよ安藤にせよ、技術というものを舐め切っているのではないか」と怒る。稲垣によれば、「いくら産業革命以前の技術とはいえ、製鉄は普通の農民がおいそれとマスターできるものではない。日本の江戸時代のタタラ製鉄でさえ、鉄師という専門の技術者集団の専業であって、農民が製鉄に従事していたわけではない。中国の土法高炉は、安藤のいうように『地に足をつけた』ものであるどころか、毛沢東のカリスマ的権威で技術的現実を全く無視して強行されたのであり、その結果、風車に突撃したドン・キホーテ的結末に終わったのではないか(39)」。

土法高炉に加えて、人民公社も、日本人にとって拝跪の対象となった。例えば、横浜国立大学助教授の本橋渥は、昭和三四年三月に発表した「中国における歴史的実験」と題する論文のなかで、「総括するならば、人民公社は今日の中国の技術および物的生産力水準のもとで、かなり高い生産増加率をもたらすであろう」と書いた(40)。また、寺尾五郎は「物的な刺戟がなくなったため、労働にためらいが出るという傾向は、全体として見て中国にはありません。個別的な物質的刺戟がないと、人間はなかなか前進しないものだという状態は、人民公社の中では見うけられない。とにかくあの張り切り方は全く普通じゃない。ひどいものです。中国の五億の農民がみんな気が狂っ

たんじゃないかと思われる程です」と、手放しで絶賛している。(41)

昭和三四年一〇月周恩来の招待を受けて中国を訪問して以来、五回にわたって訪中した親中派政治家の松村謙三も、人民公社の「能率」性に着目し、それを高く評価した。松村は、最初の中国訪問から帰国した直後の昭和三四年一二月、講演のなかで次のようなことを述べている。彼によれば、「人民公社というのは日本の隣組のようなもの」なのだという。

これまで非常に不安定な生活をしておった農民に、食生活を保障して、彼らに一つの安定感を与え、それで働かせるということで、前はほんの五反百姓のような小農で、何百年変らぬきわめておくれた、能率の低い農業であった。その五反百姓の耕地をならして、日本ではそんなことはできませんが、ああいう広大な土地ですから、そこにトラクターを入れて農業経営をやりつつある。そこでトラクターが必要だから今天津にも洛陽にも上海にも、トラクター工業が盛んで、私は洛陽で見ましたが、四十馬力か四十五馬力くらいの強いトラクターを、二十分で一台流れ作業で作っておる。二十分ではやれぬかもしれませんが、相当な能率であることだけは事実のようです。また野菜なんかは都市の付近でずいぶん生産しておりますが、それが非常な豊作で、工場に割当てて貯蔵させておるという状態まで出て参っております。(42)

松村は、別のところでは、人民公社は「簡単にいえば福祉国家の世界最大のもの」と説明している。「今度は公社が生活をみてやる、すなわち国が保障するということでしょう、生活のすべてを保障するという、ああいう考え方は世界にどこにもない、これは非常に大きな改革だ」と、彼は述べている。(43)

一方、亀井勝一郎は、人民公社は人間形成の場、すなわち人間道場なのだと捉えてこれを賞賛する。亀井は、昭和三九年三月の三回目の訪中の際、中国作家協会の案内で広東省の人民公社を訪ねた時のことを回想して、こう書いている。

人民公社はどこでもさうだが、そこの社長や責任者の話しぶりに私はいつも心ひかれる。専門的なことは素人の私には理解しにくいが、たとへば公社の人口、面積、牛、馬、鶏などの数、収穫量など、その数字をきちんとあげて説明するのを聞いてゐると、私はそれらの人々の面上に誇り高い族長の面影を見るやうな気がするのである。（中略）人民公社を見る角度は様々あると思ふが、現代中国における人間形成の主要な場であることはたしかだ。一種の道場だといふ印象を私は受ける。とくに若い人々が、責任ある地位に就いたときの、老成した姿に私はいつも心ひかれる。責任感が人間をいかに鍛へるかを如実に示してゐるからである。(44)

昭和三二年四月第一次社会党訪中使節団団長として中国を訪れ、二年後の三四年三月にも再び中国を視察した社会党書記長の浅沼稲次郎も、人民公社を見せられて、深い感銘を受けた日本人の一人であった。帰国したあと、浅沼は、こう書いている。

人民公社を視察したが、われわれは人民公社の中に新しい中国の行き方を見た。農村では中国解放後の合作社運動——農村協同組合運動によって、協同的な作業ならびに合作が行なわれてきたが、昨年夏ごろから人民公社運動がすすみ、五十四万あった合作社は二万六千の人民公社へと発展し、政、農工、商、兵の一体化が行なわれている。土地は集中所有、労働は集団労働、農業の機械化工業化が行なわれて生産を拡大し、生活の向上を行なっている。しかし消費生活の自由は否定していない。そして農民の生活は非常によくなっている。婦人は託児所の設置、共同食堂の設置等によって解放され、その労働力が生産に用いられている。この人民公社は、新しい社会へ発展する過程の一つの形態である。(45)

戦前から戦中にかけて日本銀行や大東亜省で働き、戦後は財界人として活躍するとともに、昭和三九年に日中覚書貿易事務所代表に就任することになる岡崎嘉平太が、最初に革命後の中国を訪れたのは、昭和三七年秋であった。岡崎は、中国各地で植林が奨励されていることに強い印象を受けた。彼は、「代々の人民が望んで果せなかった緑の国土が、今正に実現しつつあることを目のあたり見て私は、その政治の指導力と、実行とに驚いた」と書いている。

新政府になると、いち早く植樹、植林を奨励して、道の並木はもちろん、丘にも、山にも、川原にも、荒地にも、可能なところにはことごとく木を植える運動を興したのだそうである。（中略）八達嶺で万里の長城を見物した時、長城の内側のあちこちに小松の森があるのに驚いて尋ねたら、これも解放直後北京にある政府機関の者が分担して植林したのだという。（中略）山肌の石を起して土を見つけ、種を播き、苗を植え、低い谷水を汲んでくる努力は、聞いていて全く頭の下がることであった。しかもこの木を盗伐する者は全くいない。戦前と違って、燃料の公平な配給が行なわれているからでもあろうか、新しい国造りの政治を支持する人民の熱意の現れこそがこの緑化の根本であると思う。今後三十年、四十年の歳月を経たら、中国は全く変った国の光を輝かすことであろう。代々の人民が望んで果せなかった緑の国土が、今正に実現しつつあることを目のあたり見て私は、その政治の指導力と、実行とに驚いたのである。(46)

植林事業のなかに、「新しい国造りの政治を支持する人民の熱意の現れ」と「全く変った国の光」を見た岡崎は、ダムや用水路の建設に対しても、強い感動を覚えた。彼は、それを描いた映画を見せられたあと、「その大胆な工法、無数の大衆が進んで参加する有様は、正に多年の圧迫をはねのけて立ち上がった人民の力の躍動が画面から迫って来るのを感じさせた」と書き、「中国の明るい前途を予想したのである」と言い切る。(47)

最後に、昭和三五年五月から六月にかけて日本文学代表団の一員として中国を旅行した作家の大江健三郎である。大江も、大躍進期の中国を直接観察する機会をもった。大江は、大躍進を賛美してこう書いている。「中国の大躍進の旗のもとの現在は、この人民公社を中核とする生産および建設の発展の現在の時期の、中国の指導者の思想は、かつての解放の戦いの時期の思想とことなり、一人の娘の死にも悲嘆するという、平和な市民社会のなかの生活者の思想である。再び戦争がおこらぬかぎり、この思想は中国の指導者たちのついの思想となるであろう」(48)。大江によれば、共産政権下の中国は、「日本よりもずっと本質的に自由な国であり解放された国」なのだという。

毛沢東主席のあたえた印象のもうひとつは中国の指導者がいかに具体的にものを考え、具体的にものをいい、具体的に行動する人間か、ということであった。かれらこそ、具体的人間だ、と私は感じた。（中略）おそらく、中国の政治家は、このプラスαをくっつけずに、具体的に、実際に国民とふれあう、そういう政治をしているからであろう。国民のほうでも、たとえば警官だから、とか先生だからとかいうプラスαをつけず、裸の具体的人間として働き、人に接しているからであろう。これは日本の労働者の持っている態度だ。すなわち労働者の生活態度がすべての国民にゆきわたっているという点で、中国はまさしく社会主義国家の正統をになうものなのだ。この、カミシモつけない人々が自由に暮していているという点で、中国は日本よりもずっと本質的に自由な国であり解放された国なのである。[49]

大江は、大躍進が展開されている中国においては、人々は「明るい目」をしているのだという。彼は、日本人の暗い目とは違った明るい目をした多くの人々を、中国で見たとして、帰国後次のような文章を書いている。

北京の青年は明るい目をしている、ほんとうに明るい目だ。（中略）青年は再び明るい目をして、かれの両親がいる村の人民公社から見える、日本軍の忠霊塔の話を始めたが、私は自分が暗い目をしているのを、みずから感じつづけていた。私は親しい友人たちの目を思いだしたが、それらはみな暗い目であるように思われた。しかし北京にはなんと多くの明るい目があふれていることだったか。歴史博物館で、中国の歴史を説明してくれた案内係の少女も、この明るい目の種族の一人だった。（中略）この少女のユーモアにみちた個性は、中国にひろくゆきわたっているもののように感じる。それはいたるところで明るい目の若者に会うことと事情が似ているといっていい。（中略）私は、農村である私の故郷で、しだいにユーモアがうしなわれ、暗い目がふえるのを見てきている。それは見ているのが苦しいながめだ。（中略）北京に近い石景山の、農業を中心とし小さな工場もやっている人民公社と、やはり石景山の大きい鉄鋼工場をたずねた時にも、若い農民と若い工場労働者がきわめて明るい目をしてむかえてくれた。[50]

こう書いた上で、大江は、日本には「いかにも暗い眼をしている青年が多い」が、これとは対照的に、中国では「みんな非常に人間らしい生活をしている」、そして、中国の作家も自由に意見を述べることができ、共産中国は「きわめて満足すべき発展」をしているのだ、と述べている。

子どもらの一団は赤いネッカチーフを首に巻いて行進しておりました。また青年たちも人民公社に、工場に、また町に、きわめてたくさんあふれておりました。そして彼らは非常に明るい眼をしていたと思います。（中略）しかし日本には、いかにも暗い眼をしている青年が多いではないか。（中略）彼らはみんな非常に人間らしい生活をしている。しかも希望を持っている。大学でも、人民公社でも京劇の学校においても真剣に自由にやっていたと思います。中国はすばらしい国だったかということをよく聞かれますが、この一つの側面においても、中国の社会主義国家はきわめて満足すべき発展をしている。（中略）中国の作家も自由に述べ、自己を解放して、しかも希望と独創性を持って、全力を尽して書くことができる。（中略）中国の青年の眼は決して無意味に明るいわけではない。（中略）自分で自分の自由な未来を切り開いていこうとする勇気を持っている、そういう人間の明るい眼なのだと思います[51]。

中国の青年は明るい目をしていると書いた大江とは対照的に、目が明るいか暗いかはわかるはずがないと主張するのが、昭和二九年九月から約一カ月にわたって各地を視察した国会議員団の一員として訪中した経験をもつ、衆議院議員の小川平二である。小川は、雑誌編集者から「国民が殊に若い人達が如何にも希望にみちた明るい顔をして居ると言う人が居ますがどう感じました」と問われて、こう答えた。「明るいか暗いかわかる道理がありませんやね。言葉も通ぜず上っ面だけ見て来たって。託児所あたりで右から左からだきついて来る子供達なんかは、子供らしい純真さと言うものとは違った何か不自然なものを感じましたね。何か教え込まれた様なわざとらしさでした。英国の連中も同じ印象を受けたらしい[52]」。小川は、視察談を聞きにきた編集者を相手に、旅行の全体的な印象として、「先方の責任者に会って根掘り聞いて見てもかんじんの点は何ひとつ答えやしない。大臣の国会答弁よりひどいです。こんなわけで何も解りやしない[53]」と述べた。

一方、作家の谷沢永一は、共産中国を手放しで礼賛する文章を書いた大江を厳しく批判する。谷沢は、「大江によると、昭和三十年代の日本の青年が全部暗い目をしていたそうだ。実にユニークな認識である。しかし、本当にそうだったのだろうか。あの当時の日本人には、目標があったのではないか」と、疑問を呈している。そして、谷沢によれば、実のところ当時中国を礼賛することは、大江一人に限らず、いわゆる進歩的文化人と呼ばれた人々の一般的な特徴だったのだという。谷沢は「すべての『進歩的文化人』がそうだった。（中略）『中国』を礼賛した〔大江の〕この二編は、当時の『進歩的文化人』グループへの入会宣言なのである。『私もあなた方の仲間に入り、進歩的文化人として活動していきますから、ちゃんと仕事を回してください』という宣言だ。当時は『進歩的文化人』でないと仕事が来なかった。そういう時代だった」と書いている。[54] さらに、谷沢は、外国へ出掛けて行って日本を糾弾することによって、海外における自身の名声を獲得するという大江の手法を、厳しく追及する。彼は、「外国へ出掛けていって、日本以外の国は全部立派であるかのごとくに褒め、日本だけを罵り蔑むという大江のやり方は、どう考えても、普通の人間の神経ではない。（中略）生まれ育ち、そして現に住み、さまざまな恩恵を被っている国・日本。それを悪しざまに罵り、罵倒し、蔑み、卑しみ、それを外国に向かって放送し、自分は世界言語、つまり外国に通用する表現を持っているという自信を吐露し、外国人に対して日本人がいかに駄目であるかを縷々と述べる。この態度は卑屈という一言に尽きる[55]」と述べている。

（1）井上靖『井上靖全集』第二六巻（新潮社、平成九年）四八一頁。
（2）本多秋五『本多秋五全集』第六巻（菁柿堂、平成七年）一六四～一六五頁。
（3）ユン・チアン、ジョン・ハリデイ（土屋京子訳）『マオ　誰も知らなかった毛沢東』下巻（講談社、平成一九年）一八八頁。
（4）フランク・ディケーター（中川治子訳）『毛沢東の大飢饉』（草思社、平成二三年）一一六～一一七頁。
（5）同右、一一七～一一八頁。
（6）前掲『マオ　誰も知らなかった毛沢東』下巻、一七八～一八〇頁。
（7）楊継縄（伊藤正、田口佐紀子、多田麻美訳）『毛沢東　大躍進秘録』（文芸春秋、平成二四年）一五二頁、一五六～一五七頁。
（8）稲垣武『「悪魔祓い」の戦後史　進歩的文化人の言論と責任』（文芸春秋、平成九年）二〇三～二〇九頁、前掲『毛沢東の大飢饉』九～一〇頁。

（9）李志綏（新庄哲夫訳）『毛沢東の私生活』上巻（文芸春秋、平成一八年）四五四～四五五頁。
（10）同右、四五五～四五七頁。
（11）平野義太郎「中国の人民公社めぐり」（『アジア経済旬報』三七八号、昭和三三年一一月）六頁。
（12）同右、三～五頁。
（13）前掲『毛沢東の私生活』上巻、四六四～四六六頁。
（14）同右、四〇四～四〇六頁。
（15）同右、四〇七～四〇八頁。
（16）浅沼稲次郎「躍進する中華人民共和国――中国から帰って――」（『自由評論』昭和三四年七月号）六一頁。
（17）前掲『マオ　誰も知らなかった毛沢東』下巻、一七五頁。
（18）同右、一七四頁。
（19）伊藤武雄「新らしい中国の人間像」（『アジア経済旬報』三九三号、昭和三四年四月）九頁。
（20）同右、一二～一三頁。
（21）同右、一四頁。
（22）田川誠一『訪中一万五千キロ』（青林書院、昭和三五年）一六八頁。
（23）同右、一六九頁。
（24）前掲『井上靖全集』第二六巻、四八三～四八四頁。
（25）西園寺公一、岡倉古志郎「〈対談〉北京で見た日中関係」（『世界』昭和三六年九月号）九一頁。
（26）同右、九一～九二頁。
（27）同右、九二頁。
（28）安藤彦太郎「激動する中国から帰って」（『朝日ジャーナル』昭和四一年九月一一日号）二一～二三頁。
（29）新井宝雄、石川滋「中国の経済困難をどう評価するか」（『中央公論』昭和三七年三月号）一一三～一一四頁。
（30）同右、一二一頁。
（31）野間宏『野間宏全集』第一三巻（筑摩書房、昭和四五年）三四一～三四二頁。
（32）阪本楠彦「『大衆動員』と毛沢東方式　農業からみた中国文化大革命」（『朝日ジャーナル』昭和四二年三月一九日号）八九～九〇頁。
（33）亀井勝一郎『亀井勝一郎全集』第二〇巻（講談社、昭和五一年）三一七～三一九頁。
（34）安藤彦太郎、寺尾五郎「中国思想と人民公社」（『中央公論』昭和三四年三月号）一四一頁、一四六頁。

(35) 同右、一四七頁。
(36) 平野義太郎「自分の眼で見て感じたこと――中国の社会主義大躍進をおしすすめるもの――」(『アジア経済旬報』三七七号、昭和三三年一一月) 二～三頁。
(37) 同右、一～二頁。
(38) 伊藤武雄、竹内好「中国について〈対談〉」(『みすず』昭和三八年七月) 二三～二四頁。
(39) 前掲『「悪魔祓い」の戦後史　進歩的文化人の言論と責任』二〇五～二〇六頁。
(40) 本橋渥「中国における歴史的実験――人民公社運動をめぐって――」(『中央公論』昭和三四年三月号) 一一九頁。
(41) 前掲「中国思想と人民公社」一三七頁。
(42) 松村正直ほか編『花好月圓　松村謙三遺文抄』(青林書院新社、昭和五二年) 二一六頁、二二八頁。
(43) 松村謙三、堀田善衛「対談　中国訪問を前にして」(『世界』昭和三四年一一月号) 二〇二頁。
(44) 前掲『亀井勝一郎全集』第二〇巻、四三七頁。
(45) 前掲「躍進する中華人民共和国――中国から帰って――」六一頁。
(46) 岡崎嘉平太『私の記録』(東方書店、昭和五四年) 一七六頁。
(47) 同右、一七八～一七九頁。
(48) 大江健三郎「孤独な青年の中国旅行」(『文芸春秋』昭和三五年九月号) 一六〇頁。
(49) 同右、一五九～一六〇頁。
(50) 大江健三郎「北京の青年　光の中のかれらの時代」(『毎日新聞』昭和三五年六月二九日)。
(51) 大江健三郎「明るい眼のデモクラートを」(『文学』昭和三五年八月号) 五〇～五四頁。
(52) 小川平二「のぞいた中共」(『再建』九巻一号、昭和三〇年一月) 一一頁。
(53) 同右、九頁。
(54) 谷沢永一『こんな日本に誰がした』(クレスト社、平成七年) 一八四頁、一八八頁。
(55) 同右、二二一頁、二二六～二二七頁。

第六章　大躍進の光景

毛沢東の大躍進がもたらした圧政の過酷さとその下で生きた人々の苦しみは、この国を旅行で訪れたり隣国にいて考察したりしていた、数々の日本人たちの想像のはるかに及ばない規模と深刻さだった。そして、中国旅行の機会を得て紀行を著したり、この国の「実情」について自信満々に解説したりしていた暢気な日本人たちを他所に、現地では、現実に直面して喘ぐ人々の目も当てられぬ惨状が出現していた。ディケーターは、昭和三三年から三七年までの時期に「寿命をまっとうできなかった死者数」が、「控えめに見積もっても少なくとも四千五百万人に達する」とし、次のような描写を行なっている。彼によれば、「飢饉が訪れるまで、農村は喧騒に満ちた賑やかな世界だった。旋律にのせた行商人の呼び声が喧しく、質の良さを示そうと陶器をがちゃがちゃ打ち合わせる音が響いていた。葬式や結婚式といった昔ながらの行事にはドラやシンバル、爆竹が欠かせなかった。広場には街路樹にくくりつけた拡声器からプロパガンダや革命歌が流れ、黄色い土埃を舞い上げながら行き交うトラックやバスは、ひっきりなしにクラクションを鳴らした。畑には、よそ者なら喧嘩と見まがうほど大きな声で会話する農民たちの姿があった」。

だが、飢饉が訪れると、農村は薄気味悪く、異常な沈黙に包まれた。没収を免れたわずかな豚は飢えと病気で死に絶え、鶏や鴨はとっくの昔に殺されていた。街路樹から鳥の姿は消えた。葉や皮を剥ぎとられ、幹と枝だけになった木々のシルエットが空に向かって浮かび上がっていた。樹皮や泥に至るまで、滋養を与えてくれるはずの食べ物が一切奪われたこの世界では、人々は浅く掘った墓穴や道端で死を迎えた。ごく一部とはいえ人肉を食べた者もいた。それが始まったのは雲南省だった。雲南省の飢饉は一九五八年夏に始まった。初めのうちは病死した家畜を掘り出して食べていたが、状況の悪化とともに人間の死体を掘り出し、茹でて食べるようになった。ほどなくして、人肉食は多くの餓死者を出した地域に広がり、比較的豊かだった広東省などでも発生した。たとえば、羅定県の㽃浜のある人民公社では、一九六〇年に二十人に一人が亡くなり、子供数人の遺体を食べていた。甘粛省西礼県の小さな村では、あるとき、住民が隣家から肉を煮る匂いが漂っていることに気づき、村の書記に報告した。書記は羊を盗んだにちがいないと目星をつけ、すぐその家を捜索した。見つかったのは、樽に貯蔵した生肉と穴に埋められたヘアピンとアクセサリーとスカーフだった。この遺品から、それが数日前に村から姿を消した若い娘のものだとただちに判明した。家人は殺人を自白した上に、すでに二回にわたって幼児の遺体を掘り出して食べていたことを白状した。彼は、村が墓暴きを防ぐ措置をとったために、人を殺すようになったと語った。人肉は他の食料と同じように闇市で取り引きされていた。張掖駅で靴一足と肉一キロを交換したある農民は、人間の鼻と耳がいくつか入った容器を目にし、地元公安局に通報した。検査の目をごまかすために、闇市では人肉を犬肉と混ぜて売っていた(1)。

飢饉による犠牲者の数については、ジャン=ルイ・マルゴランが、具体的な数字を挙げて詳しく解説している。マルゴランは、「飢饉が本質的に政治次元のものだったことは、四川、河南、安徽省のような、正常時はむしろ穀物を輸出する省なのに、当時過激な毛沢東主義者に指導されていた省にきわめて高い死亡率が集中していた事実によって証明される」とした上で、こう書いている。

中北部にある安徽省はおそらく最も打撃が大きかった省であろう。死亡率は一九六〇年には六・八%に跳ねあがり（正常時は約一・五%）、一方、出生率は一・一%（それ以前は約三%）まで転落した。その結果、この省の人口は、たった一年間で二〇〇万人（全住民の六%）も減少したのである。河南の活動家たちも、毛沢東と同じように、すべての困難は農民による穀物の隠匿に起因していると確信していた。全国で最初の人民公社が組織された信陽県（人口一〇〇〇万人）の書記によれば、「食料が足りないわけではない。穀物はたっぷりあるが、住民の九〇％がイデオロギー問題をかかえているのだ」とのことだった。（中略）少なくとも一万人の農民が投獄され、その多くが飢え死にした。（中略）弾圧の暴走ぶりたるや恐るべきものだった。何千人もの被拘留者にはシステマティックな拷問が加えられ、子どもたちは殺され、ゆでられ、ついで肥料として使われた――それも、全国キャンペーンが「河南に学べ」と煽っているまさにその時のことである。安徽省では、「たとえ九九％の者が死んでも、紅旗を維持する」という意図が宣言されていたが、幹部は古きよき伝統、つまり、生き埋めと焼きごてによる拷問とを復活させた。葬式は禁止された。その数があまりに多いのに生き残った人々がおびえ、葬儀が事実上の抗議運動に転化することを恐れたからである。多数にのぼる捨て子を受け入れることも禁止された。「受け入れれば受け入れるほど、それだけ捨てる者が多くなる」というわけだ。絶望して都市に逃げ込もうとした村人は一斉射撃で迎えられた。鳳陽県では八〇〇人を超える死者を数え、この県の農村人口の一二・五％にあたる二万八〇〇〇人が様々なやり方で処罰された。(2)

マルゴランは、さらに、「飢饉による死亡率は、村によっては五〇％を超えた。時には、権力を濫用した幹部だけが生き延びることができた。そして、河南におけるように、人肉食のケースは数多く（公式に確認されているのは六三件）、特に講のような組織を通じて食べるべき子供を交換しあった」と書き、大躍進期の中国人が経験した飢饉は、「中国の全歴史上ほとんど間違いなしに最も深刻な飢饉」であり、「おそらく世界史上で最も深刻なものだった」としている。また、ソ連共産党の下で発生した飢饉の犠牲者の数をも、はるかに上回る規模のものだったという。

国全体について言えば、死亡率は一九五七年の一・一％から一九五九年と一九六一年には一・五％に、特に一九六〇年には二・九％にまで跳ねあがった。出生率は一九五七年の三・三％から一九六一年の一・八％にまで落ちた。出生数の落ち込み（おそらく三三〇〇万人にのぼるが、なかには単なる出生の遅延も含まれよう）は考慮に入れないとして、飢饉による高死亡率に関連する損失数は、一九五九年から一九六一年のあいだに、二〇〇〇万（一九八八年以降の中国における公式に近い数字）から四三〇〇万人と推定できる。これから言えるのは、中国の全歴史上ほとんど間違いなしに最も深刻な（少なくとも絶対数の点で）飢饉だったということであり（第二位は、一八七七―一八七八年に国の北部で九〇〇万から一三〇〇万人の犠牲者を出した飢饉だろう)、また、おそらく世界史上で最も深刻なものだったといってよかろう。これといささか同一の政治的・経済的文脈で、一九三二年から一九三四年のあいだにソ連を襲った飢饉があり、およそ五〇〇〇万人の死者を出したが、これとて比率の上では大躍進期の中国よりむしろ小規模であった。(3)

ディケーターもマルゴランも指摘している人肉食についていえば、安徽省鳳陽県では、昭和三五年の春だけで六三件の人肉食が記録されており、そのなかには夫婦が八歳の息子を絞め殺して食べたケースもあったという。そして、住民の三分の一が死亡した甘粛省のある県でも、人肉食が横行した。(4) 魏京生は、安徽省のある村の状況について詳しく語っている。のちの文革時代、当局から追われる身の紅衛兵になっていた一八歳の魏は、この村で自分の家族のもとに身を隠していたが、そこで次のような体験をした。彼は、大躍進期の村の悲惨な状況を知り、村の人々を奈落の底に落とした真の犯人が毛沢東とその一味たちであったことを、初めてよく理解することができた。

ここに来てから私は、農民たちが大躍進のことを、まるで生き延びられて幸運だった、そういう大災害でもあったかのように話すのをよく聞いた。(中略)目の前の雑草のあいだから突然、以前に話を聞いたことのある宴会の一シーンが浮かびあがった。食べるためにお互いの子どもを交換しあう家族たちの情景だ。自分の子どもととりかえっこした子どもの肉を噛みしめる親たちの苦痛にみちた顔が、私の脳裏にまざまざと浮かんだ。私には、村の近くの田で蝶々を追いかけている子どもたちが、親にむさぼり食われた子どもの生まれ変わりのように見えた。食われた子どもが不憫でならなかった。しかし、その親の方がなお一層不憫だった。相手の親たちが泣き悲しむ前で、悪夢のなかですら、味わうことになるなどとは思いも寄らなかったはずのこの肉を飲みこむように強いたのはいったい誰なのか? その時私は、誰がその死刑執行人だったかを理解した。「人類が何世紀もかかって、そして中国が何千年紀もかかって、ただ一人しか生み出さなかったような」死刑執行人とは、毛沢東にほかならない。そうだ、毛沢東とその盲信者たちは、彼らのシステムと彼らの犯罪的政治により、飢えのあまり気が狂った親が、他人の飢えをしのがせるために自分の血肉をわけた子どもを提供するように、そして自分の飢えをしのぐために他の親の血肉をわけた子どもを受け取るようにと強いたのだ。民主主義を暗殺することにより犯した犯罪の跡を洗い流そうとして、毛沢東は「大躍進」を打ち出し、何千人という飢えのため朦朧となった農民に、鍬をふるって昔からの仲間を打ち倒すように、幼なじみの仲間の血と肉のおかげで自分の命を救うように強いたのだ。（中略）そのとき初めて、私は彭徳懐が、毛沢東の率いる党中央委員会を攻撃するだけの力をどこから汲みとったのかがわかった。(5)

ユン・チアンも、この時期の中国人の人肉食について、具体的な証言を残している。岡田英弘によれば、チアンは「鄧小平の義理のお母さんに育てられた高級幹部の娘」であり、「外語学院の英文科を優秀な成績で卒業して、ロンドンに留学し、そこでイギリス人のご亭主を掴まえて、中国に帰らなくてよくなった人だ。だからあのように思い切った本当のことを、しかも、英語だから書けた(6)」というが、彼女によれば、

ある日、一九六〇年のこと、宜賓で俊英伯母のとなりに住んでいた一家の三歳になる女の子が行方不明になった。それから二、三週間して、行方不明の女の子の母親は、娘に着せていたのとそっくり同じ洋服を着た女の子が道で遊んでいるのを見かけた。母親は近寄って、洋服を仔細に調べた。自分が縫いつけてやった目印がついていた。母親は警察に通報した。警察が捜査してみると、その洋服を着ていた女の子の両親は干し肉を売っていることがわかった。彼らはあちこちで幼児をさらってきて殺し、その肉をウサギの肉と偽って法外な値段で売りさばいていたのだ。犯人夫婦は処刑され事件は口止めされたが、当時こうした犯罪が横行していたことは、だれもが知っていた。(7)

ユン・チアンは、この他にも、人から実際に聞いた話として、次のようなエピソードについて記している。すなわち、大飢饉から何年もあとになって、父の昔の同僚から当時の話を聞く機会があった。この同僚はとても良心的で有能で、決してものごとを大げさに言う人間ではないが、彼の口からも、大飢饉の年にある人民公社でこんなことがあったと聞いた。彼のいた地方では、農民の三十五パーセントが餓死した。作柄は決して悪くなかったのだが、農民はみな製鉄にかり出されていて、ほとんど収穫ができなかった。そのうえ、人民公社の公共食堂は蓄えて

あった食糧を浪費して、またたく間に使い切ってしまった。ある日、ひとりの農夫が彼の執務室へ走りこんできて床に身を投げ出し、私は恐ろしい罪を犯しました、どうか罰してください、と泣きわめいた。よく話を聞いてみると、この農夫は自分の赤ん坊を殺して食べたというのであった。あまりのひもじさに思わず包丁を手にしていた、自分で自分がどうにもならなかった、と農夫は泣きながら話した。話を聞く父の同僚も涙で頬をぬらしながら、この農夫を逮捕するよう命じた。(8)

元新華社通信高級記者の楊継縄によれば、当時人肉食の記録は少なくとも一〇〇〇を下らなかったし、農民が大量に異常死するなかで、人が人を食う現象は特殊ではなかったという。そして、「農家では人が死ぬと、他人がそれを掘り起こして食べるのを防ぐため、死体が腐って異臭を放つまで、家の者が幾晩もそこで番をした。ある者は自分の家の死人を食べた。火を通して食べる者、生で食べる者、生きている人間を殺して食べる者もいた。自分で人肉を調達してくる者もいたし、市場で(多くは火の通ったもの)買ってくる者もいた。街の郊外や村の屋台では人肉が『煮込んだ豚肉』として売られていた」。楊は、昭和三五年春にある村で起きた次のような事件についても、記している。

五馬公社王楼村では、多くの農民が飢えて人肉を食べた。こうした情況の蔓延を防ぐため、大隊では批判大会を開くことにした。村の王某の前妻は何度も人肉を食べていたが、ある時、よく煮えた人肉を皿に盛ったところを幹部に見つかった。大隊は王某の前妻と証拠の人肉を大会会場に運び、民衆大会を開いて彼女を批判闘争にかけようとした。しかし大会に参加した農民たちは肉のおいしそうな匂いを嗅ぎ、そのうちの大胆な一人が手を伸ばし人肉をつかんでかぶりついたので、みんな一斉に肉を奪い合い、瞬く間に皿いっぱいの人肉は跡形もなくなった。批判闘争大会は続行不能となり、うやむやのままやむなく解散となった。(9)

ところで、ディケーターは、人肉食や餓死といった大躍進のもたらすことになった現実が、その時代の政治的な抑圧構造の産物であったことを強調し、その具体的な実態について、詳しい解説を行っている。彼は、「毛沢東は幹部らを煽り、丸め込み、脅して大躍進に駆り立てた。猛烈なスピードで工業化し、農業集団化を進めることで、中国は国を挙げて、より発展した国々に追いつくためのレースに加わったのだ。この経済発展のペースに懐疑的な指導部の人々は、公の場で左遷を言い渡され、糾弾された。現場では『躍進』に批判的な人々が一掃され、人々は恐怖の渦に巻き込まれていった。そして、より高い収穫目標を達成しようとする狂気が雪だるま式に膨らんで制御不能に陥」った、と述べている。[10]

幹部たちにとって、誇張した多めの食糧生産高の表明は、その偽りの生産高に基づく高い買い上げ量の受容を意味し、その買い上げ量のノルマを達成できなければ、自らに対する批判を覚悟しなければならない。その点で、毛に直接仕えた党幹部たちの運命は、一面で気の毒なものであったといえないこともない。そして、農村で日々実際に農民たちを労働に駆り立てたのは、人民公社の幹部たちであり、彼らは共産党から派遣された人間たちだった。彼らは、いってみれば、人民公社住み込みの奴隷監督である。彼ら自身もまた、自らに期待された監督の役割を十分に果たすことができなければ、やがて自身や家族が餓死を待つ人々の群れに落とされる。楊継縄は、こうした事情について、「官吏は上が任命するものであるから、上が満足すれば出世は順調であるが、反対に、上が満足しなければ、前途を失うことになる。従って必然的に上に迎合し、一般農民の死活を顧みなくなる。上のご機嫌をとるため、上から来た任務を下に強要し、下はまたその下に強要する。強要が末端に至れば手段を選ばない」[11]と、説明している。

そして、人民公社の幹部たちが農民に強要する際の強力な武器となったものとして見逃せないのが、公共食堂制度である。楊は、大量の餓死者を出すことになった要因のうちで最も重要な要因として、この制度の創設を指摘している。これによって、農家にあったかまどは破壊され、鍋釜茶碗、テーブル、椅子は公共食堂に徴用された。食糧と薪は食堂に集められ、家畜、家禽も食堂に集められて飼育された。地方によっては、公共食堂以外に農民の家の煙突から煙を出すことが、禁じられた。楊は、「公共食堂を始めてからは、生産隊長は〝法廷〟の長となった。言うことを聞かない者には飯を与えない。公共食堂とは、実際には農民たちが飯茶碗を指導者に渡すことであり、つまりは生存権を指導者に渡すことであった。飯茶碗を失った農民はまさに生存権を失ったのである」と書いている。(12)

また、ユン・チアンもいうように、農民を管理し監督する立場についた人間が身に付けるようになった態度とは、農民は「奴隷であるから殴りつけ、虐待し、食べ物を減らすと脅して働かせなければならない」だった。(13)四川省金堂県では、県委員会のある幹部が、「食糧は必要だが人は要らない」「社会主義は必要だが人は要らない」「食糧があって供出しない者は殴れ」などのスローガンを掲げた。そして、区、公社、生産隊などで絶えず人が殴られ、「人を殴れる」幹部が重用され、殴れない幹部は批判された。また、区、公社、生産隊のあちこちに「警察」「監獄」「私設の労働改造隊」が設けられ、下の級の幹部や民衆に対して殴打、逮捕、労働による再教育、処分が行われ、普遍的に体罰が用いられた。(14)楊は、「殴らなければ殴られるんだ。あの頃、殴ることは勇敢な行為だった。殴れば殴るほど、立場が堅固で共産党に忠誠だという証明になる」との言葉を、河南省信陽の元幹部たちから聞いた。(15)ディケーターは、こう続ける。

いかなる大義名分があろうと弁解の余地は与えられなかった。壮絶な魔女狩りのもとで大躍進の愚行は覆い隠され、農民たちは党のむき出しの権力の前にこれまで以上に弱々しい姿を晒していた。省、県、人民公社、生産隊、あらゆるレベルで熾烈な粛清が行なわれ、二の足を踏む幹部たちは、北京の過激な風向きに合わせて帆を調整する酷薄非情な連中に首をすげ替えられた。一九五九年から六〇年にかけて、およそ三百六十万人の党員が右傾分子のレッテルを貼られたが、一九五九年に千三百九十六万人だった党員数は、一九六一年に千七百三十八万人に増えている。目的が手段を正当化する嘘も方便の世界では、多くの人々が、主席の思い描く目的を達成するために善悪の判断を放棄し、主席の道具になろうとした[16]。

共産党や人民公社の幹部らによる統治は、暴力と恐怖に依存するものだった。さらにいえば、日常的な暴力と恐怖こそが、統治の基本でありその基盤だった。楊継縄は、雲南省陸良県の茶花郷の状況について記述しているが、それによれば、郷全体の幹部の六二・九％にあたる一二九人が暴力を振るい、五七人の生産隊長のうち、暴力を振るわなかったのはわずかに六人だけだったという。また、二〇の管理区の五〇名の幹部は、全員人を殴った経験があり、殴られた農民は郷全体で七二六人に上った[17]。一方、ディケーターは「幹部ないし民兵に殺された、あるいは負わされた怪我がもとで死亡したケースは、飢饉の犠牲者の少なくとも六パーセントから八パーセントに達した」とし、昭和三三年から三七年にかけて「通常の死亡率を上回る死者として、少なくとも四千五百万人の人々が亡くなった」とすると、「犠牲者のうち二百五十万人は殴打あるいは拷問による死だったと考えるのが妥当」だとしている[18]。

恐怖と暴力は体制の基盤だった。効果的であるためには、恐怖は恣意的で冷酷でなければならない。そして、人民一人ひとりに浸透させる必要があるが、大量の死者を出してはならない。この原則は十分に行き渡っていた。「殺鶏嚇猴」(鶏を殺して猿を脅す)——昔から中国には見せしめを表すこんな言い回しがあった。首都近郊の通州の村では、幹部らは殴る前にまず罪人を跪かせるやり方を「一罰百戒」と称していた。だが、大躍進期、農村部ではそれまでとまったく異なる事態が起きていた。暴力が支配の日常的な手段になっていたからだ。暴力は、もはや大勢の人々に恐怖を植えつけるためにごく一部の人に折を見て使われる手段ではなく、盗みはもちろん、動作がのろかったり、妨害的あるいは反抗的と見なされた者に対して、組織的かつ日常的に暴力が振るわれた。土地は国のもので、育てた穀物は生産コスト以下の価格で国が買い上げ、家畜も農具も調理用具も自分のものではなくなり、家さえも没収されるという状況では、農民の労働意欲を高めるインセンティブはもはや何一つ残っていなかった[19]。

党幹部や地元幹部たちは、上が決めた目標の達成に対する厳しいプレッシャーのなかで、またそのプレッシャーが日増しに強まるなかで、恐怖と暴力という、残された唯一の効果的な手段を駆使することによって、農民たちを容赦なく駆り立てて行った。

大躍進の初期には、絶え間ないプロパガンダの嵐で人々を煽ることができたかもしれないが、農民は毎晩集会への出席を強制され、睡眠不足に陥った。四川省で飢饉についてインタビューに答えてくれた李ばあさんは言う。「集会は毎日。拡声器がそこら中でがなり立てていた」。何日も続くこともあった集会はまさに集団化の中核だった。集会は、農民が率直に自分の意見を述べる社会主義的民主主義の場ではなく、幹部らが延々と声をからして講釈し、威張りちらし、脅し、怒鳴る威嚇の場だった。真夜中に叩き起こされ、集会が終わってから畑で働かされることも度々で、農繁期の睡眠時間は三、四時間にも満たなかった。いずれにしろ、ユートピアの約束のあとに訪れるのはきまって過酷な労働だった。このため、空約束と引き換えに重労働に耐えようなどという意欲は次第に薄れていった。ほどなくして、疲れ果てた労働者から服従を引き出すには、暴力による脅し以外に打つ手がなくなっていった。飢え、痛み、死の他に人々を駆り立てる方法はなかった。(20)

僻地の灌漑事業に行きたくないと言ったある農民は、「貝殻の上に座らされ、頭に重い丸太を載せられ」、その間ずっと地元幹部に棒で殴られた。浮腫が現れた人は、棒で打たれると毛穴から体液が染み出た。また、残忍な殺し屋たちの餌食になった別の農民の場合は、「身体中の水分を全部出すまで殴る」という表現が使われた。欽県の那彭公社の第一書記は、怒りのあまり一人の男を二十分間も殴り続けた。別の人民公社の第一書記は、生産目標を達成するために二〇〇人以上の農民を殴り、一四人を殺した。湖南省花明楼鎮のダム建設現場では、具合が悪くて働けなくなった農民が生産隊の書記に頭を割られ、脳が飛び散って絶命したが、書記はそれでも怒りにまかせて殴り続けた。湖南省のある人民公社の党書記は、一人で一五〇人を殴り、その結果四人が死亡した。「党員を目指すなら、殴り方を覚えろ」というのが、新人に対する彼の助言だったという。「どこもかしこも拷問場だ」と報告された道県では、農民が棍棒で殴られるのは日常茶飯事だった。ある生産小隊のリーダーは、一人で一三人を撲殺し、さらにのちに九人が傷がもとで死亡した。広東省南海県の生産隊のリーダーは三丁の銃を携え、大きな革のコートを着て村の中を闊歩していた。河北省の生産小隊のリーダーは、毎日自分でモルヒネを注射していた。彼は、誰かれかまわず大声で悪態をつきながら、朱色のズボンをはいて村中を威張りくさって歩き回り、たまたま目に留まった不運な住民を殴った。(21)

こうした状況のなかで、人々は恐怖に慄いた。昭和三四年から翌年にかけての冬、湖南省黄材ダムで働いていた農民一万六〇〇〇人のうち、四〇〇〇人が殴る蹴るの暴行を受け、その結果四〇〇人が死亡した。広東省羅定公社では、幹部の半数以上が村の住民を殴り、死者の数は一〇〇人近くに上った。また、河南省信陽地区では、昭和三五年に一〇〇万人を超える死者が出た。大半は餓死者だったが、民兵に殴り殺された者も約六万七〇〇〇人に達した。ディケーターは、「たしかに棍棒は普通に使われていたが、これは覇気のない人々に屈辱を与え、拷問するために地元幹部が考案した恐怖の武器の一つにすぎなかった。（中略）大勢を痛めつけ苦しませるために、ごく少数の人間が考え出したあの手この手は尽きることがなかった」と述べ、農民を痛めつけるために幹部たちが編み出し、実行に移された様々な方法について、具体的に記述している。

人々はときに縛られ、ときに衣服を剥ぎ取られて池に放り込まれた。羅定では、十歳の少年が小麦の穂を数本盗んだだけで、縛られて沼地に放り込まれた。少年は数日後に死んだ。寒い中、裸で放置された者もいた。農民の朱育発は、豆を一キロ盗み、百二十元の罰金を科され、服も毛布も床の敷物も没収された上で、裸にされて批判闘争集会に引きずり出された。何千人もの農民が強制労働に送り込まれた広東省のある人民公社では、落伍者は真冬に衣服を剥ぎ取られた。ところ変わってダム建設を急ぐ現場では、氷点下の中で一度に四百人の農民が綿入れの上着もなく働かされていた。妊婦も例外ではなかった。寒ければ、さぼったりせず一所懸命働くものだと考えられていた。湖南省の瀏陽地区では、雪が降る中、男女三百人の一団が上半身裸で働かされ、七人に一人が亡くなった。夏には、炎天下で両手を広げて立たされた（石ころやガラスの破片の上に跪かされることもあった）[22]。

ディケーターは、このような光景は「南は四川省から北は遼寧省まで各地で見られた」ものだと述べ、「白熱ランプで焼かれたり、へそを熱した針で焼かれた事例もあった。ダム建設に駆り出された河北省嶺背公社の農民たちが苦痛を訴えたさいに、民兵は彼らの身体に焼け焦げを作った。河北省では、人人が熱した鉄で焼き印を押された。四川省では、灯油をかけられ火をつけられ、焼け死んだケースもあった。熱湯を浴びせられることもあった」と書いている。幹部たちが、農民を動員したり強制したり懲らしめたりする目的で用いた暴力は、ありとあらゆる形態をとった。共産党の幹部たちは、いってみれば暴力の諸形態を発明することにかけて一種の天才であり、ディケーターによれば、燃料不足に陥った時には、彼らの間で、人間や家畜の糞尿がその手段として広く横行したという。

燃料不足に陥ると、糞尿をかけるやり方が横行した。向こう見ずにも、自分の生産小隊のリーダーが米を盗んだと告発した八十歳の老婆は、尿に浸されて密告のつけを払わされた。汕頭に近い龍帰公社では、一所懸命働かなかった者は、糞便の山に埋められたり、尿を飲まされたり、両手を燃やされたりした。糞便を水に溶かした液体を喉に流し込まれることもあった。飢餓で衰弱した黄丙音は鶏を盗んで捕まり、村長に牛糞水を飲まされた。畑から甘藷を盗んだ罪に問われた劉徳昇は、尿に浸されたのち、妻と息子ともども糞便の山に押し込まれた。彼は糞便を飲み込むのを拒否したため、火箸で口を無理やりこじ開けられた。三週間後、彼は死亡した。身体の一部を切断されるケースはあちこちで見受けられた。髪の毛はむしり取られた。耳や鼻は削ぎ落された。広東省の農民、陳迪は食べ物を盗んだために、民兵の陳秋に縛り上げられ、片耳を削ぎ落とされた。王資友に関する報告は中央の指導部まで届いていた。彼は片耳を切断され、両足を針金で縛られて、十キロの石を背中に落とされ、最後に焼き印を押された。勝手にジャガイモを掘り出した罰だった。湖南省の沅陵県では、睾丸を殴打され、足裏に焼き印を押され、鼻の穴に唐辛子を詰め込まれた。耳は壁に釘付けにされた。同省の瀏陽地区では、針金で農民を数珠つなぎにした。四川省の簡陽市では、泥棒の両耳に「泥棒常習犯」と書いたボール紙をぶら下げた針金を通し、その重さで耳がちぎれた。爪の下に針を刺された者もいた。広東省のいくつかの地区では、幹部が普段は蓄牛に使う注射針で人間に塩水を注入した。夫婦が互いに殴り合うよう強制され、死に至るケースもあった。生き埋めにされた者もいた。これについては湖南省に関する報告書で頻繁に言及されている。独房に監禁された人々は、最初は半狂乱で叫び扉をかきむしるが、やがて不気味に静まり返り、そのまま死ぬまで放置された。(23)

このような状況においては、苦痛というものがある一定の範囲内であれば、死ぬことこそが、一つの幸福である場合があるのではないか。そして、ディケーターは、人間にとって耐え難いものとして、肉体的苦痛以外にも屈辱というものがあったと述べ、「屈辱は苦痛に優るとも劣らない懲罰だった」と指摘している。彼は「三角帽子をかぶって、あるいは胸にプラカードを下げて、ときには素っ裸で行進する姿が各地で見られた。顔には墨が塗られていた。頭髪の半分だけを剃られる『陰陽頭』にされた者もいた。言葉の暴力にも事欠かなかった」と記し、一〇年後の「文化大革命のさいに繰り返された多彩な暴挙は、紅衛兵たちの想像力の産物ではなかった」と断定している。

ディケーターによれば、規則に反して、殺された者を身内が埋葬しようとすれば、罰せられた。ある娘は、七〇歳の母親が飢えから逃れるために首吊り自殺をしたと聞き、半狂乱状態になって畑から自宅に向かった。すると、規則違反だと激昂した地元幹部が、その娘を追いかけてきた。その幹部は、娘の頭を殴りつけ、彼女が倒れ込むと上半身を蹴りつけた。その結果、娘は障害者となった。数日経って腐り始めた母親の遺体を見て、幹部はこう言ったという。「このままにして食べればいいじゃないか」。死者に対する冒涜の最たるものは、遺体を切り刻み肥料にすることだった。この仕打ちを受けたのは、子供が蚕豆を二つ、三つ盗んだという理由で殴り殺されたある農民だった。党書記は、彼の遺体を煮詰めて肥料にし、カボチャ畑に撒いた。(24)

人間は、過酷な状況のなかで生き延びようとするならば、それ相応の生き方や考え方を身に付けなければならない。「飢饉の最中に生き延びていけるかどうかは、嘘をつく、取り入る、隠す、盗む、騙す、横領する、略奪する、密輸する、ごまかす、巧みに操る、さもなければ国を出し抜くといった能力の有無にかかっていた」[25]と、ディケーターも述べている。このような能力は、党幹部たちに加えて、広く一般の人々が、生きるために身に付けなければならない共産主義国家に特有の能力だったともいえるが、中国で事態が一層絶望的だったのは、共産主義の下では最低限ではあってもあるはずの食料が、この国ではほとんど見当たらなかったことである。ここでは、食料の欠如は、社会や村、近隣、友人、親戚などに加えて、家族さえも破壊した。

食料が底をつくと、人々は村の人や隣近所、親戚同士で盗み合うようになった。南京の隣近所同士の揉め事の半数は食べ物がらみだった。人々は互いに盗み合い、殴打事件も発生した。一番の被害者は子供と年寄りだった。江蘇省丹陽市に住む盲目の老婆は、福祉票で買ったわずかな米を強奪された。農村部では、過酷な生き残り競争が社会的な結束をむしばんでいった。長沙近郊の寥家村では窃盗事件が頻発し、あまりのことにやけくそになった幹部が農民たちに、罪に問わないから盗むなら隣り村からにしろと命じるしかない状態だった。農村社会の絆が崩壊すると、今度は家の中が喧嘩や嫉妬、争いの場となった。ある女性は義理の母がポーチに入れた配給票を首に巻いて寝ていたことを憶えていた。寒い冬のある夜、甥が紐を切って配給票を盗み、大半をお菓子と交換してしまった。義理の母は数日後に死んだという。飢饉のせいでかつての隣人や友人や親戚が互いに争うようになると、人民公社、村、家族の中で緊張感が高まり、敵意が露わになった。湖北省のある党幹部は夏の作物を分配したときのことをこう記している。「国と人民公社、生産隊、個々の農民、上、下、右、左、真ん中、どこを見ても揉め事だらけだ」。暴力に火がつき、作物をめぐる争いが職場や生産小隊を引き裂いた。村の住民たちは戦いに立ち向かうために杖やナイフを作った[26]。

個々の人間が、生きるために、他人や身内から盗もうとしただけではない。武装した農民たちによる組織的な略奪も、大々的に横行した。略奪の対象となったのは、穀物倉庫や列車だった。ディケーターは、こう続ける。

農民は穀物倉庫を襲撃し、列車を襲い、人民公社から物資を略奪した。河北省滄州では、一九六一年に台風に見舞われたのち、村の住民が鎌で武装し、畑からトウモロコシを盗むようになった。地元生産隊の党書記は近隣の村への襲撃を組織し、数十頭の羊や野菜数十トンを略奪した。こうした襲撃に武器が使われることもあった。陝西省では、幹部が供給した小銃で武装した農民百名が隣の人民公社を漁り、穀物五トンを運び出した。二百六十人から成る武装ギャングを率いた幹部もいた。彼らは日中は露天で眠り、夜になると略奪を繰り返した。また、県境や省境に結集した大集団が境界を越えて侵入し、暴れ回っては立ち去る事件も起きた。だが、農民の暴力の矛先は国の穀物倉庫に向けられることが多かった。攻撃の規模は驚くべきものだった。湖南省のある県だけで、わずか二カ月間に国の穀物倉庫五百棟のうち三十棟が襲撃された。同省の湘潭地区では、一九六〇年から六一年にかけての冬に、八百ケースを超える穀物が盗まれたという。懐化では農民がすべての倉庫を開けさせ、黍や粟数トンを略奪した。列車の襲撃も頻繁だった。農民たちは線路に集結し、数にものを言わせて警護員を圧倒し貨車を奪った(27)。

ディケーターによれば、組織化した農民たちのこうした行為は、政府が悪質な暴虐行為に手を染めた党員の粛清に乗り出した昭和三五年末以降、さらにエスカレートして行ったという。

甘粛省では、地元警察の報告によると、ボスの張仲良が左遷されたのちの一九六一年一月だけで約五百件の列車強盗が発生した。被害総量はおよそ穀物五百トン、石炭二千三百トンに上った。群衆は襲撃のたびに暴徒化していった。武威駅では、一月初頭の時点で暴れていたのは数十人だったが、次第にその数は膨れ上がり、数百人から一月末には四千人の農民が暴徒と化して列車を止め、奪える物すべてを奪い尽くした。張掖近郊の穀物倉庫は夕暮れから夜明けまで怒り狂った二千人の農民に襲われ、警備員が一人殺された。トラックに積んだ軍服が盗まれた事件では、その後、倉庫番が軍服に身を包んだ村の住民たちを特殊部隊と思い込んだために、彼らはなんなく穀物を手に入れることができた。線路沿いの穀物倉庫はすべて襲撃され、家畜は盗まれ、武器は強奪され、帳簿は燃やされた。秩序回復のために、軍隊と特殊民兵部隊が派遣された(28)。

一方、飢えに苦しむ農民たちは、当局の厳重な監視の下におかれた。すなわち、各級の政府は、農民が土地から逃げ出したり、外に助けを求めたりしないように、あるいは飢餓の実情が外部に漏れ出ないようにするために、様々な方策を講じた。楊継縄によれば、公安局が全ての郵便局を支配し、外部への手紙を差し押さえたという。そして、「各県委員会の常務委員会は役割を決めて厳重に警戒した。県城のすべての入口には銃を持った見張りが立ち、道路の要所には関所を設け、県境をパトロールした。警察はバス停を見張り、長距離バスは党員の隊長に運転させた。各公社は県政府の要求に従い、民兵を派遣して村の入口を遮断し、出ようとする者を見つけるとその携帯品を奪い、衣服を剥がし、拷問すら行った」。楊は、結局のところ、「農民は家で死を待つしかなかったのである」と強調している(29)。

また、多くの農民が餓死しているのが明白であるにもかかわらず、飢饉のために人が死んでいることを、口に出すことさえ許されなかった。安徽省の鳳陽県では、県委員会の指導者たちが浮腫病の情況を調査し、ある医師に対して「なぜ一向に浮腫病を治せないのか、なんの薬が足りないのか」と尋ねたことがある。その医者が、「食糧が足りないのです」と答えると、指導者たちは医者を批判闘争大会にかけることを決定し、逮捕させた(30)。さらに、甘粛省通渭県では、多くの農民が飢餓のために死んだが、県委員会は「食糧がないというのは思想の問題であり、実際の問題ではない」として、事実を認めなかった。そして、食糧の供給を求める者に対しては、「食糧問題で県委員会を攻撃している、富裕中農、意気地なしである」「右翼的日和見主義」「悪質分子」「人心を惑わす者」などの、政治的レッテル貼りが行われた(31)。

こうした極限状況にあって、ある意味で一番幸せなのは、気の狂れた人間であるのかも知れない。ディケーターは、こう書いている。「精神病患者には強みがあった。彼らは酷い扱いを受けたときでも、中世の宮廷道化師よろしく、それをおおっぴらに触れまわったところで罰せられることはなかったからだ。信陽県のある生存者は当時を振り返ってこう語った。彼の村で飢饉について口にしたのは一人の男だけだった。男は発狂し、誰彼かまわず同じ文句を繰り返しながら一日中歩き回っていた。『人は人を食う、犬は犬を食う、ネズミさえ腹をすかせて石を齧る』。だが、誰も彼の口を封じようとはしなかった[32]」。人々は、生きるために何でも食べた。しかし、その食べ物のせいで病気に罹る人も続出した。また、その病気が原因で、死に至る人々も少なくなかった。

病気に罹った動物までも食べた。首都の近郊でさえこのありさまだった。懐柔県では、脾脱疽に罹った羊は食用に回されるのがつねだった。成都の革工場では、皮から削り取った、毛束の混じった臭い脂を共同食堂の野菜と物々交換していた。この脂を少量食べただけで、大勢の人が中毒症状に陥った。四川省珙県の解体場は、病死した家畜を密かに地元の人民公社に卸していた。ネズミに齧られない人はネズミを食べるというわけで、人々は汚水槽から探し出した死んだネズミまで食べた。食べ物を食べ尽くすと、ついには泥土を食べだした。この泥は慈悲深い仏様の名をとって「観音土と呼ばれた[33]。

病気に罹った動物であっても、見つけて食べることができれば、まだ幸運だというべきなのだろう。楊継縄は、「死の前の飢餓は死そのものより恐ろしい[34]」と書いたが、その言葉が真実であることを最もよく表しているのが、いわば最後の手段として、「観音土」と名づけられた泥土を食べて生きようとした人々の惨状であろう。死よりも恐ろしい飢餓の光景を、ディケーターは、こう描写している。

そこはまさに地獄だった。深い穴の前に、幽霊のような村の住人たちが長蛇の列を作って順番が来るのを待っていた。穴に這い降り、掌数杯分の白い磁土を掘り出すためだった。炎天下、皺の寄った身体には汗が噴き出していた。肋骨が浮き出た子供たちは疲れ果てて倒れ込んでいた。その埃にまみれた身体は、まるで地面を覆いつくす泥の彫刻のようだった。ボロ服をまとった老女が守り札を燃やし、両手を組んで叩頭しながら、訳のわからない奇妙なおまじないを唱えていた。ここでは、一万を超える人々が総計二十五万トンの磁土を掘り出した。一つの村だけで、二百六十二世帯中二百十四世帯が、一人当たり数キロずつ泥を食べた。掘りながら口に入れる者もいた。栄養価はないに等しかったが、たいていは水を加え、もみ殻、花、種などを混ぜ込んでよく練り、焼いて泥のパンケーキにした。体内に入った土は、いわばセメントのようなもので、胃や腸管の水分を吸い取ってしまうため、排便困難に陥った。どこの村にも、結腸が土で塞がって苦しみながら死んでいった人が何人もいた。何広革の話では、河南省では名産の石を砕き、パンケーキにして食べたという。大人たちは互いに木の枝で便をほじくり出した。四川省、甘粛省、安徽省から河南省に至る中国全土で、飢えに耐えかね泥を食べた人々がのたうち回っていた(35)。

(1) フランク・ディケーター(中川治子訳)『毛沢東の大飢饉』(草思社、平成二三年)四四七～四四八頁、四五五頁。
(2) ジャン＝ルイ・マルゴラン「中国——夜のなかへの長征」(ステファヌ・クルトワ、ジャン＝ルイ・パネ、ジャン＝ルイ・マルゴラン(高橋武智訳)『共産主義黒書——犯罪・テロル・抑圧——〈コミンテルン・アジア篇〉』恵雅堂出版、平成一八年)一四七頁。
(3) 同右、一四七～一四九頁。楊継縄は、昭和三三年から三七年までの間に餓死した者の数を、三六〇〇万人だったとしている(楊継縄(伊藤正、田口佐紀子、多田麻美訳)『毛沢東　大躍進秘録』文芸春秋、平成二四年、二五頁)。一方、ユン・チアンは、昭和三三年から三六年までの四年間で、三八〇〇万近い人々が餓死、あるいは過労死したと計算している。この数字は、劉少奇によっても確認された数字なのだという。また、彼女によれば、昭和三五年には、一年間だけで二二〇〇万人が餓死した(ユン・チアン、ジョン・ハリデイ(土屋京子訳)『マオ　誰も知らなかった毛沢東』下巻、講談社、平成一九年、一八九～一九〇頁、二二三頁)。
(4) 前掲『マオ　誰も知らなかった毛沢東』下巻、一八九頁。
(5) 前掲「中国——夜のなかへの長征」一四九～一五一頁。
(6) 岡田英弘『岡田英弘著作集』第五巻(藤原書店、平成二六年)八五頁。
(7) ユン・チアン(土屋京子訳)『ワイルド・スワン』中巻(講談社、平成一九年)八九頁。
(8) 同右、八九～九〇頁。
(9) 前掲『毛沢東　大躍進秘録』二六頁、三八〇～三八二頁
(10) 前掲『毛沢東の大飢饉』一三九頁。
(11) 前掲『毛沢東　大躍進秘録』五三頁。
(12) 同右、三五～三六頁、一七三～一七四頁。
(13) 前掲『マオ　誰も知らなかった毛沢東』下巻、一八五頁。

(14) 前掲『毛沢東　大躍進秘録』三四四頁。
(15) 同右、六八頁。
(16) 前掲『毛沢東の大飢饉』一六四〜一六五頁。
(17) 前掲『毛沢東　大躍進秘録』四二二頁。
(18) 前掲『毛沢東の大飢饉』四一六〜四一七頁。
(19) 同右、四〇九〜四一〇頁。
(20) 同右、四一〇頁。
(21) 同右、四一一〜四一二頁。
(22) 同右、四一二〜四一三頁。
(23) 同右、四一三〜四一四頁。
(24) 同右、四一四〜四一五頁。
(25) 同右、二八六頁。
(26) 同右、三〇七頁。
(27) 同右、三二一〜三二二頁。
(28) 同右、三二二頁。
(29) 前掲『毛沢東　大躍進秘録』三七頁、六九〜七一頁。
(30) 同右、三六八頁。
(31) 同右、四一一頁。
(32) 前掲『毛沢東の大飢饉』三八九〜三九〇頁。
(33) 同右、三九七頁。
(34) 前掲『毛沢東　大躍進秘録』二六頁。
(35) 前掲『毛沢東の大飢饉』三九八頁。

第七章　劉少奇と毛沢東

毛沢東が、ソ連に対して疑念を抱くに至った決定的な原因は、フルシチョフの行った「スターリン批判」であった。フルシチョフは、毛の進めた「大躍進」と人民公社化運動を嘲笑し、それが毛を激怒させていたというが(1)、大躍進の推進過程のなかで、国家主席の劉少奇も、毛を批判するようになって行った。そして、そのことが、のちに劉が、文化大革命という手段をもって追い落としをねらう毛沢東の攻撃の対象となる引き金となった。しかし、そもそも劉少奇は、もともとその謀略的手腕によって日本を蒋介石との戦争に引きずり込む工作を担った、いってみれば中国共産党にとってのかけがえのない殊勲者であったといえる。劉少奇という政治家について、リチャード・L・G・デヴェラルは、こう述べている。

昭和十年コミンテルンが中国共産党に今迄の厳格な孤立主義を捨て国民党と抗日統一戦線で提携するように命じた時、劉少奇は一切の労働関係の活動から手を引き、共産党政治局から学生愛国運動を指揮せよと云う命令を受けた。この愛国学生運動こそは中国を対日戦に狩立てる共産党のアジ・プロ運動の中核をなすものであり、日本をノックアウトし以て全中国本土に於ける共産党の勝利と日本に対するロシアの勝利を獲得するためのスターリンの大芝居の一部をなすものであった(2)。

劉少奇という政治家が、中国を対日戦に引きずり込もうとした中国共産党による謀略工作の首謀者であったことを認識していた数少ない日本人識者の一人が、戦前の内務官僚で内務大臣もつとめた安倍源基である。安倍は、盧溝橋事件は劉の謀略によるものだと断定し、次のように回想している。

私は元中共軍将校葛西純一編訳「新資料蘆溝橋事件」――昭和四十九年十二月発行――を読んで蘆溝橋事件は中国共産党の謀略であったことを確信するようになった。葛西氏は戦前満鉄社員、関東軍兵士であったが、戦後の昭和二十年九月中共軍将校となり、二十八年四月帰国した、という経歴の人である。同氏は蘆溝橋事件について日本側、中共側、国民政府側の多数の文書を集めて説明しているが、冒頭の「序に代えて」の中で、謀略の主人は中国共産党の劉少奇であったことを明らかにしている。（中略）私は以前から、劉少奇謀略説は噂としては聞いていたが「新資料蘆溝橋事件」を読んで、噂は真実であったことを知った。要するに劉少奇は党中央の指令により、抗日救国学生を使って暗夜の蘆溝橋で、日中両軍に発砲し、日本駐屯軍と宋哲元の第二十九軍との衝突を誘発して、勢いの赴くところ、日中戦争という歴史的大作戦にまで発展させたのである。劉少奇は軍人ではなかったが、秘密の組織活動家としては当時から中国共産党内の第一人者といわれていた。(3)

一方、毛沢東の主治医だった李志綏によれば、毛は日頃から「内戦で中国共産党が勝利をおさめられたのは日本のおかげだ」と、考えていたのだという。彼によれば、毛は「一九三〇年代に日本が中国に侵攻しなかったならば、日本の侵略者に対し共産党と国民党が共闘をくむようなことはなかったろうし、また共産党は脆弱すぎてとうてい権力の奪取などかなわなかっただろう。共産党からすれば、日本の侵略は悪事が善事に転換したのであり、むしろ感謝しなければならない」とした。また、李は、昭和四七年九月の田中角栄首相訪中の際、田中・毛会談において、「田中が日本の中国侵略を謝罪しようとしたとき、毛沢東は日本侵略の『助け』があったからこそ共産党の勝利を可能ならしめ、共産中国と日本の両首脳があいまみえるようになったのだと請けあった」と、回想している。(4)

もともと劉少奇と毛沢東とは、夫婦連れ立って避暑生活を共にする親しい間柄だった。劉は毛より五歳年下で、両者ともに湖南省の出身だった。しかも、劉の故郷の村は、毛の生まれ育った村から、距離にしてわずか数キロしか離れていなかった。青年時代の初対面の時には、両者は特に親しい関係にはならなかったが、抗日戦争を利用して蒋介石を潰すという冷徹な考え方で両者が一致した時から、劉は、毛の盟友となった。そして、劉は毛にとって、最も有能かつ万能の副官に納まった。(5) フィリップ・ショートは、劉は、「組織の権化であり、よそよそしく威圧的な人物で、友人も趣味もないし、ユーモアのセンスも皆無に等しかった。かれの驚くべきエネルギーはすべて党の仕事に向けられていた」と評している。劉は、平日は、毎日一八時間も働いていたらしい。そして、極めて厳格な人物で、「深夜を過ぎて働いたために一日当たり一元(当時約三十ペンス)余分に支給されていると知ると、一元残らず給料から差し引いて返金すると主張した」、そのような人間だったという。(6) 毛沢東は、劉の妻だった王光美が大層気に入っていたらしいが、逆に江青は、王に対して深い嫉妬心を抱いていたという。李志綏は、こう観察している。

劉少奇のいちばん新しい妻、王光美はたいてい夫に同行して北戴河にやってきた。(中略) ふさふさとした黒髪に卵形の顔だち、いささかそっ歯の感があった。美人ではなかったが、魅力にあふれて人づきあいもよく、次期主席夫人としての脚光を楽しんでいた。(中略) 江青は劉夫人への不快感をあえて隠そうともしなかったが、これはあきらかに江青の嫉妬心だと思われた。王光美は江青よりかなり年下で、はるかに態度がくつろいでおり、社交性もゆたかだった。江青は砂浜でいつも落ち着きがないように見えた。(7)

岡田英弘は、江青の王光美に対する嫉妬が、のちの文化大革命で大きな役割を果たしたことを強調している。岡田によれば、「かのプロレタリア文化大革命が、毛沢東の癇癪に、上海文化人の野心、それに日雇いの工場労働者の不満と甘やかされた学生の思い上がりがいっしょになって爆発した現象だったことは言うまでもないが、その上にさらに江青の女の恨みが重要な役割を演じたと言う。つまり、美しく派手で才走った劉少奇夫人の王光美に対し、延安での毛沢東との結婚以来、ずっと日陰者だった江青の執念の復讐だった、ということである(8)」。

劉少奇は、当初は、毛沢東の大躍進政策も熱狂的に支持していた。また、支持していたどころか、楊継縄によれば、劉は周恩来と同様、時には毛よりも過激な言論を口にすることもしばしばあり、そうした言論が、各地のでたらめな指揮を助長してしまった面もあったのだという。(9) そして、廬山会議で国防部長の彭徳懐が毛の方針に対して反対の声を上げた時にも、劉は、彭を擁護することはなかった。毛への忠誠を見込まれて昭和三四年四月に国家主席に就任していた劉は、自らを毛の後継者と位置づけており、当然のごとく波風を立てるつもりなどさらさらなかった。ところが、ディケーターによれば、劉少奇が故郷に帰省した時に、異変が起きた。

劉少奇は、高官が訪問するときに付き従うことになっているボディガードや地方役人ら大勢の随行員を連れずに、一九六一年四月二日に長沙を発った。小さな旅行鞄には、農村で質素な食事を摂るつもりでお椀と箸をしまい込み、妻と数人の近しい助手とともに二台のジープで移動した。まもなく一行は巨大養豚場の標識に出くわした。調べてみると、そこには泥の中で餌を漁る十頭にも満たない痩せ衰えた豚がいるだけだった。劉は飼料小屋で一夜を過ごすことにした。付き人が板ベッドを寝心地よく整えようと、あちこち藁を探し回ったが無駄だった。劉は、肥料用に乾燥させて山積みにされた人糞でさえ固い繊維しか含まれていないことに気がついた。これも欠乏の広がりを示す明らかな証拠だった。小屋の近くではボロをまとった子供が数人、雑草を探していた。用心深い農民から本当の話を聞き出すのは困難をきわめたが、数週間で劉少奇の不安は確信に変わった。生まれ故郷へ向かう途中に立ち寄ったある村では、地方幹部らが死者の数をごまかしていることがわかった。幹部らの報告によれば、住民は日々、劉が現地で目にした極貧とは無縁の暮らしを送っているというのだ。劉は、一行が村の住人と直に話さないように取り図ろうとした地元のボスと激しくやりあい、一九五九年に右傾分子と見なされ解任された幹部、段書成を探し出した。(10)

すでに述べたように、いずれの国でも、またいつの時代でも、最高幹部が社会の実情を正確に知るということは、なかなか容易なことではない。劉少奇は、たまたまその人柄や周囲の人々から寄せられた信頼、あるいは真実の究明に対する強い意志によって、真相を知ることができた。彼は、人々の話から、村が飢饉に直面した詳しい経緯とそれが人災に他ならないことを理解するに至った。

段は、大躍進期にここの生産隊がどのように「紅旗」を獲得したかを包み隠さず伝えた。彼の説明によると、幹部らは自分たちの特権的な立場を守るために、勇気をふるって反対意見を述べた者を全員、組織的に迫害した。一九六〇年には、わずか三百六十トンだった穀物収穫量が六百トンに水増しされた。徴発後に村に残ったのはたったの百八十キロで、ここから来年の種と家畜用の飼料を除けば、一日に手のひら一杯分の米しか残らなかった。劉が生れた村、炭子冲では、友人や親戚が重い口を開いた。彼らは一年前に旱魃があったという話は嘘で、食料不足の原因は幹部らにあると非難した。「人災が大きな原因だ。自然災害ではない」。共同食堂では床に調理器具や汚れたお椀、箸が山のように投げ捨ててあった。手に入る野菜はアスパラガスの葉が少々、油は使わず料理する。劉は自分が見た光景に動揺した。数日後、大勢が集った集会で彼は地元の人々に謝罪した。「故郷にはかれこれ四十年近く帰っていませんでした。一度訪ねたいと心から願っていました。今回、私は皆さんの暮らしがどれだけ厳しいものか見てきました。私たちが自分たちの仕事をまっとうしていないことを陳謝したいと思います」。その夜、共同食堂は劉の命令で廃止された。献身的な党員、劉少奇は故郷で見た破壊的状況に心底衝撃を受けた。目覚めているあいだはすべて党に捧げてきたあげくが、自分が仕えてきたつもりの人民に日常的な虐待、貧窮、飢餓をもたらすことになってしまった。今回、彼は人々と党とのつながりが根本的に欠けていることにも気がついた。自分は意図的に蚊帳の外に置かれていた、彼はそんなふうに思ったにちがいない。(11)

劉少奇は、北京で、飢饉の責任は共産党にあるとした演説を行なった。彼は、次のように述べた。「ここ数年間に現れた様々な問題の原因は本当に自然災害だったのだろうか？　われわれのやってきた仕事の欠陥や過ちではないのか。湖南省の農民たちは『三〇パーセントは自然災害、七〇パーセントが人災』という言い方をしている」。こう述べた上で、劉は、毛沢東お気に入りの格言の虚偽を暴いて苦言を呈した。「一部の同志はこうした問題は十本の指のうち一本にすぎないと言う。だが、今まさに私は、これがもはや十本のうちの一本という問題ではないだろうと懸念している。われわれはずっと、九本対一本と言ってきた。この比率を変えることはなかった。だが、これでは現実とあまりにもかけ離れている。われわれは現実を直視し、実際の姿について話し合うべきだ」。さらに、党の方針についても、劉は、「党の方針を遂行し、人民公社を組織し、大躍進のための仕事を進める中で、数多くの欠点や過ちがあった。きわめて致命的な過ちさえあった」と述べた。そして、「元凶は中央指導部だ。われわれ全員に責任がある。どこかの部署や誰か一人を非難するのはやめよう」と言った。

ディケーターは、「劉少奇は毛沢東とは別の道を歩み始めていた。彼の辛辣な批判は糾弾されなかった。すでに至るところに悲惨な状況を物語る証拠が転がっていて、もはや見て見ぬふりをするわけにはいかなかったからだ。劉はのちの文化大革命でこのときの大きな代償を支払うことになるが、差し当たり指導部の他の人々は用心深くこの国家主席の方に傾き、ほんの僅かながら力の均衡が崩れだした」と評している。[12] ディケーターによれば、昭和三七年が大きな転換点だったという。

ターニングポイントが訪れたのは、一九六二年一月だった。北京の広大かつ現代的な人民大会堂には、この最大規模の会議に出席するために国中から七千人の幹部が集まっていた。この席で劉少奇国家主席は、満員の聴衆を前に、途中毛が口を挟むことはあったものの一度も休憩をとらず、三時間にわたってしゃべり続けた。（中略）湖南省の農民たちは、この「難局」は自然災害によるところが三〇パーセント、人災が七〇パーセントと思っている、と彼は語った。「人災」（人禍）という言葉は爆弾だった。この言葉を口にした途端、聴衆は息を呑んだ。そして、彼が、失敗より成果を強調する毛のお気に入りのフレーズ、「九本の指対一本の指」をはねつけると、一気に緊張が走った。「概して、われわれは成功を第一義的なもの、欠点や失敗は二義的なものとしてきた。欠点や失敗は次席に甘んじてきたわけだ。だが、私は、成果と失敗の比率は七対三と言えるのではないかと思う。地域差もあるので、あくまで一般論だが。一本対九本の論理をすべての地域に当てはめるわけにはいかない。失敗が指一本で成功が九本などという地域はわずかにすぎない」毛は目に見えて動揺し、口を挟んだ。「わずかなどではないぞ。たとえば、河北省。生産量が減少した地域は全体の二〇パーセントだけだ。江蘇省は三〇パーセントの地域で年々生産量が増えておる」。だが、劉は毛の脅しをものともせず話を続けた。「全体的にみれば、指一本とは言えない。むしろ三本だ。場所によっては、たとえば、信陽地区（河南省）や天水地区（甘粛省）などはもっと多い」。そして、この厄災の責任は誰にあるのか。劉は真っ向から中央指導部を非難した。劉は、主席の怒りを和らげるつもりで、人民公社の評価を五年、あるいは十年先に延ばした。だが、それでも毛沢東は猛り狂った。「奴は天災か人災かという話ばかりしている。奴の話自体が天災じゃないか」、と毛は主治医に胸のうちを語った(13)。

楊継縄は、七千人大会のあと、毛は「ある種の力、自らに恐怖を抱かせる力を感じた。もし強力に反撃しないなら、自分の地位は非常に危い、と感じたのである」と述べている。楊によれば、「危険の渦中にいてこそ、人の本心ははっきりする。自分が最大の危機に陥った時、誰が自分を支持し、誰が自分に反対したかを、毛は深く心に刻んだ。この会議で毛沢東はふたたび、『誰が我々の敵で、誰が我々の友人か』という『革命において第一に重要な問題』をはっきり見極めた(14)」。一方、ディケーターは、「毛はいったいいつの時点で、劉の排除を決断し、やがて大躍進期に毛に反論した人々の人生を叩きのめすことになる文化大革命に向けて動き出したのか、今となっては知るよしもない。だが、彼が自身の全業績と地位が危機に瀕していると感じた時点で、いまだかつてない脅威を与える宿敵たちを排除する計画に着手した、と推測するのが妥当だろう」とした上で、昭和三七年の夏頃が、劉少奇排除に向けて動き出した決定的な時期だったと見ている。

決定的な瞬間は、一九六二年七月の夏の午後、毛が専用のプールをゆっくりと漂っているときに訪れた。毛は劉に急遽北京に呼び戻され、機嫌を損ねていた。劉の息子は、父親が急いで呼び戻した理由を説明するために呼び出され、慌てて毛のもとに駆けつけたことを憶えている。劉は、大躍進批判の急先鋒、陳雲と田家英の二人が土地の再配分に関する見解を正式に提示したいと言ってきた旨を伝えた。毛は途端に激しく罵倒し始めた。だが、劉は引き下がらず、急いで付け加えた。「多くの人民が餓死しているんですよ！」そして、思わず口を滑らした。「歴史があなたと私を裁くことでしょう。人肉を食べたことまでも歴史に記録されるでしょう！」怒り心頭に発した毛は大声で叫んだ。「三面紅旗〔総路線、大躍進、人民公社〕は撃墜された。晴れて土地を再配分しようというんだな。きみは彼らにひと言も反論しなかったのか？　いったい私が死んだあとはどうなるのだ？」まもなく二人は冷静さを取り戻し、毛は経済政策の調整は継続すべきだと認めた。だが、毛はこのとき、こいつは私のフルシチョフになると確信した。師匠のスターリンを糾弾したあの下僕だ。劉は毛亡きあと、間違いなく毛の罪状の数々を糾弾する秘密演説をやってのける男だ。これが毛沢東の結論だった。毛はじっと好機を待っていた。党と国をバラバラに引き裂く文化大革命を発動するため準備作業は、すでに始まっていたのだ。(15)

李志綏によれば、「毛沢東は自分が面目をうしなったことを決してみとめなかったし、また大躍進が失敗したことを公然と受け入れないばかりか、自分の政策がひきおこした破綻について思い出させられることに憤慨した」。しかし、李にとっては、毛の「公的な生活からひきこもっている姿は、やはり面目をうしなった人間の行動にほかならなかった」ように見えた。(16)ただ、それでも毛が、自らの間違いを認めることは決してなかった。

毛沢東は実際になにか間違いをおかしたとは決して思っていなかったと私は確信する。しかしふり返ってみれば、あの時点でも毛は党と国家の支配力をうしないつつあるのではないかと恐れていたことがわかる。第二線にしりぞいても、彼は国家の中心に、中核にとどまりつづけるつもりであった。劉少奇に国家主席の地位をゆずったのも、じつは彼の忠誠心をテストする試みだったが、一九六二年にいたって、それから七千人大会までに、主席は劉少奇が忠実ではないと確信するようになった。そうなるとこの国にはふたりの主席がおり、ふたつの中心があり、ふたつの中核が存在する羽目になり、それは毛の受け入れるところとはならなかった。(17)

一方、劉少奇は、自身の役割について、毛の考え方とは違った考え方をもっていたと、李は指摘する。「毛沢東はみずからの統治を絶対的なものと考えていた。あたかも周恩来を対外関係の補佐役とみなしていたとおなじように、劉少奇も党内業務の補佐役にすぎず、毛主席の命令を実行にうつす責任があるとされた。周恩来はその役割を完璧に演じたが、しかし劉少奇はフルシチョフの秘密報告からひとつの教訓をえて自分を毛沢東と同等かそれにちかい存在とみなすようになり、国家経営にとって不可欠の人物と思いこんだのである。劉少奇は自分が毛沢東と対等と思えば思うほど、毛沢東のほうは彼をますます不満に思うようになった」(18)。

大躍進と人民公社化政策は失敗し、それを指導した毛沢東に対する批判的空気が共産党内部に広がり、農民の自留地耕作が再び認められるなど、人民公社化は大幅に後退して行った。そして、毛に代わって国家主席に就任していたのが劉少奇であり、文化大革命は、ひとことでいえば、毛沢東による劉を中心とした「実権派」追い落としのための奪権闘争であった。それは、昭和四〇年一一月の北京市副市長・呉晗の発表した歴史劇「海瑞罷官」に対する批判、さらに北京市党書記で前『人民日報』編集長の鄧拓が書き、イソップ物語風に毛を痛烈に風刺した「燕山夜話」、呉・鄧それに寥沫沙北京市党委員会統一戦線工作部長の「三家村グループ」による寓話風な「三家村札記」に対する批判攻撃という形で発動された。そして、その真の標的は、彼等を容認もしくは教唆して反毛沢東的空気を蔓延させていた党ナンバー五の北京市長彭真、さらにそのバックにいた劉少奇国家主席、鄧小平党総書記だった(19)。

しかし、当初は、劉も鄧も、毛沢東が黒幕であり自分たちが標的にされていることを知らなかった。フィリップ・ショートは、両者が毛の意図を見抜けなかったのもやむを得ないことだった、と述べている。ショートは、「主席のもくろみの非道さは敵だけでなく盟友たちの理解も超えていた。毛が共産党そのものに対して大衆をけしかけようと決めていたなど、あまりに荒唐無稽で政治局の誰一人として信じられないことだった」と書いている(20)。

呉晗の「海瑞罷官」を批判し、文革の口火となった姚文元の論文が『文匯報』に掲載されてから、呉が、心理的重圧を受けていることを知った鄧小平は、歴史学者でブリッジ仲間でもあった呉を自宅に招いた。そして、こう言ったという。「教授、くよくよしなさんな。天が落ちてくるわけじゃない。私は革命に参加してから今日まで、何度も困難で危険な目に遭ったが、その都度切り抜けてきた。その経験から第一に恐れず、第二に楽天的であることが大事ですよ」[21]。鄧は、のちに自らが打倒されてしまうことなど、夢想だにしていなかった。

また、翌昭和四一年五月に北京で開催された政治局拡大会議は、「文化革命五人小組」を解消して「中央文化革命小組」を発足させ、プロレタリア文化大革命の開始を宣言したが、この会議で決まった共産党中央委員会の「五・一六通知」は、毛沢東が事前にチェックし自ら加筆したものだった。毛が加筆したのは、文化・学術・芸術など各界の「ブルジョア階級の立場を暴露」し、党、政府、軍隊や各界にもぐり込んだ「ブルジョア階級の代表人物」に警戒せよ、とした「通知」の核心部分だった。毛は、「これらの人物には既に（正体を）見破られた者も、そうでない者もおり、なおわれわれに信用され、われわれの後継者として育成されている者もいる。フルシチョフのような人物がわれわれの傍らで眠っていることに十分注意すべきだ」と書いた。ところが、この通知が出された直後の五月一八日、劉少奇は、周恩来首相、鄧小平総書記とともにベトナムの指導者ホー・チ・ミンと会見した際、「党内のフルシチョフ、修正主義者は既に暴きだされました」と話した。劉自身が標的であることを、彼は、全く察知していなかった[22]。

さらに、文革が開始された頃、劉は、その談話のなかで「プロレタリア文化大革命をどのように進めればいいのか、あなた方はあまりよく分かっていない、よく知らない、あなた方が、どのように革命するのかと尋ねるなら、私は正直に答えよう、私にもはっきり分からないのだ。党中央のほかの同志や、工作組のメンバーも知らないと思う」と語ったという[23]。アメリカの著名なジャーナリストで、中共の要人と会見したことでも知られるエドガー・スノーは、「劉少奇は組織を重んじる順法主義者で、党組織の頭であり、党規約を堅く信じていただけに、おそらく性格的にも、毛沢東の大胆不敵な行動の真の目標を理解できなかったのではなかろうか」と見ている。スノーは、こう述べる。

毛沢東は実際に、個人崇拝を利用して革命を行うために党機関――劉少奇にとっては党の生命――そのものを破壊しようとしたのであろうか？　毛沢東の整風運動についてのこれまでの経験から、劉少奇には、これほど徹底的なことが起ろうとは予測もできなかったのである。誰が、紅衛兵の出現を予想できただろうか？　五月一六日のコミュニケには、紅衛兵の行動を是認したような言葉があっただろうか？　むろん、なかった。紅衛兵は非合法なものだ、と劉少奇は考えた。党の創立者が、党の体制そのものに反抗させるため、大衆――よく訓練された共産主義青年団員や劉少奇の党教育計画に沿って教育訓練を受けた〝従順な手先〟だけでなく、党員でもない気ままな群衆まで――に呼びかけるなど、誰が予想できたであろうか。(24)

一方、ソ連の政治家フルシチョフは、文革が「劉を政治的に孤立させることによって、相手を敗北させせようとしている」ものであることを理解していた。フルシチョフは、文革最中の昭和四七年に出版された回想録のなかで、次のような機智に富んだ文章を書いている。

毛沢東はその権力を乱用し、党を誤った方向に導いたかもしれないが――ある者が主張するような――狂人ではない。人びとは毛沢東は気がふれているとか、正気を失ってしまったなどといいはじめている。それは真実ではない。毛はきわめて利口で、たいへん狡智にとんでいる。わずか二、三年前に、人びとが、毛沢東は中国で進行しつつある権力闘争に勝てまいと予言していたことを、私は覚えている。そのとき、私はいった。「ばかな、もちろん毛沢東が勝つさ。」そして、私は正しかった。毛はまちがいなしに、いまの中国で優位を占めつつあるように見える。だが、どういう手段を使ってか？　中国人は、力と権力の法以外には、どんな法も認めない。きみが服従しなければ、彼らはきみの首をはねるのである。しかもそれをじつに巧妙にやってのける。彼らは数千人の群衆が集まった広場のまんなかで、きみを首から吊るす。それはどういう種類の「政治」なのか？　それはバーバリズムと呼ぶことすらできない。それ以上の何かである。ともあれ、われわれは二十世紀に生きているのだ！　毛が中国で勝利を収めつつあっても、劉少奇はあきらめはしなかった。彼は毛の政策に反対し、闘争を行なっている。劉少奇は非常に頭のよい人間で、非常に大勢の人びとを自分の側にひきつけているが、それらの人びとはほんとうの力を持っていないのである。劉少奇がまだ生きている理由は、彼の人気である。毛はその気になれば劉を何の苦もなく絞め殺すことができたはずである。だが、劉を殺害すれば大衆の怒りをまねく。毛沢東はそのことを知り、個人としての劉少奇とは戦わず、ある特定の政治制度の旗手としての彼を相手にしている。換言すれば、毛は、劉を政治的に孤立させることによって、相手を敗北させようとしているのである。[25]

毛沢東が最初に党内粛清の決意を告げたのは、昭和三九年末の全国工作検討会議の席上においてであった。この時彼は、「運動の重点は党内で資本主義の道を歩む実権派の粛清」という一項を「討論紀要」に付け加えた。居並ぶ党幹部たちは、聞き取りにくい毛の湖南なまりの発言のなかに不吉な内容を感じ取り、重苦しい不安に包まれた。この会議のあと、北京市党部の第二書記劉仁は、部下に向かって内心の疑惑をこう語った。「君たちは党内闘争の経験がない。私はスターリンの粛清時代にソ連にいたが、だれも人を訪ねようとせず、二三人でも一緒に話し合うことはしない有様だった。昨年（六四年）秋、彭真同志と語ったのだが、この様子ではわれわれにもまもなくスターリン粛清の局面が訪れよう[26]」。

中国共産党天津市委員会弁公庁で仕事をしていたことから、のちに天津市の党と政府の指導層解体の全過程を身をもって経験することになる王輝が、文化大革命の発動を最初に知らされることになったのは、昭和四一年五月に出席した華北局工作会議の場においてであった。出席者は全員「中国共産党中央委員会通知」を受け取ったが、そこには、こう書かれていた。

党内・政府・軍隊と文化領域の各界に紛れ込んだブルジョア階級の沢山の代表人物達は反革命的修正主義分子であり、ひとたび時期が熟せば彼らはただちに政権を奪取しようとし、プロレタリア独裁からブルジョア階級独裁へと変貌してしまうだろう。このような者達のなかには、既に我々に見破られた者もおり、まだ見破られていない者もいる。また、現在我々の信用を得て、我々の地位を引き継ごうとしている者もいる。例えばフルシチョフのような人物であり、彼らは要するに我々の身近に眠っているのであり、各級党委員会はこの点に十分に注意しなくてはならない(27)。

「大きく目を見開いて書類を読み、一字一句全てを理解しよう」と必死だった王は、「フルシチョフのような人物が我々の身近に眠っている！　なんと恐ろしいことだろう！」と思った。また、党中央書記処書記と華北局第一書記を兼務し、やがて彭真に代わって北京市委員会第一書記も兼務することになる李雪峰から、文章の重要な部分は毛沢東自らが書いたものだ、と知らされた。党中央政治局拡大会議に参加していた李雪峰は、そこでの周恩来の講話についても伝達したが、それによれば、周恩来は、現在我々の党内の指導的核心は毛沢東、劉少奇、林彪、鄧小平の四人であると言ったという。王は、「この周恩来の発言からわかるように、当時周恩来は毛沢東が書いた『フルシチョフのような人物』が誰を指しているのか、私達と同じように全く知らなかったのである。毛沢東が劉少奇を打倒しようなどと考えていることを一体誰が知っていただろう」と述べている(28)。

劉仁の予感した通り、間もなく中国にも、スターリンの粛清を想起させる大粛清の嵐が訪れる。ジャン＝ルイ・マルゴランによれば、公安部の粛清に際しては約一二〇〇人が処刑され、劉少奇関連の一件書類作成の過程で、二万二〇〇〇人が取り調べを受け、その多くが投獄されることになる。また、中央委員会メンバーの六〇％がほとんど一度の会合も無いまま追放され、そして逮捕され、党の全省書記の四分の三が追放される。さらに、文化大革命の全期間を通して、三〇〇万から四〇〇万人にのぼる幹部が投獄され、人民解放軍内では紅衛兵の組織が禁止されていたにもかかわらず、四〇万人の兵士が投獄された。知識人についていえば、一四万二〇〇〇人の教師、五万三〇〇〇人の技術者と科学者、五〇〇人の医学教授、二六〇〇人の作家と芸術家が迫害され、そのうちの多くの者が殺されるか、自殺に追い込まれた。こうした職業の人々がとりわけ多く暮す上海では、非業の死をとげた者は一万人にのぼったという。[29]

毛沢東にとって、昭和四一年一二月二六日は、彼の七三歳の誕生日であった。高文謙によれば、毛沢東は、これまで自分の誕生日に積極的に客を呼んだことなどなかったが、七三歳の誕生日であるこの日は、中央文革のほとんどのメンバーを自分の家に呼んで祝いのうどんを食べたという。高は、こう述べている。

ちょうどこの誕生日の夜の宴会の時、毛は最終的に「全面奪権」の大計を確定し、文革を徹底的にやることを決意した。その席で、毛は非常に気分が良く、笑いを交えながらますます興に乗り、階級闘争を全面的に展開する問題についていろいろな話をした。そして、立ち上がって祝杯をあげると驚くべきひと言を放った。「全国的な全面的内戦の展開に乾杯！」（中略）毛沢東が誕生日の宴会の席で行った按配に従い、一九六七年一月四日、張春橋、姚文元は「中央文革小組調査員」という身分で上海に帰り、大急ぎで奪権の策を立てた。[30]

一方、文革が始まり、その最大の目的が劉の打倒にあることが誰の目にも明らかになりつつあった頃のある夜、劉は毛の呼び出しを受けた。毛は劉に対して、「真剣に学習し、体をいたわるんだ」と声をかけたという。毛は、自らが発動した文革で劉を最大の標的とみなし窮地に追い込んでおきながら、突然劉を呼んで、優しげに気遣いの言葉をかけていた。劉が誰にも看取られず非業の死を遂げることになるのは、この二年一〇カ月後のことである。[31]

（1）産経新聞「毛沢東秘録」取材班『毛沢東秘録』上巻（扶桑社、平成一一年）二八一頁。
（2）リチャード・L・G・デヴェラル（明星逸朗訳）『人民中国――中共の真相――』（アメリカ労働総同盟アジヤ部、昭和三〇年）八〇～八一頁。
（3）安倍源基『昭和動乱の真相』（中央公論新社、平成一八年）三六七～三六九頁。安倍が示した同じ資料から劉少奇謀略説を強調するのが、谷沢永一である。谷沢は、こう述べている。「戦後、中国人民解放軍総政治部編集のポケット版『戦士政治課本』と題する兵士教育用の初級革命教科書が出版されているが、その中に『七・七事変』（一九三七年七月七日に起こった蘆溝橋事件）について、『七・七事変は劉少奇同志の指揮する抗日救国学生の一隊が決死的行動を以って党中央の指令を実行したもので、これによってわが党を滅亡させようと第六次反共戦を準備していた蒋介石南京反動政府は、世界有数の精強を誇る日本陸軍と戦わざるを得なくなった。その結果、滅亡したのは中国共産党ではなく蒋介石南京反動政府と日本帝国主義であった』と葛西純一編訳『新資料蘆溝橋事件』（昭和50年1月10日・成祥出版社）の伝えるところである。シナ共産党は蒋介石の国民党軍を敵として苦戦していた。その窮境から脱けだすためには蒋介石軍が新たな別の敵を迎えて、共産党攻撃に専念できないように仕向ける必要がある。そのため蘆溝橋の日本軍にシナ共産党から発砲し、しかも発砲したのは蒋介石軍であると日本側に思わせることが最も効果的である。この見事な作戦は完全に図に当たり、蒋介石軍から発砲されたと思い込んだ日本軍は蒋介石軍に攻めかかった。そこで蒋介石軍は日本軍と戦わざるを得ない破目となり、必然的に共産党への攻撃力が弱まった。それゆえシナ共産党はおおいに助かった。シナ共産党は天下を取るための方便として日本軍が自国の国土に踏み込むように仕向け、国土を戦乱におとしいれ、この動乱に乗じて勝ちを占めようと企んだのである」（谷沢永一『正体見たり社会主義』ＰＨＰ研究所、平成一〇年、二六五～二六七頁）。谷沢の他にも、東京外国語大学名誉教授の岡田英弘や渡辺昇一、屋山太郎など、中国共産党謀略説を主張する論者は少なくない。岡田は、「盧溝橋事件が、中国共産党の仕掛けた謀略であったことは間違いのない事実である。もちろん、現在の北京政府は絶対に認めないであろうが、数々の傍証から、盧溝橋での軍事衝突のきっかけとなった『謎の銃声』が、共産党エージェントの手によるものであることは、いまや専門家の間では周知の事実となっている」と述べている（岡田英弘『この厄介な国、中国』ワック株式会社、平成一四年、四〇頁）。また、渡辺は、屋山らとの対談のなかで、「第一発は第二十九軍から発せられたこと、同軍に中国共産党員やそのシンパが潜入していたことなどが判明しています。中国共産党が日本軍と国民党政府軍を衝突させて漁夫の利を得ることを画策した謀略が盧溝橋事件であったことは間違いないと言ってよいのです。（中略）シナ事変に至る経緯、その引き金は明らかに中国共産党側の仕掛けによるものなのです」と発言している。屋山は、これを受けて「それを裏付ける意味で、盧溝橋事件の直後に北京から延安の中国共産党軍司令部に『成功した』という電報が打たれていた事実が元日本軍情報部員の証言で明らかになっていますね」と述べている（渡辺昇一、屋山太郎、八木秀次『日本を蝕む人々』ＰＨＰ研究所、平成一七年、七九～八〇頁）。

（4）　李志綏（新庄哲夫訳）『毛沢東の私生活』下巻（文芸春秋、平成一八年）三九〇頁、三九二頁。

（5）　ユン・チアン、ジョン・ハリデイ（土屋京子訳）『マオ　誰も知らなかった毛沢東』下巻（講談社、平成一九年）九九～一〇〇頁。

（6）　フィリップ・ショート（山形浩生、守岡桜訳）『毛沢東　ある人生』下巻（白水社、平成二二年）二一〇～二一一頁。

（7）　李志綏（新庄哲夫訳）『毛沢東の私生活』上巻（文芸春秋、平成一八年）二八八頁。

（8）　岡田英弘『岡田英弘著作集』第五巻（藤原書店、平成二六年）四一六頁。

（9）　楊継縄（伊藤正、田口佐紀子、多田麻美訳）『毛沢東　大躍進秘録』（文芸春秋、平成二四年）二〇五～二〇九頁。

（10）　フランク・ディケーター（中川治子訳）『毛沢東の大飢饉』（草思社、平成二三年）一八六～一八七頁。

(11) 同右、一八七～一八八頁。
(12) 同右、一八九～一九〇頁。
(13) 同右、四六八～四六九頁。
(14) 前掲『毛沢東　大躍進秘録』五二九頁。
(15) 前掲『毛沢東の大飢饉』四七〇～四七一頁。
(16) 前掲『毛沢東の私生活』下巻、九八頁。
(17) 同右、一〇八～一〇九頁。
(18) 前掲『毛沢東の私生活』上巻、二八九頁。
(19) 稲垣武『「悪魔祓い」の戦後史　進歩的文化人の言論と責任』（文芸春秋、平成九年）二一〇～二一一頁。
(20) 前掲『毛沢東　ある人生』下巻、二三三頁。
(21) 伊藤正『鄧小平秘録』上巻（文芸春秋、平成二四年）二六八頁。
(22) 同右、二八六～二八七頁。
(23) 高文謙（上村幸治訳）『周恩来秘録』上巻（文芸春秋、平成一九年）一四九頁、一五七頁。
(24) エドガー・スノー（松岡洋子訳）『革命、そして革命……』（朝日新聞社、昭和四七年）一二三頁。
(25) ストローブ・タルボット編（タイムライフブックス編集部訳）『フルシチョフ回想録』（タイムライフインターナショナル、昭和四七年）四八三～四八四頁。
(26) 鳥居民『毛沢東　五つの戦争』（草思社、平成二四年）二一四～二一五頁。
(27) 王輝（中路陽子訳）『文化大革命の真実　天津大動乱』（ミネルヴァ書房、平成二五年）五八～五九頁。
(28) 同右、五九～六〇頁。
(29) ジャン＝ルイ・マルゴラン「中国――夜のなかへの長征」（ステファヌ・クルトワ、ジャン＝ルイ・パネ、ジャン＝ルイ・マルゴラン（高橋武智訳）『共産主義黒書――犯罪・テロル・抑圧――〈コミンテルン・アジア篇〉』恵雅堂出版、平成一八年）一八六頁。
(30) 前掲『周恩来秘録』上巻、二一七頁。
(31) 前掲『毛沢東秘録』上巻、二頁、二一四～二一六頁。

第八章　紅衛兵

文化大革命は、激しい勢いで中国全土に広がった。特に大学、高校、中学の学生が「紅衛兵」と名乗る集団を作り、権威である教師への造反を呼びかけると、この運動は瞬く間に各地に波及した。各機関、学校は、混乱して麻痺状態に陥った。これは、毛沢東が意図的に作り出した政治的局面であり、彼は劉少奇と決して正面から衝突しようとはせず、大衆の怒りを劉の一身に集めようと工夫した作戦だった。[1] 文革を血腥く彩ることになる紅衛兵が最初に姿を現したのは、昭和四一年八月である。北京の天安門広場で行なわれた毛沢東の第一回観閲集会で、紅衛兵たちは天安門上で、毛沢東の腕に「紅衛兵」、林彪の腕に「糾察隊」と書いた赤い腕章をはめた。その後、彼らは北京の街頭に躍り出て、世界中にその名をとどろかせることになる。

「街頭革命」を標榜した彼らは、商店、道路、街の古い名称を変える改名運動、古い文化遺跡や書画骨董の破壊、細いズボンやしゃれたヘア・スタイル、先の尖った靴などの摘発、金魚、トランプ、花の売買禁止などを行い、古いブルジョア的な文化、思想、風俗、習慣の打破を目指す「四旧打破」運動を展開した。また、民族資本家への定息（利子）の支払停止、民主諸党派の解散、帰国華商への攻撃、銀行利子の廃止などの要求を行なった。[2] 同じ八月、林彪の影響下にあった人民解放軍総参謀部は、「革命学生運動を武力弾圧してはならない」との命令を発し、謝富治が部長を務めた国務院公安部も「警察による革命学生の弾圧厳禁」の通達を出した。[3] 毎日新聞外信部の中野謙二は、紅衛兵の街頭革命の様子をこう描いている。

八月二十日午後、城外の斎家園外公館地区および前門外一帯の道路や商店名を変えることから始まった紅衛兵の「首都革命」は、夜に入って北京城内に移り、数千人の若ものが王府井、東単、西単など昔からの有名な繁華街の強制改名にとりかかった。日本人の間で「北京銀座」と呼ばれる王府井では、彼らは車道の両側にピケをはり、ハシゴやカナヅチを持ち出して亨得利（ヘンドリック＝時計店）とか、仏蘭徳（ブランド＝洗たく屋）といった外国名の老舗の看板を、軒並みにこわしだした。書画骨董で有名な栄宝斎のショー・ウインドーには「君たちの店は黒い一味（反党、反革命分子）の画家の取引所だった」とのビラがはりつけられ、店の名も「人民美術出版社」と変えられた。通りのほぼ中央、西側の国営王府井百貨店では、力自慢の若ものがビルの屋上にのぼり、ネオンサインを叩きこわしたかと思うと、こんどは鉄筋セメント造りの大文字をハンマーで殴りつけ、身の丈以上もある王、府、井の三字を地上に叩き落した。東安市場入口の「東安」の二字には白紙がはられ、そのうえから黒く「東風」と大書された。同時に紅衛兵は手わけして市場内の商店に入りこみ、店の経営者や責任者を呼び出して、それぞれの店の名を変えるよう要求する決議文を手渡した。（中略）前門外にも、同じ破壊と混乱のアラシが吹き荒れていた。カモ料理で名の通った「全聚徳」の前には、群衆が集まって、屋号の大きな看板がカナヅチで叩きこわされるのを見物していた。門口には、「この料理店で食事する人たちは、すべて入口で名前を登記せよ。工農兵の飯店は（労働者、農民、兵士のための料理店なら）、永遠に工農兵に奉仕せよ。資産階級のバカどもによって汚されることは許さない――毛沢東の紅衛兵」とのはり紙があった。隣の店は、看板があまり高いところにあって、こわすこともできないためか、三階のテッペンから「毛主席万歳」と書いた赤いノボリが下げられて、看板をかくした。店員の態度を非難するビラをベタベタはられて、休業する店も出る始末。一夜明けた二十一日朝になっても、赤い腕章を巻いた少年少女たちは、これら繁華街の商店を見張り、黒山のような群衆に彼らのはった決議文や最後通告を読みあげて歓声をあげていた。繁華街ばかりでなく、ビラは小さな胡同（横丁）のすみずみまではりめぐらされていた。(4)

北京工業学校文化革命小組が、王府井の街角にはり出した大きなビラの内容は、「利息をもらっている鬼たち、資本主義の老人たち、バカ者たちよ。君らは搾取をやめないばかりか、国家から利息までとって、そのうえ日夜、資本主義の復活をたくらんでいる。必ず三日以内に政府の関係部門に対し、利息の返上を申請せよ」というものだった。また、北京第二中学紅衛兵が書いた「旧世界への宣戦書」との書き出しで始まる壁新聞は、こう宣言している。「われわれは旧世界の批判者である。われわれはすべての古い思想、文化、風俗、習慣（四旧）を批判し粉砕する。解放十七年来、前北京市委はこれらの事がらを不問に付し、ゴロツキのやり方や行為を放任した。――飛行機型のへんちくりんな髪、カウボーイズボン、さまざまの香港シャツ、その他退廃的な本などは、いまやきびしく非難されている。われわれはこれらの問題をバカにしてはならない。ブルジョアジー復活の大きなトビラは、ほかでもなく、こうしたところから開かれるのである」。

この宣戦書を地で行くかのように、紅衛兵の活動は、強制改名から各種商店に対する批判へと、より勇敢かつ大胆になって行く。例えば、高級理髪店への警告文は「カールなんかの洋式理髪をやる店は、一回の散髪が七角も八角（一角は十五円）もする。これをおとな一角、学生、子供五分（一分は十分の一角）にさげよ」と要求し、タクシー詰所には「ブルジョア階級分子が乗るタクシーなんか、みんな農村と軍隊へ運んでしまえ」と書かれてあった。また、百貨店には「四十八時間以内にふう変わりな衣類、ぜいたく品、首飾り、高級化粧品をすべて関係部門に引き渡せ。もし、しないときは、その責任はすべてお前たちにあるぞ」と脅迫した。中野は、こう続けている。

紅衛兵の偉力は大きかった。高級料理店や理髪店は、彼らに反革命的だとねじ込まれると、一も二もなく頭を下げて降参し、自己批判の声明を店頭に掲げる。彼らは故宮博物館（もとの紫禁城）を「血涙宮」という名前に変えてしまった。北海公園は「工農兵公園」と変わり、景山公園は「労働人民公園」となった。西太后の名とともに知られる万寿山公園（頤和園）では、門前の青銅のコマ狗に「こんなものは取り払って工農兵の彫像を立てろ」という建議書がはりつけられ、門を入ったところの大きな奇岩には「これをどけて毛主席の像を立てろ」というビラをベタベタはられてしまった。紅衛兵が町を歩くと、赤いネッカチーフをつけた少年先鋒隊（小学生と中学一、二年生から選抜される）がワイワイとこれに続く。彼らがビラをはると、大人たちが黒山になってそれをむさぼり読む。いまや紅衛兵は北京の花形であり、革命の尖兵にのしあがったのである(5)。

北京では、町を行く女性のスカート姿が消え、紺のズボンがこれにとって代わった。また、折り目のついたズボンをはいた青年が紅衛兵の服装点検に引っかかり、「お前はアイロンを使って電力のムダ使いをしている」と説教された。さらに、赤い腕章の少女に呼びとめられ、後ろ髪をばさりと切り落されたおばさんの話もあった。紅衛兵たちは市内に多くのプロパガンダを貼りつけたが、このなかには「プロレタリア国家で、赤が〈止まれ〉の信号であるとは不都合だ」という理由から、交通信号の標識の変更を要求したものや、軍や民兵が使う「かしら、右」の号令は反動的であり、「かしら、左」に変えるべきだと主張したもの、この他、「資本家が輪タクに乗るときは、運転手をうしろに乗せ、自分でこげ」、「夜おそくまでラブレターを書くな」、「下着を洗たく屋に出すな」、「フロ屋の三助を廃止せよ」と書いたものもあったという。紅衛兵は数日後上海や天津にも出現し、運動は瞬く間に全国主要都市に波及した(6)。

いうまでもなく、紅衛兵として活躍したのは、男たちだけではなかった。動乱に翻弄されながら自らも紅衛兵として活躍し、のちに中国映画界を代表する監督として注目を浴びることになる陳凱歌は、一四歳のとき、次のような光景を目にした。

暴力が蔓延するなかで、訴えるすべもなく本当に悲惨だったのは、「地主」や「資本家」という搾取階級の肩書きをつけられた人々だった。手に重い物を持たされた彼らは、膝を剥き出しにしたまま、石炭ガラやガラスの破片の上にひざまずき、少しでも動けば殴る蹴るの目にあった。文句を言おうものなら、袋だたきにあうのはまだましな方で、ひどいときはその場で殴り殺された。そういう事件は、ひんぴんと起こっていた。凶暴だったのは、なにも男ばかりではない。なかには女性もいた。サクランボウのような可愛い唇をした、女子大生や中学生が、布を巻いて胸を押さえつけ、髪を短く切り、なかには剃った子もいたが、幹部の一族という自分の高貴な血統を鼻にかけ、粗暴な言葉を吐きながら、じつに凶暴だった。北京での家宅捜索では、「地主婆あ」とされた老女を皮ベルトで殴り殺したこともある。ベルトのバックルが、ちょうど老女のこめかみに命中したのだ。十五、六歳の少女が、「搾取階級」の女の口に指を突っ込み、力まかせに引っ張っている光景を見たことがある。相手がうめき声を上げなかったので、ヒステリー状態になった少女は、被害者の血で手を真っ赤に染めていた。彼や彼女らは、数百メートルの長さで北京駅前に二列の列を作った。腰に手をあて、あたりをにらみつけ、皮ベルトやいろいろな凶器を手に持っていた。家財を差し押さえられ、仕方なく北京を逃れ、原籍の田舎に戻る「搾取階級」の人々は、駅に入る前にまずこの長い列の間を通り、帰郷に先だつ洗礼をあびなければならなかった(7)。

新聞記者で共産党機関紙『湖南日報』の設立メンバーでもあった梁山という人物の息子で、湖南省長沙に暮らしていた梁恒の姉、中学生の放も、長い間あこがれていた紅衛兵になった。放は、ほとんど毎日中学校に寝泊りしていたが、ある日久しぶりに家に帰ってきた。その時の様子を、梁恒は次のように書いている。

父も姿を見せ、放の帰宅を喜んだ。「ずいぶん会わなかったが、どんな具合だ?」と、父は聞いた。「情勢はすばらしいわ」。彼女は革命の用語で答えた。「私たちは汚れた水を洗い流しているの。毎晩、捜索押収活動で眠るひまもないわ」「捜索押収って何?」と私。「捜索押収をやってみなければ、社会のほんとうのことがわからないわ。みんないろんなものを隠しているのよ。反革命的な資料、解放前の反動的な美術品、金、ひすい、銀、宝石――封建主義、資本主義、修正主義のワナがいたるところにあるわ」父は驚いたようすだった。「おまえたちは、そういうものをどうしようというんだ?」しかし、放は父の問いに答えるよりも、自分の話を続けることに熱中していた。「ちゃんと予定表があってね、毎晩何軒かの家へいくの。そして全部の本をすみからすみまで、反党的な材料がないかどうか調べる。信じられないくらいの仕事量よ。箱やスーツケースは二重底になってないかどうか調べなければならないし、ときには何か隠されてないかどうか、床板まで上げるわ(8)」

梁恒の家の壁には、徐悲鴻の伝統的な馬の絵がかけてあったが、放が顔を洗おうと立ち上がった時、たまたまその絵が彼女の目にとまり、放はそれを取り去ろうと絵に近づく。

「あんなものを、どうして……。徐悲鴻は何年も前に攻撃されたじゃない。ほんとに不注意ね」彼女はそれを下ろそうと、絵に近づいたが、父の声がさえぎった。「それのどこが悪い？　資本主義や修正主義の路線とは何の関係もない。そのままにしておけ」「お父さんは何が起こっているのか知らないんだわ。絵だけのことではなくて、すべての古いものの問題なのよ。私が一日中どこにいると思って？　湖南大学の学生と一緒に岳麓山の上で、あそこの古い碑や建物を取り除こうとしているのよ。半分は石造りだから、らくな仕事じゃないわ。ナイフや斧で碑文を削るの。封建社会の悪臭ふんぷんたる詩なんかをね！　でももうみんななくなるか、板囲いで封鎖したわ」と放。（中略）父が自分の言葉を探しあてた。「何だってお寺の古い詩を目茶目茶にするんだ？　どういう行動だ、それは？」「どういう行動、ですって？　革命的行動だわ。衡陽地区の紅衛兵は、衡山の南岳のお寺を全部破壊したわ。〝聖山〟もこれでおしまいよ！」「南岳」と聞いて、私は母方の祖母が話してくれたことを思い出した。そこでは人びとは香をたいて登り口の階段にそなえ、数歩進んではひざまずきながら頂上まで登るというのだった。お寺がみんななくなってしまったと聞いたら、祖母はどうするだろう。彼女のために誰が香をたいてくれるのだろう？（中略）父は愛想をつかした。「おしまいだ！　中国の古い文化が壊されていく」。父は指に力を入れてテーブルを叩いた。「あんな貴重な歴史の財産が、中国の古代文化のシンボルが、たった数日でなくなってしまうとは。おまえたちは先人を辱しめるのか」(9)

紅衛兵によって「黒類」と決め付けられた何百万という家族にとって、放のいう「捜索押収」、すなわち紅衛兵による家宅捜索は、最も辛い試練の一つだった。ジャン＝ルイ・マルゴランによれば、北京では三万三六〇〇軒の住居が家宅捜索され、八万四〇〇〇人の「黒類」がこの町から追い出された。また、「赤色テロル」により、一七〇〇人の死者が出た。一方、上海では、一五万軒の住居が収用され、三二トンの金が押収された。さらに、武漢では、二万一〇〇〇件の家宅捜索があり、痛めつけた上での殺害が三二件、自殺が六二件数えられたという。北京の南の大興地区では、三二五人の「黒類」とその家族が五日間で殺された。犠牲者のなかで一番の年長は八〇歳の老人で、一番若かったのは生後三十八日だった。そして、ある医者は、自らが治療した「造反派」の患者がペニシリン・アレルギーを起こして死んだため、それを理由に「紅類の暗殺者」として処刑された[10]。一方、共産党天津市委員会弁公庁で働いていた王輝によれば、高帽子を被せられた上での引き回しや強制労働に次いで行われた抄家打人（チャオジアダーレン）が、天津で始まったのは昭和四一年八月で、それに教師に対する暴力行為が続いた。市委員会文革弁公室には毎日多くの自殺事件が報告されてきたが、八月二七日から二九日午後六時までのわずか三日の間に、全市で一一七件の自殺事件が起き、七九名が実際に亡くなったという[11]。

梁恒の家も、こうした紅衛兵による「捜索押収」の被害を免れることはできなかった。梁恒は、「毎夜、激しく戸を叩く音や物の壊れる音、子供の泣き叫ぶ声が聞こえた恐ろしい時期だった。家族の誰かが大字報で攻撃されたほかの家庭がみなそうであったように、わが家にもいつかは紅衛兵がやってくることはわかっていた。剣の刃渡りのような毎日だった。昼間は押収品の展示を見にいき、夜は服を着たまま、まんじりともせずに、私たちの番がくるのを待った」と回想している。そして、「ある夜の一一時頃、ついに大きく、激しく、せっかちに戸が叩かれた」と述べ、順番が自身の家に回ってきた時の紅衛兵や父親梁山の様子を、次のように記している。

私たちは自動的にベッドに起き上がった。父が奥の部屋から出てきて、電気をつけ、目顔で衛平に戸口へいけと命じた。七、八人はいた。（中略）リーダーとおぼしき一人は、先端にゴムがついた長い金属製のスプリングを持っており、それでテーブルにまず一発、ガツンとくらわせた。「梁山！」彼がいった。「お前の家には、封建主義、資本主義、修正主義のものが、何かあるだろう？」「いえ、ありません。劉少奇の写真がありましたが、それは工作組に提出しました。ほかには何も……」。父はどもっていた。「このへっぴり腰が……」と、その男はテーブルを横なぐりにもう一発。衛平が泣きだした。「何をわめいてやがるんだ。静かにしろ。おまえとその男の子は、むこうのすみにひっこんでろ」私たちは泣きじゃくりそうになるのを必死に抑えながら、いわれたところですくんでいた。「おまえが理解しなければならないのはだ」と、その男は宣告した。「これは革命的行動だということだ。いいな？」「はい、そうです。革命的行動です」と父。私はそれ以前には、父が他人にへいこらして威厳をなくしてしまうのをみたことがなかった。「おまえはそれを歓迎する、そうだな？　そういえ！」何かが刺さったように、父の喉が動いた。「このくそったれ。いつも嘘ばかりつきやがって！」。二人の紅衛兵が両側から父の腕を取り、頭をつかんで、床につくまで押さえつけた。頭髪をつかまれてゆすられたために、父の眼鏡が落ちた。そしてそれを取ろうと伸びた父の手は、彼らに蹴り上げられた。「この嘘つき野郎！」(12)

梁恒の家では、ネクタイと古典劇画、徐悲鴻の馬の絵、そして知識人だった父親の収集してきた書籍が、紅衛兵によって問題視された。梁恒の描写は、次のように続く。

ほかの連中はもう家捜しを始めていた。何人かは奥の部屋で本を調べ、残りは箱を調べた。何分間かは、紙のめくれる音と抽出しや箱をあける音だけが聞こえていた。突然、一人が叫び声を上げた。「まったくきつね野郎だ、こいつは。嘘つきといったとおりだ」。その紅衛兵は二本のネクタイと一枚の背広の上着を手にしていた。「これはどういう意味だ？」「ネクタイです」と、口ごもる父。父は蹴とばされた。「ネクタイだと！　おれたちを子供扱いするのかい、ネクタイだってことは誰だってわかってる。資本主義のネクタイだ。ちゃんと聞いているのかい？」父は気色ばんでネクタイを指さした。「社命で注文したんだ。仕事用だ。自分で買ったものじゃない。誰かお客さんを迎えるとか……」。スプリングが父の手に打ちおろされた。父は痛みのために言葉を切った。「誰が指をさせといった？　まだ周りの人間に指図できると思ってやがるのか。臭え知識分子が！」衛平が叫んだ。「なんでそうして人を殴るの？　お父さんはものを見ることさえできないじゃない！」「黙ってろ、雑種のちびめ。さもないと今度はおまえが殴られるんだぞ」。（中略）彼らは一時間ほどかかって、徹底的な捜索を終えた。私の古典劇画も山のなかに加えられた。徐悲鴻の馬の絵は丸められて、てっぺんに投げ出されていた。私たちの持物のすべてが、目茶目茶に床に放り出されていた。枕さえナイフで切り裂かれていた。長いこと膝をついたままでいた父は、うちひしがれて震えていた。紅衛兵たちは大きな布袋にいろんなものを放りこんでいたが、一人が別の遊びを思いついた。彼は私たちの金だらいを持ち出してきて、床におき、そのなかに立派そうな本を選んで、小さな山をつくった。そして下からマッチで火をつけ、うまく燃え上がるようにあおいだ。そして火を絶やさないように、一冊ずつ本をふたつに裂いては、上に重ねていった。(13)

最後に、梁恒は、大切にしてきた書籍を焼かれた父親の様子について、次のように書いている。

父は顔をそむけた。積み上げられたものがどうなったか、眼鏡を通して見るまでもなかった。「どうした梁山、光が目に痛いか?」リーダー格の紅衛兵は、金属製のスプリングを父の目の前に蛇のように突き出した。「革命的行動だ！さあいえ、『すばらしい炎だ』と」父は黙っていた。私は父が口を開くように祈った。「糞ったれの嘘つき野郎。さあいえ」。彼は父の髪をつかむと、炎をみさせるため父の首をねじ曲げた。「すばらしい炎だ！」眼鏡のない父の顔は、ずいぶんむき出しに見えた。その上に映った炎の光が、頬の上の涙の筋を照らし出していた。「革命的行動、です」。父はささやくようにいった。「すばらしい炎、です」やっと父は解放され、ことは終わった。彼らは布袋をかつぎ、一列になって出ていった。最後の一人がテーブルの横を通り過ぎるとき、トランジスタラジオをポケットにねじこんだ。私たち三人は、お互いを慰める言葉のひと言も探し出せなかった。黙ったまま、散らばったものを元の場所に戻すしかなかった。翌日、私たちは彼らがその月の父の月給を持ち去ったことを発見した。(14)

昭和四一年八月から一年間『赤旗』北京特派員として北京に滞在し、自らも日本人・中国人両者の紅衛兵から攻撃を受けて負傷することになる紺野純一は、文革初期に北京で、要人を含む様々な人びとが「ひきまわし」を受ける場面を目撃する。

次つぎと街頭でいろいろな〝ひきまわし〟を目撃するようになってきたのです。〔四二年〕一月二十五日には、鉄道部門の労働者が、トラックを何台もつらねて走ってくるのにあいました。先頭の車に肩を押さえられた二、三人の男が、高い三角帽子をかぶらされて立っています。三角帽子とは、厚いボール紙を丸めて一メートルほどの円錐形にしたもので、中央に立たされている人の帽子には「呂正操」という文字が、×をつけて書かれてあり、首にも「三反分子、呂正操」というカンバンを下げさせられています。鉄道大臣です。王府井の人なみのなかを、トラックが通ると、町ゆく人はおもしろ半分に歓声をあげます。（中略）タクシーで町をまわると、こうした風景に、いたるところでぶつかります。[15]

紺野は「私は、日本の徳川時代の罪人が、しばられたまま馬にのせられ、町をひきまわされる刑罰を思わずにはいられませんでした。まるで封建時代への逆行です。私は社会主義社会で、〝史上空前の文化大革命〟と宣伝しながら、やっていることは、このような前近代性の復活、野蛮ともいえる残虐な〝お仕置き〟がまかりとおることを、共産主義者として、どうしても納得することができませんでした」と、その感想を書いている。[16]

紺野とは対照的に、安藤彦太郎は、紅衛兵の蛮行、たとえば民族資本家を襲撃して家具什器を破壊したり、夫人の髪を丸坊主にし、子供にナイフで重傷を負わせ、老婆にプラカードを首からぶら下げてよろよろ歩かせたりする所業を「道化芝居」と捉え、紅衛兵たちを擁護している。安藤は「中国人は芝居気がありまして、ベトナムを支援しようというデモの時などは、つけ鼻をしまして、アメリカ人の格好をした者を後手に縛って、後ろからムチで殴る真似をして行くという道化をしますから、そういう道化を作ったデモがあったかもしれないとは思います。日本人なら道化ということがわかるのですが、西洋人にはなかなかそれがわからないのでしょう」などと述べている。これに対して、稲垣武は「北京で彭真ら『反革命修正主義グループ』の糾弾大会が行われ、両腕を『ジェット機スタイル』にねじあげられた彭真らは首に自分の名前に大きな×印をつけたプラカードをぶら下げられて引き回された。安藤の説に従えばそれも本物の彭真らではなく、紅衛兵たちが扮装した自作自演の『道化芝居』なのだろう。こういう珍説は批評する言葉もない」と、安藤に対する怒りをあらわにしている。

また、同志社大学助教授の山田慶児は、北京大学学長の陸平の糾弾現場を見て、両腕をねじあげられた陸平の「やつれた顔に無精ひげをはやしてうなだれている」姿に「心から同情しました」と感想を述べたものの、さらに次のように書いた。「ところが、あとになってだんだん事情がわかってきますと、一般にこういった実権派の連中のほうがさきに、造反した学生をひどい目に会わせているのですね。反党・反革命分子だといって、三角帽子をかぶせて町中をひきまわしたり、ガラス張りの部屋に監禁して動物みたいにみんなにみせたり、学生たちは白色テロとよんでますが、それはひどい弾圧をやっています。打倒された実権派のほうが、それにくらべたらずっと人間的な取扱いをうけています」。稲垣は、安藤や山田の見解を、「こと中国となるとアバタもエクボ、何でも薔薇色に見えるという、進歩的文化人ご愛用の色眼鏡をかけていたからに相違ない」と断じている。[17]

実際に現地で紅衛兵の行動を目撃した紺野、あるいは専門家の安藤や山田らとは別に、報道や伝聞を通して紅衛兵のことを知った日本人たちの間でも、それに対する評価は人によって様々だった。まず、最初に、紅衛兵に対して「畏敬の念」をもったのが、ピアニストの中村紘子である。中村は、「実際には、中国首脳部や、毛主席の国家政策のためにうまく煽動されたのかもしれません。けれど、何であれ、とにかく、私と同年代、それよりもっと若いような人たちが、このような力となって国を渦まいているということにちょっぴり畏敬の念をもちます」と述べた。[18] また、同じように紅衛兵に「感動」したのが、作家の早船ちよである。早船は、「『十代をそうさせた政治、利用した権力者』など、うがつひとがいます。だが、かたいカベに、全身でぶつかって血を流している青春のひたむきさ、妥協のない目を見るとき、そのクローズアップに感動させられます」といった。[19] さらに、バレリーナの松山樹子は、「国の将来を守るために自ら生産に従事し、学習活動をさかんにするのは、解放後に成長した青年にとり、もっとも重要なことではないでしょうか。いずれの国の青年でも、自分の民族を基盤として自力更生の道を進み、自国の国情にあった勉強を続けることは大変望ましいように思います。私の感じで紅衛兵は決して恐いものや無秩序なものではないと考えます」[20] と述べ、紅衛兵を賞賛した。

紅衛兵の行動に共感した日本人のなかには、紅衛兵や彼らが活躍できる中国が「羨ましい」と考えたり、毛沢東を賞賛したりした人もいた。例えば、教育家の海卓子は、「正々堂々と攻撃できる自由を羨む　攻撃される方もする方も、毛思想については絶対の信望をもっているという。毛主席、あるいは党の命令として流さない理由は、双方にトコトン話し合せて、どちらが正しいかを徹底させるためという。やっぱり大人なる哉！」[21]と書いた。また、『月刊ミュージック・ライフ』の編集長星加ルミ子は、「それにしても毛沢東さんって若い女の子にモテるんですね」[22]などと、まことに暢気な感想を述べている。

中国文学が専門で京都大学教授もつとめた竹内実も、紅衛兵に同情的だった日本人の一人である。竹内は、昭和四一年一一月に発行された雑誌の記事で、村松楓風の息子で中国文学者の村松暎と対談した。ここで村松が、文化大革命とは、要するに「毛沢東・林彪路線」が敵を「ぶったたかなくちゃならない。ほっておいたら、それこそ自分のほうがあぶない。それだからこそ、のるかそるかで今度のことやっているんだろう」、そのようなものだとし、「とにかくあれはえらく粗雑なものにぼくには見えるんです。だいたい毛沢東という最高権威をバックにして謀反なんていうことが成り立つわけがないし、それに年齢が非常に低いことが、運動の次元を低めている」と紅衛兵のやり方を批評すると、これに対して、竹内は村松に同意せずに、こう述べた。「たとえ高級料理店の看板がこわされた、それは日本の新聞に報道されますね。しかし、それをやるについては、十人の紅衛兵が店内に泊りこんで、そこに働いているボーイさんたちといろいろ討論をしているという点は報道されないわけですよ」[23]。竹内は、破壊された料理店の従業員たちに同情するのではなく、むしろ逆に紅衛兵を擁護している。

こうした日本人たちとは対照的に、紅衛兵に批判的だったのが、詩人の吉行理恵である。吉行は、「わいたような紅衛兵の出現の仕方には驚きました。あの少年少女たちのさわぎぶりは、行過ぎだと思います。（中略）毛沢東路線の徹底化のため、最高首脳部が指導している、といわれてみると、大きな組織の恐ろしさを感じます」[24]と述べた。

また、吉行と同様に紅衛兵の行動に「恐怖」を感じたのが、体操家の小野清子や評論家の石垣綾子だった。小野は、「紅衛兵というのが突然中国であばれ出した、と聞いたときは、何が何だかわかりませんでしたが、それが十四、五歳の少年少女が中心になっていると知って、いくら社会主義を徹底させるためとはいえ、嫌な気持になりました。中国の長い歴史を通して、大の大人がつちかってきたものを、物事のよしあしも見分けられない子供たちが、何のちゅうちょもなく破壊しているのをニュースなどで見ると、教育の怖ろしさとでもいったものを感じます」(25)と述べた。さらに、石垣は「絶対に肯定できない」とした上で、こう述べている。「私は必要があって抗日戦争から引きつづいた太平洋戦争時代の、中国人民のたたかいのあとを感慨ぶかくふり返っている。この偉大なエネルギーは改めて言うまでもないが、中国文化大革命にはじまった紅衛兵の運動は、かつてのエネルギーの再現を意図しているのは確かである。この荒治療はさしせまった米中戦争の危機に備える必然性から出ているが、そのやりかたに対して私は肯定することは出来ない。とくに社会的に責任をもたない青少年を、その先頭にたたせている事実は悲しい現象である。煽てられる青少年は彼ら自身のエンジンで突っ走るものだ。その酬いは怖ろしい結果をうけるかもしれない(26)」。

一方、作家の石川達三は、「文化革命と称しているが、文化とは関係がないように思われる。大学生の集団が革命の先鋒をつとめた例は多いが、紅衛兵はそれに比べて最下等な革命勢力であり、彼らを手先に使った革命行動は最も悪質だと私は思っている」と述べている。そして、石川は「要するに毛沢東の支配力が崩れそうになったので、再建のための騒動かと思われるが、七億ちかい人口の中国を一つの共産国家にまとめて行くことは至難である。二つか三つの国家に分れる方が自然ではないだろうか。現在の状態はすでに内乱である」と付け加えている。(27)
また、同じく作家の佐多稲子は、紅衛兵の行動が自覚をもったものなのかと疑問を呈しながら、若いエネルギーを

「こういうふうに組織し、動員する誤びゅうの罪は深い[28]」として、指導者の責任を厳しく問うている。「今日の中国文化革命が、紅衛兵など共産党組織と別に起こされたらしいのに疑問を感じていたが、その運動にはやはり指導部があるらしいから党内の対立なのだろう。やはり、指導を握る、という意味での権力闘争なのだろう。党内の問題ならその対立は微妙なものだろう。指導的立場にいた人を若い人人が引廻している写真を見るとき、この人々にその微妙なものがちゃんとわかった上でのことだろうかと、不安になる。人民の行動は革命の原動力だが、指導者の負う責任は大きい[29]」。

さらに、松本清張は、紅衛兵を利用することは毛沢東にとって「両刃の剣」でもあることを指摘する。「紅衛兵と接触した人の見聞談で知るかぎりでは、彼らは教えられたことを石のように信じて、ほかのことはいっさい信じないようにみえる。してみると彼らは一種の道具であって、下からもり上った運動とはとても考えられないのである。――こういう子供を使って下克上をしたということは、毛・林派にとっては奇策といえよう。権力機構が完成しているとき、そのなかでの権力闘争は、理論闘争にもなろうし、時間もかかるし、摩擦も大きいからである。しかしながら一方、このような策は両刃の剣であって自分の作ったものからパンドラの筐のように、なにがとび出してくるかわからない。紅衛兵を使って毛・林主流派が権力を握ったとして、一度このような形で与えた権力否定の思想は、また毛・林に対して向ってくるかもしれないのだ[30]」。

一方、同じく作家の山口瞳は、当初何人かの要人が自殺したというニュースを聞いた時「やっぱり中国は主義の国だと思い、自分の考えに殉じたのだと思った」という。なぜなら「日本では、政治家が、どんな破廉恥罪に問われようと、また、それを冒したとしても自殺したりはしない」からである。ところが、山口は「彭真北京市長や羅瑞卿前人民解放軍総参謀長や陸定一前党宣伝部長が、首に看板をぶらさげられ、紅衛兵に首を押えられ、晒し者になっている写真を見たときに、これでは自殺する人があらわれるのも無理はない」と思い直した。彼は、その怒りをこう書いている。「いったい、なにを根拠として、青少年達がこのような振舞いに出るのだろうか。中学生にそのような権利があるのだろうか。誰が、なにが、これを許しているのだろうか。青少年達に、反革命といわれる要人たちが、本当に悪い奴、駄目な奴ということが『わかって』いるのだろうか。そこのところが私にはわからない」[31]。

ハルビンで紅衛兵の運動を目撃したのは、公爵西園寺公望の孫として生まれ、民間大使というふれこみで昭和三一年以来、北京で一二年間も生活することになった西園寺公一である。西園寺は、夫人と二人の息子とともに一家を挙げて文革賛美派だったことで知られるが、かつては近衛文麿内閣のブレーンの一人で、ゾルゲ事件に関与して有罪判決を受けた。昭和一六年三月、西園寺が外務省嘱託として松岡洋右外相の訪ソに同行した際、松岡がスターリンに、西園寺を「この青年は日本の貴族のなかのボルシェビキですよ」と紹介して、スターリンを苦笑させたというエピソードもある[32]。西義之は、西園寺の「とくに毛主席への賛仰の念はほとんど天皇に対するごとくうやうやしいばかりで、かつての皇室の側近の相貌をうかがわしめるに足る[33]」と評しているが、日本共産党の秘密党員だった彼は、北京の元イタリア大使館の半分を自らの住居とし、事務室、応接室、居間兼寝室、ピンポン室の五部屋を割り当てられて、家族と共に住んでいた。また、日本から同行した秘書のほか、中国政府の服務員であるコックやお手伝いを従えていた。

西園寺は、日本から来た代表団が中国政府要人と会う際にはいつも列席し、両者の橋渡し役を果したため、日本人商社員にとって「西園寺詣で」の対象となった。西園寺は、連日の中華料理に飽きた訪中団のメンバーを自宅に呼んで日本食をふるまったり、日本風の座敷のあるレストランに招いて接待を行なったりした。もっとも、長男の一晃によれば、西園寺が行なった日本人への接待にあたっては、接待費が中国政府から支払われていたという。西園寺は、中国共産党の対日政策のプロセスの一環としての人的往来のコーディネーター、メッセンジャー、調整役を果たした。また、彼の行動は、接触した人物から、鑑賞した映画、食べた料理の品目、購入した商品、私的な内容を含む会話に至るまで、その一挙手一投足が全て監視され、言動は完全に中国政府の管理下にあった(34)。西園寺は、一部では、「日本人にはいばっていても、中国側には平身低頭」との評価も受けていたという。のちに日中の共産党が対立するようになってからは、彼は完全な中国派となり、日本共産党から除名処分を受けることになる(35)。

昭和四一年八月、通訳と運転手付きでハルビンに滞在していた西園寺は、ある朝宿舎として使っていた贅沢な独立家屋を出たところで、大変な人だかりに遭遇した。彼は、こう書いている。

朝飯まえの散歩に宿舎を出て、広場の方へ足をむけると、なんとなく街がざわめいている。足早にゆく人が今朝は多いようだ。二、三分で広場へ出た。たいへんな人だかりである。そして、広場の姿がいつもとはちがう。なんと、威容を誇るかのようにそびえ立っていた、あのギリシャ正教の大教会が、一夜のうちに忽然と姿をかき消してしまっているではないか。ねじ曲った銀の大燭台が幾つか、がらんとした広場のまん中のごみのなかに、場ちがいの姿をみすぼらしく曝しているのが印象的だった。隣に立った弥次馬の数人がこもごも説明役を買って出る――「昨夜、紅衛兵の一隊がネ、でっかいブルドーザーのような奴を何台かもってきて、太い鉄の鎖をかけて、ひきずり倒しちゃったんだよ。偉えもンだ」もともとロシア人の多かった哈爾浜には、ツァー時代の国教、ギリシャ正教の教会が少なくないが、祖国の革命後も残留し、中国の解放後もいすわったロシア人のたまりになっていたようだ(36)。

一夜のうちに、ギリシャ正教の教会を破壊してしまった紅衛兵の行動について、西園寺は「行過ぎけっこう」と賞賛する。そして、「紅衛兵運動は、無産階級文化大革命というまことに激しい、まことに厳しい革命の先駆である。いったい行過ぎのない革命などというものがありうるのか」と述べ、「はじめから、あれもいけない、これもいけないと規制してかかったら、いくら因習にとらわれない、利害関係に左右されない革命的学生でも、おのずから委縮してしまって、若もののすばらしいエネルギーを存分に発揮することはできまい」と断ずる。続いて、西園寺は「毛沢東の偉いところは、徹底した大衆信頼であり、何よりもまず大衆のエネルギーを徹底的に発揮させることを考えるところにある」とし、行き過ぎを決して恐れず「大衆路線に徹しうる毛沢東はまれにみる偉大な革命家である」と強調する。(37)

西園寺の紅衛兵好きは、のちに朝日新聞の記者となり幹部となる彼の息子が、北京大学で紅衛兵の一人として活躍していたこともあり、そんなことも念頭にあったのかも知れないが、稲垣武によれば、彼の江青贔屓が強く影響していたのだという。稲垣は、西園寺の変わり身の速さに対する驚きや感嘆を込めて、こんな回想を述べている。

彼の江青贔屓は相当なもので、私にもこんな経験がある。西園寺が一四年ぶりに帰国した七〇年の夏、当時週刊朝日編集部にいた私は中国の実情を聞くためにインタビューした。たまたま話が江青のことになり、西園寺が「実に清潔な美しさにあふれた人だ」と褒めそやしたので、何の気なしに「肌のきれいな人なんでしょうね」と聞いた。とたんに西園寺は顔色を変え「君たちジャーナリストはそんな下卑た関心を抱くからダメなんだ」ときついお叱りをこうむった。私は戦時中、国民学校児童だったとき、級友が「皇后陛下も便所にゆくのやろか」と休み時間に無邪気な疑問を話していたのを教師が聞きつけ、ビンタを張ったのをゆくりなくも思いだした。西園寺にとっては江青は女帝陛下のようなものなのかと、妙に納得したことを覚えている。その西園寺が、四人組裁判の判決のとき、日本テレビのインタビューに答えて、「執行猶予つき死刑など生ぬるすぎます。即刻、死刑にすべきです。私は中国の庶民にたくさん会いましたが、庶民の感情はそうです」(『諸君!』八一年四月号、西義之「日本の四人組は何処へ行った?」)と言っていることを知った。西はこれを聞いて「腰を抜かさんばかりに驚いた」と書いているが、私はむしろその変わり身の速さに感心した。常に時世時節に迎合して生きのびてきたお公卿さんならではの遺伝的習性に過ぎないのだろう。(38)

稲垣と同様に、西園寺公一の豹変に驚くことになる西義之は、「腰を抜かさんばかりに驚いた」と書くとともに、

「陽の当る場所にいるためには、こんなふうに公卿さんは日本歴史を生きてこなければならないのだな、と漠然と思った」[39]とも書いている。

紅衛兵の行動を「行過ぎけっこう」と肯定した西園寺と似たような感覚で、事態を認識していたのが、東京大学法学部教授で政治学者の福田歓一である。毛沢東は「革命は、客をよんで宴会をひらくことではない」といっていたが[40]、福田は、紅衛兵の運動や文化大革命などは、「悠長」なものだと認識していたのだろうか。彼は、昭和四二年二月、次のような文章を書いている。

「敵対階級」の根絶をめざすわけでありますから、紅衛兵運動というものがえらく乱暴に映るのは、まず当り前であります。しかしもしこれを革命一般という範疇で考えて見ますと、中国の場合に、社会体制の変革のための実力行使の契機が驚くほど少いのに気がつくのであります。とにかく、フランス革命のジャコバン独裁のような血なまぐさい実例を見れば、そもそも「文化大革命」などという呼び方からして悠長とより言いようがない。ラヴォアジェとか、コンドルセとかいう人類の第一級の頭脳が、前歴や政治的立場のゆえに簡単に死刑の判決を受けて、殺されたり、自殺したりしたのとくらべて見て下さい。いかに嵐が党外の人を襲っていると言っても、中国では国家権力の暴力装置がそのまま発動しているわけでもなければ、冷酷な官僚制のしめつけが手段として用いられているわけでもない。むしろ中国革命の指導者たちは――それが国民性なのか、経験からの学習なのかはしばらくおくとして――社会体制の変革におけるこういう方法の限界を熟知していて、はっきり目的にたいする手段の選択をしているので、自ら称している通り、「思想第一」の基本線は一貫している、と言わざるを得ないのです。[41]

文革発動から一年余り後の昭和四二年六月から七月にかけて七回目の訪中をし、北京の他、ハルビン、天津、西安、延安などを訪問して自ら各地の紅衛兵たちから話を聞いたという宇都宮徳馬も、紅衛兵たちに感銘を受けた日本人の一人であった。そもそもこの時の宇都宮の訪中のねらいは、「中国の文化大革命の実態を、この目で見たい」[42]

ということであった。そして、当初彼は、紅衛兵たちの運動は「小ざかしい騒ぎにすぎないのではないか」と考えていた。「私は今度の旅行で、多くの紅衛兵指導者の学生にあった。彼等の容貌は智的で、純粋であり、その論理もしっかりしていたが、そして、共産党の実権派幹部に鋭い批判を加えていたが、話が毛沢東のこととなると多くのものが熱狂的な敬愛を示すのみなので、実は反発を感じた。プロレタリア大民主などといって、大字報を矢鱈にはり、やかましく大弁論をやっているが、毛沢東のつくった人為的な枠の中の知慧も勇気もいらぬ小ざかしい騒ぎにすぎないのではないか、そのような見解をもったこともあった」と、宇都宮は述べている。ところが、その後、彼はそうした自身の考えを大幅に改めるに至った。彼は、「私は次第に多くの人に会い、ハルビン、西安、延安の旅をおえて、その見解を決定的に修正せざるを得なかった。文化大革命は、官製の国民精神総動員運動ではないということだ」と、述べている。(43)

(1) 高文謙(上村幸治訳)『周恩来秘録』上巻(文芸春秋、平成一九年)一四九頁。
(2) 柴田穂「紅衛兵運動終焉の意味」(『中央公論』昭和四三年一一月号)一二九頁。
(3) 産経新聞「毛沢東秘録」取材班『毛沢東秘録』上巻(扶桑社、平成一一年)一八二頁。
(4) 中野謙二「紅衛兵の乱」(『中央公論』昭和四一年一〇月号)二三四~二三五頁。
(5) 同右、二三五~二三六頁。
(6) 同右、二三六~二三七頁、二四二頁。
(7) 陳凱歌(刈間文俊訳)『私の紅衛兵時代　ある映画監督の青春』(講談社、平成五年)一〇五~一〇六頁。
(8) 梁恒、ジュディス・シャピロ(田畑光永)『中国の冬』(サイマル出版会、昭和五九年)八六~八七頁。
(9) 同右、八七~八八頁。
(10) ジャン=ルイ・マルゴラン「中国――夜のなかへの長征」(ステファヌ・クルトラ、ジャン=ルイ・パネ、ジャン=ルイ・マルゴラン(高橋武智訳)『共産主義黒書――犯罪・テロル・抑圧――〈コミンテルン・アジア篇〉』恵雅堂出版、平成一八年)一八六頁。
(11) 王輝(中路陽子訳)『文化大革命の真実　天津大動乱』(ミネルヴァ書房、平成二五年)一三九頁。

(12) 前掲『中国の冬』九〇～九一頁。
(13) 同右、九一～九二頁。
(14) 同右、九二～九三頁。
(15) 紺野純一『北京この一年』(新日本出版社、昭和四三年) 八九頁。
(16) 同右、九〇頁。
(17) 稲垣武『「悪魔祓い」の戦後史　進歩的文化人の言論と責任』(文芸春秋、平成九年) 二一六～二一八頁。
(18) 中村紘子「畏敬の念はもつけれど」(『婦人公論』昭和四一年一一月号) 一五三頁。
(19) 早船ちよ「どやされぬように」(『婦人公論』昭和四一年一一月号) 一五三頁。
(20) 松山樹子「若い中国に望ましい若者」(『婦人公論』昭和四一年一一月号) 一五三頁。
(21) 海卓子「紅衛兵について思う」(『婦人公論』昭和四一年一一月号) 一五一～一五二頁。
(22) 星加ルミ子「中国女性は強いなあ」(『婦人公論』昭和四一年一一月号) 一五三頁。
(23) 安藤彦太郎、村松暎、竹内実「文化大革命は破壊か建設か」(『中央公論』昭和四一年一一月号) 一六二～一六九頁。
(24) 吉行理恵「人間にはこんな時期が」(『婦人公論』昭和四一年一一月号) 一五三頁。
(25) 小野清子「教育の怖ろしさを感じる」(『婦人公論』昭和四一年一一月号) 一五一頁。
(26) 石垣綾子「絶対に肯定できない暴走」(『婦人公論』昭和四一年一一月号) 一五一頁。
(27) 「文化大革命についての私の感想」(『中央公論』昭和四二年三月増刊号) 一〇四頁。
(28) 佐多稲子「若いエネルギーの無駄使い」(『婦人公論』昭和四一年一一月号) 一五二頁。
(29) 前掲「文化大革命についての私の感想」一〇六～一〇七頁。
(30) 同右、一一一頁。
(31) 同右。
(32) 豊田穣『松岡洋右　悲劇の外交官』下巻 (新潮社、昭和五四年) 二四〇頁。
(33) 西義之「日本の四人組は何処へ行った?」(『諸君!』昭和五六年三月号) 二八頁。
(34) 馬場公彦「『紅い貴族』の民間外交——西園寺公一の役割と機能」(劉傑、川島真編『対立と共存の歴史認識　日中関係一五〇年』東京大学出版会、平成二五年) 三九九～四〇〇頁、四〇八頁。
(35) 高岸史郎「西園寺公一氏の思想と行動」(『諸君!』昭和四六年一月号) 一六六～一七六頁。
(36) 西園寺公一「永革路漫筆」(『朝日ジャーナル』昭和四四年七月二〇日号) 五〇頁。
(37) 同右、五〇～五一頁。

(38) 前掲『「悪魔祓い」の戦後史　進歩的文化人の言論と責任』二三二〜二三三頁。
(39) 西義之「日本の四人組は何処へ行った？　完結編」（『諸君！』昭和五六年四月号）一〇一頁。
(40) 毛沢東（竹内実訳）『毛沢東語録』（平凡社、平成二四年）四三頁。
(41) 福田歓一『福田歓一著作集』第八巻（岩波書店、平成一〇年）五〇頁。
(42) 宇都宮徳馬「文革下の中国を歩く」（『エコノミスト』昭和四二年八月八日号）三六頁。
(43) 宇都宮徳馬「文化大革命と毛沢東――七回目の訪中から帰って――」（『世界』昭和四二年九月号）八二頁、福岡愛子『日本人の文革認識』（新曜社、平成二六年）一〇二〜一〇五頁。

第九章　奪権と武闘

紅衛兵が最初に上げた際立った成果は、学内の「反動的」な校長や党委員会幹部を攻撃し、彼らから権力を奪うことに成功したことであった。学校内の権力を握っていた幹部たちは、劉少奇――彭真に近い人々であったから、紅衛兵運動は、文革の核心である「実権派」幹部との奪権闘争の一環であったことを明瞭に物語っている。(1) 毛沢東は、造反派に対して党幹部からの「奪権」を呼びかけ、紅衛兵たちを扇動した。中国共産党の高級幹部を両親にもって育ち、自らも紅衛兵として活動した経験をもつ自伝『ワイルド・スワン』の著者ユン・チアンは、次のように述べている。

『人民日報』の記事に煽動された生徒は、教師を攻撃しはじめた。『人民日報』は、学校の試験は「生徒を敵人のようにあつかい」(毛沢東のことば)、「ブルジョワ知識分子」(これも毛のことば。教師の大多数をさす)の悪だくみの一環であるから粉砕しなければならない、と呼びかけた。「ブルジョワ知識分子」は青少年の精神にくだらぬ資本主義思想を流しこんで国民党の復活に備えようとしている、という記事もあった。「学校をブルジョワ知識分子のやりたい放題にさせておくわけにはいかない!」。毛沢東は、そう宣言した。(2)

毛は、紅衛兵たちを扇動しただけではなく、彼らを激励し、その行動を強く支持した。また、毛の意を受けた公安部長の謝富治は、紅衛兵に自由裁量権を与えるよう警察に命じた。彼は、こう述べた。「人々を殺害する紅衛兵は罰せられるべきか? 私の見解では、殺されたなら殺されただけ。我々には関係ない話だ。(中略)大衆が悪人をひどく嫌い、我々の手に負えないなら、無理はしないでおこう。（中略）人民警察は紅衛兵側につき、連携をとり、共感し、情報を与えるべきである」[3]。紅衛兵たちの攻撃の対象は、さらに教師のみならず、著名な学者や作家、芸術家たちにまで拡大して行った。ユン・チアンは、こう続ける。

毛沢東は紅衛兵の行為を「たいへんよいことだ」とコメントし、彼らの行動を支持するよう国民に呼びかけた。恐怖をさらに増大させるために、毛沢東は攻撃の対象を広げるよう紅衛兵をあおった。これまで共産党のもとで優遇されてきた著名な作家、芸術家、学者などあらゆる分野の専門家が、一様に「反動的ブルジョワ学術権威」として批判されはじめた。狂信から羨望にいたるまで理由は何であれ、第一線で活躍する同僚をねたましく思っていた者たちが、仲間を紅衛兵に売った。もちろん、むかしからの「階級敵人」も忘れられたわけではない。もと地主やもと資本家、国民党とつながりのあった人、「反右派闘争」などで黒いレッテルを貼られた人、そしてその子供たちが、紅衛兵の残虐行為の対象となった。文化大革命以前に「階級敵人」のレッテルを貼られた人々のうち、かなりの数が処刑や強制労働キャンプ送りを免れて、「監視下」で市中の生活をしていた。警察は、こういう人々に関する情報をむやみに公開してはいけないことになっていた。しかし、文化大革命でこの方針が変わった。毛沢東の忠臣のひとり、公安部長の謝富治が、「階級敵人」の档案を紅衛兵に流してもよい、あるいは「共産党政府の転覆を図ろうとした」などの罪状を公開してもかまわない、と警察組織に通達したのである[4]。

福建省福州市の文革闘争で指導的役割を果たした紅衛兵を弟にもつケン・リンが述べた、厦門第八中学校での奪権闘争の様子は、紅衛兵の運動がいかに凄まじいものであったかを示している。彼の回想は、生徒による教師と学校幹部に対する批判を主導した工作組の学校への進駐の話から始まる。工作組は、一般に数名から十数名の党政機関幹部から構成され、組長は県長、副県長、県党委副書記、教育局長、宣伝部長などが担当した[5]。そもそもの発端は、工作組による生徒への指導だった。

闘争の手はじめは、校長や教師の罪を糾弾することだった。工作組は、彼らの五十の罪状を並べた十通の大字報を書くようぼくらに命じた。ぼくらは、あることないこと書きたてたが、工作組は、まだなまぬるいと、ぼくらをせめたてるのだった。大学進学の鍵が彼らににぎられていることを思うと、工作組の命令には服さないわけにいかない。しかし、教師の復讐もこわかった。〔昭和四一年〕六月十二日の朝、省当局の命令で工作組は一人を残して全員が学校を引揚げていった。彼は、学内に新たに結成された「革命準備委員会」の後見役として残されたのだ。工作組は、革命準備委員会に教師のブラックリストを渡して、生徒が「自分たちの手で革命をはじめろ」と命じていた。しかしぼくは、そんなに早く「闘争」がはじまるとは、思ってもみなかった。[6]

ケン・リンにとっては意外にも早く、工作組が去った直後、厦門第八中学校では奪権闘争が展開された。彼は「工作組が去ったその日、海で泳いだぼくらが十二時に校門のあたりまで帰ってくると、中から悲鳴や叫び声が聞え、生徒たちが駆けてきて『闘争がはじまった！』と叫んだ」と述べ、その様子を、次のように描いている。

中へ駈けこむと、新しい四階建ての校舎の前に、頭や顔にインキを浴びせられた四、五十人の教師が並んでいた。首からは「反動的学術権威何某」「階級の敵何某」「資本主義の手先何某」といったプラカードがつるされ、同じ文句を書いた三角帽子をかぶらされて、背中には汚ないほうきや靴やはたきを突っ込まれていた。首にはまた、石を一杯入れたバケツがぶらさげられていた。校長が現われた。バケツが重いので、首に針金が深く食い込んで、校長はよろめいていた。教師たちはみんなはだしで、ドラや鍋を叩きながら、校庭を歩き回り、「私は黒匪何の某です」と叫び、しまいには地面にひざまずいて、「罪の許し」を毛沢東に乞うた。ぼくはこの光景に仰天して血の気を失った。二、三の女生徒はもう少しで失神するところだった。打擲と拷問がそれにつづいた。糞便や虫を食べさせ、電気ショックを与え、割れたガラスの上にひざまずかせ、腕と脚で〝飛行機〟にしてつるした。生徒の大半はまだ教師を恐れていたし、それに生れてから人をぶったりしたことのない者もいた。工作員が毛語録を手にして、「これは立派な運動なんだ」と彼らを励ました。それに応じて棒を取り上げ、拷問に加わったのは〝紅五類〟（労働者、貧農、下層中農、解放軍兵士、革命幹部、革命烈士）の子供たちだった。彼らは北から来た連中で、がさつで、残酷なやつが多かった。若い生徒たちはいつもは平和的で、行儀がよかったが、それを見ると、拳をふり上げ、足を蹴って、「やっつけろ！」と教師たちにとび掛った。校長がいちばんひどくなぐられた。重いバケツを首から下げた彼は、みんなにみぞおちをなぐられ、バスケットボールが壁にはね返るような音を上げた。「助けてくれ！」と彼が叫ぶと、一人がその口の中にインクを一瓶ぶちまけて笑った、「さて、誰がお前を助けに来るかな」。それから彼は校長の顔に往復ビンタを食わせた。校長は地面にくずれおち、息をあえがせ、目をとじていたが、口はインクと血でいっぱいだった(7)。

ケン・リンが最も衝撃を受けたのは、尊敬する銭先生が殺されたことだった。彼は、「あれが人間が人間を扱うやり方だろうか、鶏は刃物の一突きで殺されるが、拷問される人間は即死することもできないのだ」と、述べている。

銭先生は六十歳を越して高血圧で悩んでいたが、十一時半から二時間以上も夏の炎天下に校庭に立たされてから、ほかの先生たちと一緒に札をさげ、ドラを叩きながら歩き廻らされた。それから校舎の二階に引きずり上げられ、引きずり下ろされ、その間中竹ざおで叩かれた。彼は何度も気を失ったが、そのたびに冷水を顔にぶっかけられ、拷問は六時間以上もつづいて、ついに失禁するに至った。その肛門に彼らは棒を突っ込もうとした。彼はまた失神し、水を浴びせられたが、すでに手遅れだった。あれが人間が人間を扱うやり方だろうか、とぼくはひとりになって考えた。鶏は刃物の一突きで殺されるが、拷問される人間は即死することもできないのだ。もし楽な死に方なら、誰かがぼくに死ねといったら、ぼくは死ぬ。なぜなら、人間、最後には死ななければならないからだ。しかし、あんな不愉快なことを目撃しながら、なぜこの世に生きのびなければならないのだろう？　人民はすべて平等という共産主義社会に間違いはないのか？　殺し合いのない世界をかち取るためなら、殺し合いをしてもいいのだろうか？　でもそのことはぼくはあえて誰にもいわなかった(8)。

この中学校でも、「牛鬼蛇神」である教師たちを監禁し監視するための檻が作られた。約六〇人の教師がそこに入れられたが、そのなかから自殺者が出た。ケン・リンは、こう続ける。

ぼくらは共同して、「牛鬼蛇神（妖怪変化）のオリ」を作った。これは二階建ての建物の一部屋を使った一種の監獄で、一室に三十人ずつ、約六十人の教師をここに監禁した。そして監視、尋問、家族の見舞時間というように、きちんとした方式を採用した。クラスの文革指導班の高級中学生は、オリから〝妖怪変化〟を呼び出す権力を持っていた。オリの中の教師たちの運命は苛酷だった。ぼくらの物理の教師は〝大地主〟で〝旧い反動主義者〟だというのでオリにぶち込まれた。彼は日夜重労働を課せられた。少し耳が遠い上に、補聴器を壊されたので、彼はとても不利な立場にあった。彼をいじめる連中は、〝ずるい〟とか〝つんぼのふりをしている〟といって、彼を無慈悲に苦しめた。ある朝、校舎の三階の床を掃かされている時、彼は窓から飛び降りた。ぼくはその朝のことを覚えている。その頃他の連中と校舎で寝起きしていたぼくは、何かが窓から落ちた音で目を覚した。間もなく誰かが、物理の教師が自殺を企てたとぼくらに知らせてきた。行ってみると、彼は地面に倒れ、まだ口がきけたが、落ちたというだけで他には何もいわなかった。血がおびただしく流れていたが、みんなまわりに立って、低くうめく彼を眺めているだけだった。やがて二人の教師が彼を病院へ運び、家族を呼んだ。彼は五日後に死んだ。彼は生徒たちにこんな遺言を残した――「私は君たちを責めない。しかし私は自分の教育者としての生涯をこんなふうに閉じようとは考えもしなかった。君たちもいつの日か私のいうことを分ってくれるだろう(9)」。

この物理の教師の死後二日目に、彼の家は生徒たちに襲撃された。生徒たちは、彼のラジオや本や銀行通帳を奪った。また、地面を掘り返したり、壁を壊したりする者もいた。というのも、文革発動後宝石や金の延棒を家や庭に隠す家庭が多かったため、生徒たちはそれを探したのである。昼になると、生徒たちは教師の妻にブタ肉入りのかゆを作らせ、彼女がそれに毒を入れないように一人が監視に当った。ところが、午後になると生徒のうち何人かが腹が痛いと言い出したので、彼らは仕返しに家族の浴槽を便所代りに使った。生徒たちはそこを引揚げる前に、家じゅうを家探しし、入口を細目にあけただけですべてのドアに封印した。すると、老若の家族がひざまずいて生徒たちの服にすがり、封印を解いてくれと嘆願した。結局、寝室一つだけを彼らに開けてやった。その数日後、厦門八中の革命的な教師と生徒二千人が校庭に集まった。集会は厦門市党委員会の第一書記袁改が主催し、厦門軍区司令官田春が、紅衛兵の腕章と〝厦門八中紅衛兵〟の文字が入った旗を生徒代表に渡した。ケン・リンは「これが厦門市における最初の紅衛兵の誕生だった。第八中学からは五十六人、一年五組からは、ぼくを含めて四人が紅衛

兵に選ばれた」と述べている。(10)

九月からは、紅衛兵の全国的な「大串連」（大経験交流運動）が始まった。これは、いってみれば地方紅衛兵の一斉上京運動で、三カ月間に一四〇〇万人の地方紅衛兵が民族大移動のように北京に集った。毛沢東は、昭和四一年六月杭州で開かれた中央政治局常務委員会拡大会議で、「全国各地の学生を無料で上京させ、北京で大騒ぎさせてこそ喜ばしい」と述べていたが、毛は上京した学生たちに中央指導部を攻撃させることを意図していたらしい。(11) 紅衛兵たちは、交通費、宿泊費、食費が無料という特典を与えられ、しかも毛沢東が直々に紅衛兵を観閲したため、たちまち全国に上京熱が巻き起こった。一生に一度あるかないかというこのチャンスに、北京に行こうという学生大衆の素朴な要求が爆発して、経験交流運動は次第に修学旅行化していった。北京に押し寄せた地方紅衛兵をさばくため、第一回集会以後一一月までに八回の紅衛兵大集会が、北京の天安門前で開かれた。上京した紅衛兵たちは、北京市内の大学を訪れ、学生指導者の話を聞いたり、構内の壁新聞をみたりして「経験交流」をした。(12) 各地に「紅衛兵接待所」が設けられ、鉄道、バス、客船など交通機関は、紅衛兵たちであふれて麻痺状態に陥ったが、経験交流は造反運動の全国への拡大にとって絶大な役割を果たした。(13)

厦門のケン・リンも、経験交流で北京に行った紅衛兵の一人であった。彼は、翌昭和四二年一月まで北京に滞在したが、その間、劉少奇の妻王光美に対する闘争を目撃した。彼は北京を離れる直前、王が紅衛兵につかまったことを知った。王の拉致を指示したのは江青だったというが、(14) 最初王の娘が師範大学の付属中学校の教室で紅衛兵につかまり、彼女が北京医科大学第三付属病院に連れてこられると、そこから家へ電話をさせられた。彼女は母親に、交通事故で重傷を負ったからすぐ来てくれと言い、娘想いの王は夫と共に病院に駈けつけたところをつかまったのだった。劉少奇は追い返された。ケン・リンは、「闘争のステージは、建物の正面入口の石段の上に設けられていた。入口の上には、『資本家階級分子王光美闘争集会』と書いた横長ののぼりがつってあった。群衆はしだいにふえて十万人ぐらいになった。十時、集会は黄塵のあらしの中で始まった。太陽はまるで月のようだった」と書いている。

議長の蒯大富（清華大紅衛兵の指導者）が開会を宣すると、「資本家階級の分子王光美を人民と対面させるためここへ引き出せ」と命じた。大衆は、〝中国のフルシチョフの悪臭を放つ妻〟をはじめてじかに目にするのだ。前列の者が立ち上ると、後方の者は夢中で前へ押し寄せた。大混乱が起り、砂ぼこりで写真など写りっこないのに、隠して持ち込んだカメラのシャッターを切る音がほうぼうで起った。騒ぎがいくぶん収まり、ほこりが鎮まると、ぼくは双眼鏡を上げた。彼女は軍幹部の質素な青い制服を着て、蒼白い美しい顔にかすかな笑みを浮べていた。四人の女紅衛兵に護られて、みんなによく見えるようにステージを何度か行ったり来たりさせられた。時々女紅衛兵は彼女の髪をぐいと摑み、頭を下げて、群衆のほうを見ないようにさせた。議長は王光美に何か意見はないかとたずねた。彼女はまず、自分の間違った考えと闘おうとするすべての人々を歓迎すると述べ、集会に感謝の意を表明した。しかし、出席者を限定して、集会の議事を外部に洩らしたり、〝悪い分子〟がもぐり込まないようにして欲しいと要求した。この闘争集会は国の名誉にかかわるものであり、もし噂が広まれば彼女は今後外国人と顔を合わせることができないというのだ。悪い人間が混らないようにという彼女の言葉は、たちまち憤激の声を呼んだ。みんなが個人的に侮辱されたように感じた。蒯大富が王光美に対する最初の告発を行なった。文革の初期に劉少奇の悪質な補佐役として、王が清華大学で工作組を使って学生運動を弾圧したことを彼は挙げた。それに対しては、彼女は蒯に詫びたいと答えた。「誰があなたに謝罪を要求している？　あなたは自分の罪を告白しなさい」王は、聞き取れないような声で罪を告白して、蒯に詫びると、手を差し出した。しかし蒯が握手を拒んだので、王は当惑してかすかな微笑を浮べると、手を引っこめた。そのあと何人かが立って、彼女の罪を糾弾した。(15)

ここで登場する蒯大富という二〇歳の活動家を、劉少奇夫妻攻撃の先頭に立たせたのは、毛沢東であった。また、毛の使いとして蒯と事前に詳細な打ち合わせを行ったり、連絡を取り合ったりしていたのは、毛との対立を回避けることを政治的信条として生きた毛の忠臣周恩来である。[16] ケン・リンは、さらに続けて、告発者の順に従って展開される王に対する糾弾の様子を詳細に述べている。

一人は、一九六三年親善使節として、劉と王が東南アジア諸国を訪問した際のことを暴露した。その時、王はいろんな外国人に会うのだが、旅行用に服やハイヒールや宝石を買ったものかどうかと江青に相談した。江青が真のプロレタリア幹部にはそうしたものは必要ないと答えると、王はぜいたく品に人民の金をむだ使いしないと約束した。にもかかわらず、夫妻の訪問の記録映画を見ると、王は花のように美服をまとい、イヤリングやその他の宝石まで身につけ、インドネシアの前大統領スカルノと恥かしげもなくいちゃついていた。糾弾者は内輪話を暴露して、王の罪の深さを訴えようとしたようだが、ぼくには江青を表敬訪問しようともしなかった。王は何十箱と外国人からの贈物を持ち帰ったが、江夫の権力をかさにきて互いに闘争する王と江青の間の嫉妬をあばいただけのように思えた。（中略）次の告発者は、王が外国訪問中何回も服を着替え、日に二度も髪の手入れをしたと述べた。「彼女にインドネシアで着ていた旗袍を着せてみろ！　この腐れあまがしなをつくるのを見よう！」と誰かが叫び、ワーッとみんながそれに和した。議長はただちに民衆の意思に従うといった（ぼくらはのちに清華紅衛兵からすべてが事前に打ち合わせずみだったと聞かされた）。集会は大混乱に陥った。人々は立ち上って、前へ出ようと押し合った。ぼくらも前方に押し出され、代り番こに肩車をして双眼鏡をのぞいた。ステージの上も混乱していた。[17]

最後に、凶暴な紅衛兵の行動と、恥辱を受けた国家主席夫人王の目も当てられない様子が、次のように書かれている。

何人かの女紅衛兵が王をステージの奥へ連れて行き、着ているものを脱がせて、タイトのドレスを着せ、銀白色のハイヒールを穿かせた。王は狂ったように抵抗し、マイクを告発者の手からもぎ取ろうとしたが無駄だった。「みんな、よく見ろ、さもないと二度と見られないぞ」こうして十二月の寒空に、王光美は震えながらキラキラした絹のドレスを着て、首を垂れ、打ち負かされたチャボのように立っていた。一面に飾り立てられた装身具は、みんなつける場所が間違っていた。えり元は引き裂かれ、ほうきや古靴が首の後ろに差し込まれている。髪はもしゃもしゃで、双眼鏡で見ても泣いているのかどうかはっきりしなかったが、しかしじっと苦痛をこらえているように思えた。みんながパチパチ写真を撮った。突然彼女はマイクを摑むと、声をしゃくりあげた。「毛主席があなた方にこうしろといったんですか？　文闘だけで、武闘は禁じられているじゃありませんか！　紅衛兵の小将、あなた方は事実と理性を働かせなさい！　あなた方のしていることは政策にそむくことです、十六条の精神にそむくことです！」「そんな話は聞きたくない！　彼女をテーブルの上に上げろ！」と群衆は叫んだ。王は力の限り抵抗した。テーブルに押し上げられるたびに、すぐに飛び降りた。上ったり下ったり、上ったり下ったり……王光美は犬よりひどく扱われたのだ[18]。

一一月半ばになると、毛沢東・林彪派は、修学旅行化した経験交流運動にピリオドを打ち、文革の重点を本格的な「実権派」打倒運動に移すことをねらって、紅衛兵の上京運動にブレーキをかけ始めた。これを受けて、一二月初めから、実権派打倒闘争の中心となった北京の戦闘的な大学紅衛兵運動が盛り上がりを見せる。その火ぶたは、一一月末の「文芸界プロレタリア文化大革命大会」で、江青が前北京市党委員会、前党中央宣伝部、前文化部（国務院）の三部門を「修正主義の巣窟」としてヤリ玉にあげたことによって、切って落された。そして、彭真、陸定一などを次々に暴力的に引き出し、闘争大会にかけてつるし上げ始めた。また、これと並行して劉少奇、鄧小平を攻撃する壁新聞が、北京の街頭に一斉に貼り出された。その主要な書き手は、北京大学、清華大学、北京航空学院など第三司令部系統を中心とする「主流派紅衛兵」であり、紅衛兵運動の中核は、江青の中央文革小組とこれらの紅衛兵組織によって固められた。毛林派による実権派打倒闘争の手足となった紅衛兵の出現である[19]。

昭和四二年に入ると、一月に毛沢東は、造反派に対して党幹部からの「奪権」を呼びかけるが、この毛の指図を受けて奪権闘争が次々と繰り広げられた。この年、毛は劉少奇を訪ねて一度話をする機会があったという。劉少奇本人は、この時、自分に大きな災難が降りかかろうとしていることに全く気づいていなかったらしい[20]。しかし、王光美が批判闘争にかけられたあと、劉少奇に順番がまわるのは時間の問題だった。李志綏は、昭和四二年七月、劉少奇が闘争にかけられている場面を自ら目撃した。李は、その様子を次のように記しているが、造反派が自国の国家主席をつるし上げるのを見て、さすがに驚きを禁じ得なかった。

執務室で新聞を読んでいたら警護官がとびこんできて、劉少奇が国務院小講堂の外で「批判闘争」にかけられているという。私はすぐさま現場にかけていった。人垣ができていた。ほとんどが党中央書記処の下級幹部である。党中央警衛団の将校や兵士も見まもっていた。劉少奇に少しでも救いの手をさしのべようとする者はいなかった。劉少奇と夫人の王光美は群衆の真ん中に立たされ、書記処のスタッフにこづかれたり、蹴られたりなぐられたりしていた。国家主席のシャツはひきさかれて肌がはだけ、ボタンがいくつかもぎとられている。人々は彼の頭髪をつかんで引きずりまわした。よく見ようとちかづいたとき、劉少奇はつかまれた両の腕を背中にねじあげられ、腰から前かがみの「ジェット式」として知られる姿勢をとらされた。しまいにその上半身をたおし、頭が地面にふれそうなところまでぐいぐいおしつけて蹴る、平手でなぐりつける。それでもなお、警衛団の警備兵たちは介入しようともしない。私は見るにしのびなくなった。劉少奇はすでに七十ちかく、しかもわれわれの国家主席ではないか。(21)

ユン・チアンによれば、こうした党幹部に対する陰惨な批闘会の場面はフィルムにことごとく記録され、毛沢東は別荘でこれを再生して見ていたという。そして、映像は編集されてから、江青の「模範劇」のサウンドトラック付きでテレビ放送され、民衆は動員されてこれを観賞した。また、幹部に対する拷問の際の残虐行為も、その一部始終がカメラマンによって記録され、写真が周恩来を経由して毛沢東に届けられた。(22)

上海に始まった奪権闘争は、その後山西、山東、貴州、黒竜江などの各省に波及し、全国に広まっていった。各地の党政機関は、完全に麻痺状態に陥った。そして、黒龍江省を皮切りに「革命委員会」という組織が全国各地で成立し、臨時権力機関として党や行政の権限を行使した。指導幹部はすべて批判闘争にかけられ、通常の業務について口にする者は誰もいなくなった。また、各地で法廷のようなものをでっち上げることが流行し、勝手に人を引きずり出して拘禁し、拷問にかけた[23]。北京で、ある官庁に出撃して奪権闘争を行なった紅衛兵の一人は、その時の様子を克明に回想している。この紅衛兵によれば、奪権闘争は「六六年六月から表面化した文革が第二段階に入った合図」であり、翌年一月九日、毛沢東は「中央文革小組との話合いの中で、上海の奪権を支持して、左派による全国的な奪権闘争を指令した。北京でも、その火はアッという間に全市に広がっていったのである。北京の紅衛兵は、学校ごとに奪権の対象を選び、主要官庁、党中央組織、放送局、公安局へと出撃したのであった」という[24]。

××省は北京の中心部の大通りに面した、旧いレンガ建て。壁には大字報（壁新聞）やペンキのスローガンで埋まっていた。前夜から同省の招待所（接客用ホテル）に泊っていた仲間の紅衛兵二十数人が、待ちかねたように声をあげた。「歓迎你們！」（よく来てくれました）同省の造反派代表の若い職員がうれしそうに、同じ言葉を何度も繰り返す。紅衛兵と省内部造反派による奪権。これが「裏外迎合」という奪権の通常のパターンである。数百人の紅衛兵と内部造反派がどっと建物内になだれ込んだ。「来了、来了！」（やあ、きたきた）ビルから同省内部の造反派も迎えに出てきた。あらかじめ手配した通り、手わけして数十の事務室を占拠。職員たちは呆然として見守るだけ。省内にいた次官級の数人（中国では一省に次官の数が多い）が引っぱり出されてきた。大臣室、次官室、機要室（機密文書を扱う課）、情報室、档案室（保存文書を扱う課）などからは、秘書、職員が室外に出され、部屋のドアには表から封印が次々とはられていく。封印は短冊型の白い紙に墨で「一九六七年一月××日　封」と書かれ、大学の紅衛兵と省内部造反派の朱色の印章が押してあった。紅衛兵たちが奪権で重視したのは、機密文書や、職員の出身、経歴などが書かれた人事関係の書類。これらの文書を造反派が真っ先に押えた目的は、大ざっぱにいって二つあった。第一には、〝実権派〟たちが、自分の都合の悪い経歴などを抹殺、改竄するのを防ぐため。第二に、これら機密文書や経歴書の中から、彼らの「黒い材料」を探しだし、攻撃の武器に使おうというのである。事実、このころ、紅衛兵たちは国家機密の外交文書や、党、政府の重要会議の記録などを大量に入手、それをフルに活用して、「××は某会議でも毛主席に反対した」という具合に高官攻撃の材料に使ったものだ。紅衛兵と省内造反派による〝奪権〟は、ほとんど抵抗を受けずに進んでいった。省クラスの役人の大半は、大学卒のエリートで、文革の嵐がやがて自分たちにも及んでくるのを覚悟していた風だった[25]。

紅衛兵たちは、ひとまず奪権に成功したとはいうものの、彼ら自身の手で行政が担える程、行政の実務は甘いものではなかった。紅衛兵が生み出したものは、結局行政の大混乱や停止以外の何物でもなかった。紅衛兵の回想は、こう続いて行く。

あちこちの部屋で、奪権に入ってきた紅衛兵と役人たちとの奇妙な会話が展開されていた。「なぜ奪権するのか。私たちが何をしたというのか」と若い職員の中には紅衛兵に詰め寄る者もいた。これに対して紅衛兵の答えは『人民日報』の社説などを引用、紋切り型が多かった。「革命の根本問題は権力の問題だ。文革の中心任務はとどのつまりプロレタリアートが資本主義の道を歩む党内の一握りの実権派の手中から権力を奪回する闘争だ」など引用。「では、私たちに何をしろというのか」「実権派をあばき、つまみ出すのだ」次官、局長など幹部クラスは、もっと対応が巧みだった。「自分たちは間違っていた。劉少奇の路線が誤っているとも知らず、自分たちもその道を歩んでいた。なぜ、それに気がつかなかったのか。それは、われわれの毛沢東思想への認識水準が低かったからだ。君たち造反派を大歓迎する。今後、君たちにこの省の運営をやってもらいたい」こう下手に出られると、紅衛兵側も困って互いに顔を見合せるばかりだった。省内のごく少数の造反派と紅衛兵だけで、中央官庁の運営などできるわけがない。そしてその結果、混乱が生じ、生産面で打撃がひどくなれば、紅衛兵たちが破壊工作の責を負うことは当然予想された。(26)

紅衛兵たちにとって、当初の摘発や糾弾の対象は、旧地主・富農、民族資本家などの「黒五類」だった。しかし、それがたちまちのうちに党官僚や一般の知識人にまで拡大し、さらに、対立する紅衛兵の組織にまで敵を求めるようになった。紅衛兵組織は、お互いに自己の組織を「革命組織」、相手の組織を「保守組織」とみなして対立を激化させ、抗争を繰り広げて行く。そして、もし革命組織と認められれば革命委員会への参加が可能になるという条件の下で、人力や武力を動員した手段を選ばぬ抗争に発展し、武闘が始まったのである。昭和四一年九月から四二年九月までサンケイ新聞北京支局長をつとめた柴田穂によれば、武闘にはピンからキリまであり、乱闘程度では棍棒やビールびんが使われ、中程度では鉄棒やチェーン、刀、槍などが武器として使われた。さらに進んで、近郊農民や解放軍を巻き込んだ武闘になると、小銃はもちろん自動小銃、重軽機関銃、焼夷弾、迫撃砲までが登場し、瀋陽ではタンクが出動し、「飛行機以外の兵器はぜんぶ使われている」と書いた壁新聞もあったという(27)。昭和四二年一月、毛林派は、当初文革に介入させない方針をとっていた人民解放軍を、「左派支援」のため全面的に文革に投入することとした。これは、毛沢東自身の提起によるものであったが(28)、皮肉なことに、解放軍による文革に対する介入は、労働者や紅衛兵組織間の武闘をかえって激化させ混乱させた。というのも、解放軍が、同じ労働者や紅衛兵組織の一方を「革命組織」、他方を「保守組織」と判別することは、きわめて困難であったからである。

こうして四二年春から夏にかけて、全国の主要都市で武力と人力を動員した大規模な武闘が展開され、生産、輸送、行政、治安の秩序を混乱に陥れ、中国全土に無政府状態が出現した(29)。こうした状況に対して、毛沢東自身は「全面内戦」という言葉を使ったという(30)。当時『赤旗』北京特派員として取材にあたっていた紺野純一によれば、中国全土にわたって武闘の件数があまりにも多いので、外国人記者たちは「犠牲者百人にならないものは、ニュースではない」などと言っていたという(31)。かつて反右派闘争で「右派」として批判され、その後も文革の波に翻弄され続けたユエ・ダイユンによれば、同じ家族のなかにおいてさえ敵対することがあったという。彼女は、こう回想している。

各地で内戦といってもよいような無政府状態が生まれた。さまざまな紅衛兵組織が林彪の唱えた「権力という言葉をけっして忘れるな」というスローガンに呼応して、プロレタリアートの権力掌握を目指した。しかしセクト主義の台頭により、誰かれかまわず手当たりしだいに敵と見なすようになっていった。友人、同級生、職場の同僚同士が異なった側を支持したばかりでなく、同じ家族のなかでも敵対することがあった。たとえば、妻の所持していた書類を夫が盗んで、妻に対する告発の材料として自分のセクトに持っていったりするようなことも起こった。抗争が過熱して、多くの工場で生産がストップし、労働者は闘争に明け暮れた。貴州の飛行機工場では、機械設備を使って自動小銃まで作られた。国内各地の激しい武闘の知らせは私たちの耳にも入ってきた。貴州、四川、雲南では、人民解放軍からベトナム戦争支援用の武器が奪われ、血腥い内部闘争に使われた。私はその地方の流血のようすを、四川で高校教師をしていた従妹から直接聞いた。(32)

毛のお膝元の北京でも、文革派のなかの各派閥の間で主導権争いが激化して武闘が頻発し、三月から北京大学を舞台として、対立する紅衛兵組織が凄まじいバリケード戦を展開した。また、四月には広西省で、大砲・ロケット砲まで使用した大規模な戦闘が起き、五万人が虐殺された。敗北した側の紅衛兵組織は、北ヴェトナム支援列車を襲い、輸送中の兵器を強奪した。北京大学に続いて、紅衛兵運動発祥の地清華大学でも、七月に銃剣付き鉄砲と手榴弾を使った武闘が始まった。(33)もっとも、北京や上海などは、全国的に見れば状況はまだ良い方で、広東省、福建省、江西省、広西チワン族自治区など華南の状況は、より深刻であったようである。それに加え、貴州省の省都貴陽では、小銃その他の武器を用いた衝突事件が続発して多数の死傷者を出し、党中央が同市に特使を派遣するほど事態が悪化した。

その他にも、山西省、寧夏回族自治区、四川省などで、激しい衝突事件が起こった。ユン・チアンによれば、彼女が暮していた「四川省は中国の武器弾薬製造の中心地だったこともあり、抗争は激烈をきわめた」という。対立する紅衛兵組織は、互いに「軍需工場や武器庫から戦車、装甲車、大砲などを奪って武装した。（中略）宜賓では大砲や手榴弾や迫撃砲や機関銃を使った殺しあいがおこなわれ、宜賓の市街区だけで百人を超す死者が出た」という。そして、宜賓から敗走した者の多くは、隣の瀘州市へ流れたが、そこで三百人近くの死者が出た。成都では、「何万という数の造反派兵士が血だらけの死体を運んで街路を行進していくのを見た。通りでライフルを撃ちあう音も聞いた」という。また、チアンによれば、血腥い抗争が中国全土に広がるのを見て、毛沢東は「若い者たちに武器のあつかいを経験させるのも悪くない。もうずいぶん長いこと戦争をやっていないのだから」と言ったという。[34]

こうした武闘の頂点は、昭和四二年七月末の武漢事件であった。ここでは、武漢鉄鋼コンビナートを中心に百万の労働者が真二つに割れて対立抗争し、毛林派が「保守組織」と呼ぶ「百万雄師」に解放軍が加担し、中央から派遣された謝富治、王力が捕えられるという事件が発生した。毛林派は、直ちに周恩来を派遣して二人を救出したあと空挺隊を降下させ、東海艦隊が威嚇するという軍事作戦を展開し、反対派を武装解除することによって情勢の転換をはかった。この武漢事件は、生産と輸送を混乱させ、都市周辺の人民公社の農民をも巻き込み、労働改造犯まで動員し、解放軍の武器を奪って戦い合うという武闘の典型的な形をとった。[35]ユン・チアンによれば、この事件の結果、湖北省では数カ月の間に、一八万四〇〇〇人の一般市民や党幹部が負傷し、障害を負わされ、あるいは殺害されたという。さらに、「おそらく世界『初』と思われる異常な事態」も起こった。北京へ送還された反対派の司令官陳再道と副官たちの運命について、チアンは、こう書いている。

武漢軍区の司令官クラスがめちゃくちゃに殴られたのである――それも、むさくるしい地下牢でおこなわれたのではなく、周恩来総理が主宰する中国共産党中央政治局会議の場においておこなわれたのである。実際に手を下したのは、空軍司令官呉法憲率いる空軍の上級将校たちだった。政治局会議がおこなわれる部屋で、街頭の批闘会とそっくり同じ光景がくりひろげられた。犠牲者たちは身体を二つ折りにして両腕を後ろにねじ上げられる「ジェット式」姿勢にされたまま、殴る蹴るの暴行を受けた。陳司令官は殴り倒され、踏みつけられた。いかに暴力的な毛沢東政権とはいえ、政治局会議が暴行の現場となったのは前例のないことだった。[36]

武漢だけではなく、全国主要都市で武闘が続き、七月から八月にかけて無政府状態はピークに達した。ケン・リンのいた厦門でも、紅衛兵組織が二つの党派に割れ、互いに解放軍から奪取した銃器を持って争った。一方の側の

「革連」は、軍から武器弾薬の供給を受け、機関銃、一〇五ミリ榴弾砲、六〇ミリ迫撃砲、中型戦車までが登場して、厦門市の中心部は昼となく夜となく銃弾が飛びかったという。この武闘で、ケン・リンの最愛の妹が敵弾に当って死んだ。[37] 文革の終結後、胡耀邦党総書記は、文革の被害者は「家族、関係者を合わせておよそ一億人にのぼった」と述べた。また、死者は二〇〇〇万人に達したという。[38]

(1) 柴田穂「紅衛兵運動終焉の意味」(『中央公論』昭和四三年一一月号)一二九頁。
(2) ユン・チアン(土屋京子訳)『ワイルド・スワン』中巻(講談社、平成一九年)一七七頁。
(3) フィリップ・ショート(山形浩生、守岡桜訳)『毛沢東　ある人生』下巻(白水社、平成二二年)二四〇頁。
(4) 前掲『ワイルド・スワン』中巻、一八五～一八六頁。
(5) 谷川真一『中国文化大革命のダイナミクス』(御茶の水書房、平成二三年)四四～四五頁。
(6) ケン・リン「紅衛兵の『裏切られた革命』」(『文芸春秋』昭和四八年六月号)一一四～一一五頁。
(7) 同右、一一五頁。
(8) 同右、一一五～一一六頁。
(9) 同右、一一六頁。
(10) 同右、一一六～一一七頁。
(11) 前掲『中国文化大革命のダイナミクス』四〇頁。
(12) 前掲「紅衛兵運動終焉の意味」一三〇頁。
(13) 前掲『中国文化大革命のダイナミクス』四一頁、五八頁。
(14) 産経新聞「毛沢東秘録」取材班『毛沢東秘録』上巻(扶桑社、平成一一年)二一二頁。
(15) 前掲「紅衛兵の『裏切られた革命』」一二九～一三〇頁。
(16) ユン・チアン、ジョン・ハリデイ(土屋京子訳)『マオ　誰も知らなかった毛沢東』下巻(講談社、平成一九年)三三六～三四一頁。
(17) 前掲「紅衛兵の『裏切られた革命』」一三〇頁。
(18) 同右。
(19) 前掲「紅衛兵運動終焉の意味」一三〇～一三一頁。

(20) 高文謙（上村幸治訳）『周恩来秘録』上巻（文芸春秋、平成一九年）二六四頁。
(21) 李志綏（新庄哲夫訳）『毛沢東の私生活』下巻（文芸春秋、平成一八年）二七二頁。
(22) 前掲『マオ　誰も知らなかった毛沢東』下巻、三二九～三三〇頁。
(23) 前掲『周恩来秘録』上巻、二一八頁、二八一頁。
(24) 杜光「手記・北京の紅衛兵　十年目の証言」（『中央公論』昭和五二年六月号）一九七頁。
(25) 同右、一九六頁。
(26) 同右、一九六～一九七頁。
(27) 柴田穂『報道されなかった北京――私は追放された――』（サンケイ新聞出版局、昭和四二年）六二頁。
(28) 前掲『中国文化大革命のダイナミクス』二一五頁。
(29) 前掲「紅衛兵運動終焉の意味」一三二頁。
(30) 前掲『中国文化大革命のダイナミクス』一〇一頁、一一七頁。
(31) 紺野純一『北京この一年』（新日本出版社、昭和四三年）一五九～一六〇頁。
(32) ユエ・ダイユン、C・ウェイクマン（丸山昇監訳）『チャイナ・オデッセイ』下巻（岩波書店、平成七年）二頁。
(33) 稲垣武『「悪魔祓い」の戦後史　進歩的文化人の言論と責任』（文芸春秋、平成九年）二二五頁。
(34) 前掲『ワイルド・スワン』中巻、三一九～三二〇頁。
(35) 柴田穂「中国はどうなっているのか」（『中央公論』昭和四三年五月号）七一～七三頁。
(36) 前掲『マオ　誰も知らなかった毛沢東』下巻、三五四～三五五頁。
(37) 前掲「紅衛兵の『裏切られた革命』」一三一頁。
(38) 前掲『「悪魔祓い」の戦後史　進歩的文化人の言論と責任』二二〇頁。

第一〇章　文化大革命と日本人

隣国における文化大革命なるものを、日本人はどのように受け止め、認識したのであろうか。もちろん、自身の国籍とは無関係に、様々な事情から中国社会のなかで生きて行かなければならなかったり、そこで生計を立てて行かなければならなかったりした日本人たちは、中国人たちと何ら変わること無く、好むと好まざるとにかかわらずそれを受け入れなければならなかった。そして、時として上からの命令とあれば、それに率先して参加したり、積極的に協力したりしなければならなかった。そうした人間の典型が、日本人商社マンたちだった。サンケイ新聞の柴田穂は、「商売」として文化大革命に参加した日本人たちの姿を、こう描いている。

日本の商社員、特派員も、いつのまにかほとんど毛主席バッジをつけるようになった。商社員たちは商談のとき中共側公司の係り員といっしょに語録を読むことがよくある。わたしが滞在中、日本国際貿易促進協会の一代表団が北京を訪れた。中共側と共同声明を発表したあと日本側の主催で北京飯店でレセプションがひらかれたが、おどろいたことに、日本側司会者の音頭とりで語録の朗読がはじまった。みると商社の人たちは全員、語録をひらいている。語録をもっていないのは、われわれ特派員だけだった。こんなことは、北京の日本人商社員の間ではあたりまえになっている。「しかたがないんですよ。商売ですから。新聞記者はいいですね」これはそのときの商社員の話である。帰国の途中、広州行きの飛行機の中で、中国語のうまい日本商社員がスチュワーデスにすすめられて語録の歌「われわれの事業を指導する核心的な力は……」を歌った。そのときもわざわざ初めに、毛主席の長寿と林彪同志の健康を祈る、という例のことばをつけていた。北京には日本人のほかにソ連、東欧、アジア、アフリカ、フランス、イギリス、スウェーデンなど外国人が二百人以上いる。この人たちがバッジをつけているのをあまりみたことはない。あるアジア共産圏の記者が「日本人って不思議な民族ですね」と笑っていたのが、わたしにはちょっと痛かった。(1)

柴田によれば、日本人商社マンたちが文革を実践しなければならないのは、中国国内に滞在している時に限られないのだという。彼らは、日本に帰国した時にも、共産中国を擁護する運動に積極的に参加しなければならない。さもなければ、彼らは、中国で商売をすることを許されないからである。柴田は、こう続ける。

心ある商社員は、いまとても悩んでいる。（中略）こういう人たちも、国際貿促事務局が音頭をとってやる中共支持集会やデモには、やはり参加しなければならない。六月天津で日本科学機器展覧会がひらかれたとき、商社員はバスで天津にでかけ、「佐藤政府は十三品目（展示を認めなかった）を即時承認せよ」というプラカードをかかげ、「文革の勝利万歳」「偉大な毛主席万歳」と叫びながら天津市内をデモ行進した。商社の人たちは日本に帰っても〝北京〟から解放されるわけではない。日中友好のデモによく動員されるのだ。佐藤首相の台湾訪問のとき、道路にすわり込んだ人たちのなかには、北京帰りの商社員が多かった。友好商社は、北京にいても、東京にいても、こうして政治運動に参加しなければ、商売ができないという深刻な悩みをかかえている。(2)

このように、「商売」として文革に参加した日本人たちとは別に、中国での交友関係や生活を通して、心底から文革に共鳴した日本人たちもいた。彼らは、それに積極的に参加したり、日本人に文革のすばらしさを伝えたりした。その代表が、西園寺公一の長男の西園寺一晃である。西園寺一晃は、赤坂中学在学中の昭和三三年に家族と共に中国に渡り、一〇年間を北京で過ごした。この間、在籍していた北京大学で文革に関与した。北京大学における彼の活躍ぶりと、彼を認めてくれた仲間たちから紅衛兵の赤い腕章とバッジを授与された時の彼の感動ぶりについては、著書『青春の北京　北京留学の十年』（中央公論社、昭和四八年）に詳しい。

ともあれ、こうしたいってみれば特殊な事情を抱えていた日本人たちは別として、一般の日本人の文化大革命に対する捉え方は、どのようなものであっただろうか。それは、人によって、実に様々だったといわざるを得ない。順に挙げてみるが、たとえば中国共産党の延安時代の活動に素朴な憧憬を抱いていた作家の野上彌生子は、文革は「延安時代からくり返された整風」だとして、それを肯定的に評価した。そして、彼女によれば、紅衛兵とは、「大掃除というものはいったいどんなものかを子供たちに、まだ純真で浮世の垢に染まない精神に叩き込んでおこうとする」意図をもって組織されたものだった。彼女は、文革とは人間のエゴイズムとの永続的な戦いであり、「毛沢東の闘争のまことの相手は劉、鄧のいわゆる権力派にとどまらない」のだという。野上は、昭和四二年三月、次のような文章を書いている。

今度の文化大革命とても延安時代からくり返された整風で、またもっとも大がかりな根本的なものであろうと信じている。もっとも素朴に家の中の掃除を例に取っても、掃いたり拭いたりを怠れば、部屋はたちまち埃りまみれである。中共の国づくりもすでに十八年に及んでいる。ちょいちょい掃除はしても、あの広大な国土のそこここには塵埃のやまもできているだろうし、南京虫やしらみを殖やしているものも多いに違いない。殖やしているといえば、資本家の利殖にも、中共政府は最初からお手柔らかな政策を取ったが、そんな掃除も次第に必要となったのであろう。その意味では紅衛兵の組織も大掃除というものはいったいどんなものかを子供たちに、まだ純真で浮世の垢に染まない精神に叩き込んでおこうとするのであろうし、毛沢東の永続革命なる思想も、掃除は絶えずくり返して行なわなければならないとする信念に基づくのだとも見られる。こう考えれば、毛沢東の闘争のまことの相手は劉、鄧のいわゆる権力派にとどまらない。人間が原始以来の生存に絡みつけて来た「他人のためより我がため」のエゴイズムとのそれこそ永続的な、高邁であればあるだけ困難に充ちた、いっそ壮烈無比な戦と見るべきではあるまいか。(3)

一方、日本の知識人たちのなかには、文化大革命を民主主義の登場だと捉える論者がいた。その代表が、ソビエト現代史を専門とした東京大学助教授の菊池昌典である。彼は、まず文革は、社会主義が共産主義に到達するために求められる必要不可欠な移行過程だと、述べる。

マルクス主義では、政権奪取によって社会主義が生まれた場合、それが経済的に発展し、ある程度年数を経れば共産主義になるというわけですが、共産主義への移行過程に際しての革命については、深い洞察は全くされていない。しかしこれはおかしなことであって、たとえば社会主義のもとでは、その能力に応じて働くということから、当然賃金の不平等は残る。そうした社会主義に残っている不平等を、共産主義の完全な平等に転移させようとする場合に、革命は必要でないのかどうか。（中略）ぼくは権力奪取後、共産主義社会に至る長い時期において革命がないと考えるのは、そもそもおかしいのであって、なんらかの意味でドラスティックな転換がなければ、共産主義社会には到達できないんじゃないかと考えます。(4)

こう述べた上で、菊池は、「無政府的な大衆の発動」ともいうべき現に見られる文革の光景は、素朴ではあるが、しかし徹底した、本当の意味での民主主義そのものだ、と言い切る。

肝心な点は、それがソビエトで行なわれたような党内闘争ということで納まらずに、大衆自身を巻き込んでいることではないかと思います。このことについての是非の議論はいろいろあるでしょうが、そういう意味で、現在の中国は、ソビエトには生まれなかった新しいカテゴリーの革命をつくりあげつつあると考えます。そこで民主主義ということが問題になってくる。党内民主主義が未確立だからという問題が起こるのだという捉え方も可能でしょうが、私は、本来民主主義というのは、いわば無政府的な大衆の発動だろうと思う。だから、レーニンなどが規定している徹底した民主主義というものは、裏を返せば、今の中国のような暴動状態の民主主義という形をとらざるを得ないのではないか。きれいに議会なり、最高会議なりができあがっていて、民衆の九十九パーセントが投票してそのメンバーが選ばれて……それがはたして本当の民主主義かどうか。私は、むしろそれとは全く逆の今の中国のような状態が、素朴で原始的な形態ではあるが、徹底した民主主義の一つのあらわれ方ではないかと考えます。(5)

さらに、菊池は、文革は毛林派の勝利をもってこれで終わりというわけではなく、中国国民は、共産主義への到達に向けて、今後も永久革命を覚悟しなければならないのだと付け加えている。

毛・林派がいったん勝利しても、それがまた別の勢力に打倒されるということは、革命の過程では当然考えられるのであって、毛・林派が奪回したからもう終わりということじゃない。そういう意味では、永久革命を想定しなければならないと思うんですね。そのことはおそらく毛沢東自身だってわかっていることだろうと思うのです。とにかく今度の文化大革命によって革命で権力を奪取したあとは淡々とした道だという考えは、一応否定されたんじゃないでしょうか。権力を奪取したあとは、いわば計画経済でちゃんとやっていけば、いつかは共産主義に到達するという考えに対して、痛烈な疑問を投げつけたという点で、これはやはり歴史的な意味を持つ運動だと思います。(6)

菊池と同様に、文革を民主主義だと捉えたのが、朝日新聞社顧問の白石凡である。白石は、昭和四二年二月に中国を旅行した際に、「陳毅副総理、廖承志中日友好協会会長、趙安博中日友好協会秘書長に会い、清華大学に紅衛兵『井岡山』の学生、第二機床廠に『紅色造反者』の若い技術者を訪ね、また中国作家協会の造反運動の作家たちからも話をきくことができた。いずれも寸暇も惜しいひとびとで、委曲を尽くすわけにはいかなかったが、親しく接して、これまでのおぼろげな理解をたしかめ、運動の基本を察するのには役だった」のだという。(7)その結果、彼が到達し得た結論は、大衆の民主主義に向けた不満の爆発こそが文革であり、それは「人民が自由に大胆に発言し意見を出して闘争し、批判し、そのうえで改革を行なう」ことを運動の道筋とするものだ、という見解だった。

中国は、革命後、むしろ急激な変化を避けて「穏歩前進」したのであるが、「民主集中制」と言いながら、集中は行なわれたが充分に民主的ではなく、大衆路線を弾圧する兆候が、だんだんあらわれ、階級的な資本主義的機構を復活させる不安が出てきたようだ。造反運動をやっているひとびとの意見は種々ながら、実権派に対する批判のうちで、非民主的だと攻撃するのが多い。「思うことは何でも言い、言いたいことは残さずに言う」(『毛沢東語録』)ことのできない不満が爆発している。「一闘、二批、三改」と言う。人民が自由に大胆に発言し意見を出して闘争し、批判し、そのうえで改革を行なうのが、運動の道筋である。あらゆるところで、大弁論が行なわれ、大字報がはり出され、「造反」がなされる。（中略）「造反」は、ただ相手をたたき倒すのではなく、思想闘争によって、新しい形を生み出すためである。文化大革命は、革命ではあるが血は流されない。批判をされて、これまでの地位から去ることはあっても、生活の手だてを失うことはない。有能なひとで、じゅうぶん自己批判をすれば、新しい形の仕事に参加することができる。(8)

こう述べた上で、白石は、文革は今の中国に必須だと説く。「革命後十八年、革命を知らない子どもたちも青年期に達し、きびしい教育の結果、すでに社会主義的人格をなした青年が出てきたのである。次の時代の後継者となる彼らを、そのままに成長させ、ブルジョア意識に汚れさせないためにも、今日、文化大革命を行なうことは必須なのである(9)」。

昭和三九年七月から二年にわたって中国で研究生活を送った著名な中国研究者、安藤彦太郎も、菊池や白石と同様、文革を「大衆による幹部批判」という「徹底した民主主義」だと捉えた。安藤は、帰国直前に次のような文章を書いている。

「文化大革命」について、これは「毛沢東体制の動揺」であるとか、中国の政治の「弱さ」のあらわれであるとかいった論文が、日本の雑誌にいくつか見うけられる。いま「文化大革命」は、劇的なあの最高潮の段階は過ぎて、もっと、具体的な問題に即して深刻にひろがりつつある段階といってよい。（中略）「大字報」は、官僚主義や不正や、思想のまちがいや、作風のわるさを、下から突きあげて改めさせる武器である。すべての上役は、その指摘をうけいれなければならない。これは徹底した民主主義である。こんな徹底した民主主義を実行できるというのは、まさに「強さ」のあらわれでなくてなんであろう。「文化大革命」のような深刻な運動が進行しているのに、民衆の表情があかるいのは不可解だ、という感想をもらす外国人も北京にはいるが、この運動は、本来、むしろ表情をあかるくするものなのである。(10)

一方、昭和四二年六月から七月にかけて、七回目の訪中を果した自民党の政治家で日中友好協会会長もつとめる宇都宮徳馬は、文革は行政整理なのだと主張する。中国通として知られる宇都宮は、北京、ハルビン、天津、西安、延安など各地を回りながら紅衛兵、造反派労働者、革命委員会幹部などに会って、直接話を聞いたというが、彼は、帰国後こう述べている。

あんた方の不満は、いったい管理組織そのものが、たくさん人数をかかえていながら怠けているから多すぎるのか、それとも無用の事務が多すぎるのかというと、やはり無用の事務が多すぎるんだと明確に答えた労働者がいますね。やはりそういう不満があったわけだね。そして各工場全体の共通した特徴は、管理機構がうんと縮小された。本来は管理機構と共産党の細胞の二重行政みたいだったのが、そいつが一本になって、一種の幹部人員の整理が行なわれた。そういう大きな管理機構の中枢に長くあるものは、やはりたいへんな権力を持ちますからね。そこで収益性の追求なんかが行なわれるから、それが資本主義への道だということなんだね。だから文化大革命のなかには、一種の行政整理的な要素もあるわけですね。たとえば黒竜江省の造反組織の革命委員会は、以前の党と省政府との二重機構であったものを一本にした。それで一本にしたために、人員が四分の一に減ったなんていってますね。そういう人たちはどうしているかというと、みんな現場におろしている。だからある工場なんかで、共産党の副主任だった人が、鋳物工になって一生懸命に働いていたりする。そういう管理職を現場におろす配置転換、一種の行政整理みたいなものが行なわれた。要するに、幹部組織は、共産党組織ですから、そういうものが攻撃の対象になっている。(11)

文革についてこのように考察した宇都宮は、文革の意義を高く評価し、「あんまり消極的な判断をしていると、これはむしろ危険である。そうとう積極的に見なければいかんだろうと思いますね(12)」と、中国に関心を寄せる日本人たちに警告を発する。

ところで、日本人のなかには、文革を新しい「人間」像の誕生や人間革命として理解した人物も多い。西園寺公一もその一人であるが、彼は、中共中央の宣伝部長で副総理の陶鋳に命がけで戦いを挑み、自らは果てながら最後は失脚に追い込むことに成功した「上海の高級中学二年生の紅衛兵で、陸栄根という一八歳の少年」について記し、彼のような人間こそが、まさに文革が生み出した新しい英雄なのだと唱えている。

小陸は断固として造反精神を貫いた。陶鋳は上海の黒い仲間に指令して弾圧にかかった。しかし、北京に上り、天安門での毛主席の紅衛兵閲兵をうけた小陸は勇気百倍して、党の宣伝部にのりこみ、陶鋳打倒の長い大字報を貼りだした。長期にわたる激しい闘争で健康を害し、若い陸栄根はついに文革の人柱となった。それから半年の後、小陸のたたかいは党中央の文革小組によってとりあげられ、姚文元の「陶鋳の二冊の著書を評する」という文章が、一九六七年九月に発表された。そして、陶鋳の失脚となるのである。何ものをも恐れず敢然として毛主席の革命路線を往く陸栄根こそ紅衛兵勇将であり、毛主席に「忠」なのである。忠とは個人的に毛主席に忠誠をつくすことではなく、毛沢東思想に忠実であり、毛主席のプロレタリア革命路線に忠実であり、したがって、当然その源泉である毛主席に忠誠を誓うことになるのだ[13]。

西園寺は、「文革の英雄群は、あとからあとからと生れている」とし、「いつかは、その英雄列伝を書きたい」とまでいっている。こうして彼は、文革の進展にともなって、「中国の新時代の人間像」が生まれてくることを展望した。

一方、ジャーナリストの杉山市平は、どうしたことか、潔癖症を見事に克服することのできた大学教授こそが、「文革が生んだ新しい人間像」なのだと断定する。杉山は、昭和四四年一〇月から一一月にかけて中国を旅行したが、それを通して、彼が「とりわけ深い感銘をうけたのは、中国がプロレタリア文化大革命を通じてつくりつつある『新しい人間』像」であったという。彼によれば、「ここでいう『新しい人間』は、文革の過程で進出してきた『若手』とか、毛沢東思想宣伝隊の労働者、人民解放軍の兵士などを単に指すものではない。いろいろなレベルの革命委員会やその他の指導的な機関のなかで、『若手』にまじって結構いまも活躍している『老頭児』(年寄り)やインテリ層をふくめ、全国的な『闘争・批判・改革』と『毛沢東思想の活学・活用』の運動のなかで、大量にきたえられ、生れかわりつつある人たちを指している」。そう述べた上で、杉山は、西安の西北大学で会った六〇歳を越した英語の老教授がその典型だ、と断言する。「潔癖症が『労働を軽視する悪い思想に由来する』ということを悟らせ、『自分の生活のしかたを変えねばいけないと決心する』ところまでゆかせたものは、プロレタリア文化大革命の革命的なふんいきや、ブルジョア・修正主義路線にたいする集中した集団的批判運動や、仲間の一人一人を立直らせないではおかない、という同僚や学生たちの熱意などの力だったのだろう」とした上で、杉山は次のように書いている。

農場で老教授はブタ飼いの役にまわされた。教授の新しい内面闘争がはじまる。「私は、ブタを食ったことはあるが、飼ったことなどない。これじゃ、私の教授としての面子は丸つぶれだ」。さんざん悩んだあげく、教授は一つの悟りに到達する――「いまここで、ブタを飼うことでつぶれる面子は、ブルジョアジーの面子じゃないか」というのである。この痛快な悟りは、老教授が自分自身をブルジョア的なもの、修正主義的なものに対置させる立場に立ったからこそ可能になったものであろう。教授は「わが内なるブルジョア的なもの」を超克するモメントを確実につかんだ、というわけである。さて、どのようにしてブタを飼うか。老教授は考えた――「これは農場のだれかにきいてもよいが、ふだんブタ飼いをやっているのは子供たちだから、子供に教わるとしよう」。老教授は、こうしてブタ飼い少年の生徒になった。しかし、教授がブタ飼い少年や貧農・下層中農から教わったものは、ブタの飼い方や野菜の手入れ、クワの使い方、コエタゴのかつぎ方などにとどまらなかったらしい。（中略）農作業と、老教授の内面における生活感情の変化とは、かつてあれほど頑強にみえた教授の潔癖症を、いつの間にか消滅させてしまった。「仕事をするときは、両手をドロやコエのなかに突込まねばならず、ハンカチをだして手をきれいにしておくことなど思いもよらないわけです。時には、ドロンコの手のままでもメシを食わねばならず、そんなにしていても別に病気にもならないどころか、逆に丈夫になってきました。きたないのは、私の手ではなくて、私の頭のなかのバイキンなのです。手を洗うか洗わないかは、私の思想・世界観の問題である、ということがわかってきました(14)」。

杉山と似たような文革観をもつ経済学者で本州大学助教授の菅沼正久は、生まれながらにして言葉を話せなかった二四歳の青年が、言葉を自分のものにすることが出来たのが、文革の成果だったと強調する。昭和四四年中国人民対外友好協会の招きを受けて訪中した菅沼は、四一年と四三年にも中国を訪問した中国通であった。彼は、この青年について、次のように紹介している。

「私は二四歳になる労働者の息子です。中国が解放されたのち、劉少奇の悪者は、労働者に心をよせなかった。私のような労働者の息子であっても、病気をなおしてくれなかった。私のオシをなおしてくれたのは毛主席です。中国共産党です。空がいかに高く、大地がいかに広くても、中国共産党の恩よりも低く小さい。父母はいかに親しくても、毛主席の親しさには及ばない」北京第一聾唖学校の応接室で、劉志興君は少したどたどしいけれど、確実な発音の北京言で、こう精いっぱいしゃべった。しゃべったというよりは、演説をした。演説をしたというよりは、言葉をかためて投げつけた。「毛主席はプロレタリア文化大革命をおこし、劉少奇の反動路線をくつがえした。労働者階級が社会の上部構造を改革する政治的舞台に上がった。私は労働者階級と解放軍の援助をうけて、話をすることができるようになった。毛主席の話をきき、毛主席の著作を話すことができるようになった。毛主席万歳。劉少奇打倒。中国と日本の人民の連帯万歳」これが、生れて二四年にして、はじめて言語を自分のものにした劉志興君が、われわれに話してくれた言葉のすべてである。（中略）言葉が自分にないことは、残酷である。オシが言葉を自分のものにしたことは、残酷からの解放である。劉君はその残酷を劉少奇に感じ、解放を毛主席に感じた。(15)

松村謙三派の政治家で厚生大臣なども歴任した川崎秀二も、その具体的内容は必ずしも明らかではないが、文革を「人間改造」として捉えている。彼は、文革前の昭和三九年と文革中の四五年の二度中国を訪れているが、二度目に見た中国は「文革前より大衆の顔が活気に溢れていること」に驚いたのだという。昭和四五年七月に出版した著書のなかで、彼は、こう述べている。

道徳国家を目標とした人間改造が試みられている。そして文革前より大衆の顔が活気に溢れていることも驚きであった。毛主席が自ら「遅れた工業と近代文化」を認めて、八億の中国々民を、より高いものへ、より正しいものへ、自力更生で進もうとしていることは、この緊張がいつまで続くかという問題とは別に、現代世界社会に投げた、画期的な計画であることは間違いない。

この文化大革命という、地球上いまだかつてない、人類、人間改造という大事業を推進し、道徳国家建設ということを最高の目標にして、無産階級の徹底支配ということをなしとげようとしている毛沢東の二回にわたる革命、解放革命と文化大革命は、まさに、自からいうように、また林彪、周恩来のいうように、天地を揺るがすような事件であったことは間違いないと思う。この実相が世界にじゅうぶんに紹介されずに、単なる権力闘争だというように誤解されていることは非常にくいたりない点がある。(16)

最後に、中国通の財界人として知られ、昭和三九年には日中覚書貿易事務所代表に就任した岡崎嘉平太も、文革によって「人間の意識革命」が推進されると捉えた点で、文革を人間革命と見る人々と見解を同じくしていた。岡崎は、こう述べている。

衣食住ともに、昔とは比べものにならぬ改善が見られる。年とった民衆の多くは昔の状態を回想した現在を心から謳歌しているに違いないと私は思う。だが衣食が足りると、ゆるみの出てくる者も出来ようし、官僚的になる役人もあらわれるであろう。ブルジョアの甘い夢を追う者も増えるであろう。この心配は私の幾度かの訪中の間に中国の友人から聞いていた。これを放っておいては折角八十年の苦闘の後に得た完全独立、新しい社会も失われるかも知れない。また革命達成後に成人した青少年は、うっかりすると革命の精神を身につけないまま次の世代を担うようになるかも知れぬ、後継者の教育をしっかりやらなければならない、これも度々聞いていたことである。これらのことが、先達て来の文化大革命といわれるものになり、紅衛兵となったものと、私は理解している。(17)

文革をこのように見る岡崎は、日本も文革をやらなければいけないのだ、と主張する。彼は、こんな文章も書いている。

日本に比べれば、中国はまだ生活程度は低いが、それでも解放前のように、洪水で家が流されると、もう家を建てる力がない、飢饉に会うと、誰も食糧を恵んでくれる者はない。何万何十万の民衆は流民になるか、餓死する以外に道はなかった、というような悲惨なことは、解放後の中国には起らない。飢饉があれば政府が食糧を運ぶ、家が流されれば政府が建ててやる。こんな環境の中で若い者が育つと、それを当り前のように思って革命精神を忘れる。それではせっかくの解放が無駄になってしまう。そこで中学以上の学生に他地方の学生との経験交流をやらせて、その間に革命精神の高揚をはかるのだ。（中略）一種の人間の意識革命には違いない。そう理解してみると余り驚くに当らないように見える。いや今日の日本こそ、日本式の文化革命をやらなければならぬ時期に来ているのではないかとさえ思うのである。(18)

次に、驚くのは、作家の武田泰淳が、訪中直後ある雑誌に書いた文化大革命論である。武田は、文革の真っ最中、昭和四二年四月から五月にかけて二四日間にわたって中国各地を見て回った。そして、「わたしたちを案内してくれた人は、中国作家協会の造反団の、あるいは他の造反団の人々で、造反団の人々の手から手へ渡されて中国各地を廻って歩きました」とした上で、その感想を「そこには普通の生活がある」と題して、次のように書いている。

壁新聞も多いし、楽隊とか踊りとか行進が非常に盛んでした。それで、日本の新聞がさかんに読者の興味をそそるような記事を報道して、それは決してウソを報道しているとぼくは思いませんが、しかし、ぼくがいちばんに感じたのは、文化大革命を確かにやっている、やっているが同時に、中国人の普通の生活が続いているということです。これは当り前のことですが、新聞では結局中国人が今日も暮らしている、明日も暮らしているだろうという、ただの暮らしということでは、ニュースになりませんから、暮らしているんだが、非常に切迫した事態に直面したというニュースをどうしても書きたい、それは当然だと思うんです。（中略）これはたとえば、日本で交通事故が発生しているその状態だけとりあげて外国の新聞記者が報道するならば、日本では車の危険を感じないでは暮らせないというふうな感じを受けるかも知れない。確かに多くの人が交通事故で死んでいるが、それによって日本の生活が崩壊するふうにはわれわれは感じません。それと同じように、新聞のニュースだけを見ていて、ありのままの中国を見ないと、どうしてもわれわれに、中国人が生きている普通の人間であるということを忘れてしまうのではないか、と思うのです。(19)

武田は「造反団の人々の手から手へ渡されて」中国を見てきたのだから、彼の目に映じる光景が、「中国人の普通の生活」が中心となるよう管理されていたのかも知れないが、それにしても、文革の犠牲になったりそれに苦しんだりしたはかり知れない数の人々の生活に想像が及ばなかった武田の感覚が、不思議でならない。武田はさらに、造反派が出てくることは当然のことであると断定し、自らの属する文学業界の状況と中国の状況を同列に論じている。

造反派ができるということは、社会主義国にとって当然なことであるし、また、資本主義国にとっても当然ですね。それはなにも何の政党が何にとって代るという形でなくても、一つの政党内部においても、あるいは経済団体においても、文学団体においても、たえず造反派はでてきています。造反派のでない国家というものは、よく考えてみるとないわけです。ぼくらにとっては、安岡章太郎や大江健三郎は憎むべき造反派（笑）であると、言おうと思えば、言えます。しかしぼくらは彼らを憎らしいとは思いませんが。造反派がでてこないようじゃ、文学、文化というものはダメだ、むしろ、日本では造反派がおとなしすぎるとぼくは思う。（中略）日本の場合は、むしろ、造反といえば、悪いものであるという考えが、あまりにもありすぎると思うのです。[20]

こうした調子で文化大革命を語る武田に対して、強く異を唱えたのが歴史家の林健太郎である。林は、武田を批判して、次のような文章を書いている。

武田泰淳氏のような人が次のようなことを云っているのは不可解である。「（中共との）文化交流の窓はますますひろく開かれなければならないし、……うまずたゆまず接触していかないと不安である。変化がはげしければはげしいほど、着実に、たえまない結びつきが必要になる。知るということが、どれほど切実な急務であるか。まあまあ、こんなところだろうさという投げやりな態度や、わずかなデータで大げさな判断を売りに出す態度や、要するに知ったかぶりの、うまい言葉づかいや、性急な感情露出でない、まじめな心がけの青年や老人が手をつないで、中国を知るために全力をそそがなければなるまい。」（中央公論緊急増刊「中国はどうなるか」）武田氏ともあろう人が一体何を云っているのであろうか。「文化交流」をやれと云ったって、これまで中共を代表していた学者、文人はほとんどすべて「毒草」として粛清されてしまったではないか。それとも「文化大革命」をやっている紅衛兵と「交流しろ」というのであるか。だがその紅衛兵は最も「水準が低い」と毛沢東自身が云っているではないか。（中略）そして武田氏は一体どんな種類の「青年や老人」と手をつなごうと考えているのであろうか。(21)

もっとも、武田泰淳から誘われて、文革真っ最中の昭和四二年永井路子や尾崎秀樹と共に訪中した杉森久英によれば、武田に対しては、同情を寄せざるを得ないのだという。杉森によれば、武田はその立場上、言いたいことや本当のことが言えなかったのだという。杉森は、旅行中「泰淳さんも、終始にこにこしていた。しかし、この聡明な人に、いろんなものが見えないはずはない。ごく稀に、ふと洩らす一言が、私の所見とあまり違わないことを暗に語っていた。ただ泰淳さんは私たちの団長で、日中文化交流協会の副会長である。あとに残るようなことを言える立場になかった」と書いている。そして、のちに杉森が「見て来たことを、人に告げなくてはいられなかった」という強い気持から、「私はいろんな点で泰淳さんの好意を裏切ることになるかも知れない」という思いを振り切って中国旅行記を書いたあと、武田に会った時、杉森が武田に「せっかくつれていってくれたのに、悪いこと書いちゃって……」と言うと、武田は「いいよいいよ、君の書いてるのは本当だよ」と言ったという。(22)

それにしても、このように見てくると、中国通であることを自他共に認める知識人、彼らのなかには進歩的文化人と称される者が少なくなかったが、彼らに対する福田恆存の批判、すなわち彼らにはそもそも人間観というものが無いのだという痛烈な批判は、真実を穿っていたと強く感じざるを得ない。

西義之によって、西園寺公一、新島淳良と並ぶ「文革ご三家」(23)と評された安藤彦太郎は、文化大革命を理解する立場として権力闘争説というものがあるがどうか、と雑誌編集者から問われ、「私はその説をとりません」と明確に否定している。彼は、文革について、「中国でいえば『修正主義』ですね、そういうものにたいする批判の必要性が生じたということ、これが第三次五カ年計画の第一年度である一九六六年、という年に『文化大革命』のおこされたゆえんではないかと考えます。(中略) いまいわれた思想改造についていえば、こんどの『文化大革命』では、社会主義と資本主義との闘争、せんじつめれば階級闘争という観点が、社会主義建設の段階ではひじょうに重要だと強調されています」と説明している。[24] 安藤は、また別の雑誌に掲載された文章のなかでは、「『文化大革命』とは『ブルジョア階級』と『プロレタリア階級』との闘争」という言い方もしている。[25] さらに、彼は別のところでは、何と、文革をイタリアの文芸復興になぞらえて、「資本主義が勃興する一世紀前に、イタリアでルネッサンス、文芸復興というものがあったが、あれは資本主義文化大革命であって、われわれは社会主義のルネッサンスをやるんだということで、古い思想や慣習をこわして、新しいものを作り出そう、そういう古い意識をこわして行こうという運動なのです」と説いている。[26] 文革を礼賛したことで有名な安藤は、劉少奇の失脚をも一貫して否定し続けた。そして、社会科学の広範な分野の学者や専門家を糾合して組織された日中人文社会科学交流協会の会長として、その後も長く活躍することになる。[27]

稲垣武は、安藤に限らず、文革が権力闘争であることを否定したり、文革を精神・文化革命の類だと規定したりした進歩的文化人らに対して痛烈な批判を行ない、こう問いかけている。

なぜ毛沢東を暗に当てこすっただけの三家村グループが熾烈な集中砲火を浴びて葬り去られる一方で、紅衛兵らが壁新聞で「党内の実権派・走資派」にいかなる罵詈讒謗を浴びせても、毛沢東の「造反有理・革命無罪」の一声で許容されるのかという矛盾・撞着を考えてみたことがあるのか。「造反」は当然、毛沢東に対しても許されるべき筈ではないか。この矛盾を先入観なしに解き明かせば、毛沢東がおのが罪で党組織から阻害された状況に反撃し、権力を奪還するために、大衆のなかにある自らのカリスマ的権威を利用して大衆、特に知的にも成熟していない青少年を動員し、党の外から奪権闘争を強行する非常手段に訴えているというシナリオが判った筈ではないか。（中略）安藤は「劉少奇と毛沢東とが、政策において争ったという事実がない限り」劉失脚説は信じられないとしているが、劉少奇のリーダーシップのもとで開かれた六一年一月の党9中全会の大躍進政策の放棄と人民公社化路線の実質的否定、さらに六二年九月の党10中全会での毛沢東の「党内修正主義発生の危険と社会内部の階級闘争の長期的存続」発言などを勘案すれば、劉少奇と毛沢東の間に何らかの路線対立があることに気付きそうなものだ。(28)

中国史家であった藤井満州男の文革観も、文革を「修正主義」に対する戦いであるとする点で、安藤らのそれと共通したものがある。藤井は、「政権の座にあってひたすら安定と秩序をねがい、『資本主義への道をあゆん』でいた党官僚の暖かいねぐら、毛沢東のいう『修正主義の党、ファシスト党』への変質の道を果敢に断ちきったこと、世界革命の展望を担い、プロレタリア独裁のもとで不断革命を推し進める革命党としての面目をあらためてあらわにしたということはくみとれると思う」と述べている。(29) また、先に見たように、新しい人間像の創出に文革の意味を見出した本州大学助教授の菅沼正久も、文革が修正主義との戦いであると見ていた。菅沼は、「文化大革命は中国共産党内部の二つの路線の闘争として反映した階級闘争である。つまり、社会主義革命をひきつづき推し進めるプロレタリア階級の革命路線と、革命を放棄して三大差別の社会関係を深め、ブルジョア階級の支配の復活に道をあける反革命修正主義路線との闘争である。また文化大革命は決起した労働者・農民大衆が、党内のブルジョア実権派を打倒する革命闘争である」と規定している。そして、文化大革命の成果として、人民が「ブルジョア実権派」を打倒した結果、直接執行機関を構成することによって、経済発展を推し進める政治的条件を獲得したことを強調する。

革命によって成立する機構は、革命的人民大衆が直接に執行機関を構成し、直接に代表者を選び、彼らと一緒に革命を闘った党員に権力を与えて、執行機関の指導部を構成する、そのような内容をもった革命委員会以外のものではありえなかった。このような革命委員会が工場や人民公社、各省市に成立したことによって、中国ははじめて「農業基礎・工業主導の総方針」にもとづいて、差別体系をつくりだすことなしに、経済発展を推し進める政治的条件を得たのである。（中略）文化大革命が人民革命として闘われたことは、社会主義のこの歴史段階で、中国の労働者農民が、この革命を闘うに必要な素質をもつようになっていたことを示している。ブルジョア実権派を打倒して設計を掌握し、生産を組織する技術的素質、権力を掌握して行使する政治的素質、階級的自覚と規律にもとづいて革命的新秩序をうちたて守る思想的素質、こうした素質と条件を十分にそなえるにいたった人民が、六五～六六年の時期には登場していたのである。(30)

一方、元満鉄調査部員で戦後は中国問題評論家として活躍した伊藤武雄も、これらの人々と認識を共にしていたようである。伊藤は、昭和四一年一一月に訪中し、その直後、彼が「その現実にふれてみた」という文革について、次のように書いている。

四千年の文化伝統をもつ一つの民族が、今日なお活発な生命力を保ちつづけ、しかもさらに七億の大衆に、心身ともの若返りの大運動を展開している姿は、革命史上にかってなかつた壮観といえよう。中国はこれを「無産階級文化大革命」とよんでいる。私はその現実にふれてみた。たしかにこれは革命に相違ないが、われわれが歴史の上で学んだ革命の知識ではピンとこない革命のようである。資本主義意識を払拭し、人間の尊厳を、商品生産から峻別する点では、マルクス・レーニン主義の深化発展にほかならないから、文化大革命と称するわけであろう。この大革命の火ぶたが、七〇余歳の毛沢東自身によってきられ、支持され、激励され、推進されていることは、今やかくれもない事実であり、驚くべき天才的革命家といえる。(31)

毛沢東を「驚くべき天才的革命家」と絶賛する伊藤は、紅衛兵たちと直に接するという体験をもつことによって、自らの感激はその頂点に達する。伊藤によれば、紅衛兵、紅小兵は「敢然ということをなによりも念頭におき、なにものをも恐れない共産主義の戦士であり、毛沢東のりっぱな学生」であるという。そして、彼は、北京市第二中学で紅衛兵たちと話し合う機会をもったが、その時には、紅衛兵たちは伊藤らに対して、最近日本でも毛主席語録が出版されていると聞くがそのことを詳しく話してほしいとか、日中青年交流が妨害されているようだがいつ解決するのか、すべて歓迎の準備ができているから一日も早く送ってほしいなどと、「おとな顔まけの話」をしたという。伊藤は、こう書いている。「会談を終って、いよいよ辞去しようと立ちあがった時、紅衛兵の一人が『記念に紅衛兵の腕章をあげます！』われわれは瞬間びっくりしたが、全員自分の腕章をはずして、われわれの腕につけだしたのには、驚きとともに、うれしくなってしまった。この自分にとって象徴であり、貴重品であるものをおし気もなく捧げるまでの教育には、正直頭が下がった。そして、私たちは、贈るべきなんの記念品も持参してこなかったことに恥入った[32]」。こうした伊藤の記述に対して、西義之は、「私も紅衛兵側の接待のうまさに感心するが、こんなにまで感激しやすい人の受けた『教育には、正直頭が下った』し、どうも中国へ招かれる人たちの多くは、私とはちがった教育をうけているらしいので当惑する[33]」と、評している。

一方、文化大革命は「テクノクラット社会」との戦いである、と説明した論者たちもいた。その代表者の一人、東アジア科学史が専門で同志社大学助教授の山田慶児は、「今日の中国が挑戦しつつあるのは、テクノクラット社会とそれを支える価値体系にたいしてである」と断言している。山田は、こう述べている。

わたしにはひとつの作業仮説があった。文化大革命は工業化の過程において発生してきた諸問題の解決を志向する群衆運動である、という仮説だ。（中略）五二年の「三反・五反」運動は、社会主義工業化の社会的前提をつくりだそうとする運動であった。五八年の大躍進は、既成の観念を打破して独自の社会主義工業化への道を模索する運動であった。そして文化大革命は、調整期にようやくその全貌をあらわにした、独自の社会主義工業化への道をはばむ要因を除去し、変革する運動なのである。しかも、「三反・五反」運動が単純に都市の運動であり、大躍進が農村の人民公社化運動に平行する都市の運動であったのにたいし、文化大革命は都市からはじまって農村へ拡がっていった。中国ではじめて、都市の運動が農村を席捲したのだ。

文化大革命が大躍進の継承・発展としてのテクノクラット社会への挑戦であること、劉少奇の容認するテクノクラシーの価値体系が資本主義国やソ連のそれと本質的には同一であること、それゆえに文化大革命は価値体系の根本的変革、すなわち、「文化」大革命でなければならなかったこと、それはもはや明瞭であろう。[34]

こう述べた上で、山田は「禁欲主義」と「毛沢東思想」とを同列に捉え、毛沢東思想が、我々日本人にとっても重要な意味があることを強調する。彼によれば、「プロテスタンティズムの禁欲主義が資本主義のエトスを生みだしたように、この禁欲主義が全体的人間の回復への道をひらく可能性もあるとわたしは考える。（中略）テクノクラット社会へ挑戦する中国の実験の意義は大きい。そこにはいくつもの新しい発見がある。そうであれば、中国人がて管理される社会と人間の疎外、わたしたちにつきつけられた変革の課題がそこにある。そうであれば、中国人がよって管理される社会と人間の疎外、わたしたちにつきつけられた変革の課題がそこにある。未来へむかってなげつけた問いは、わたしたちの未来への問いでもあるのだ」[35]。文革についてこのように考察する山田は、昭和四二年、自ら訪中して文革を視察してきたあとの報告記のなかで、中国は、国家の死滅に至る「国家ならざる国家」、すなわち「コンミューン国家」に向かっているのだ、と唱える。

中国の「プロレタリア革命派」は、すくなくとも政治的な形態にかんして、レーニンの『国家と革命』をほとんどそのまま実践しつつあ〔る〕のである。新しい「国家」は国家ならざる国家、コンミューン国家とでもよぶべきものであろう。レーニンを引用しつつ、革命委員会について考えてみたのは、中国マルクス主義の「正統性」を証明せんがためではない。そんなことはわたしの主たる関心にない。わたしは中国科学院の造反派の青年がのべたあることばを念頭においているのである。かれはこう主張した、「わたくしたちは、マルクス主義のレーニン的段階をこえました」。わたしははじめ、そのことばに激しく反発した。しかし、文化大革命の全体像をわたしなりに構成しうるようになったとき、その主張を率直に承認せざるをえなかった。レーニンは、『国家と革命』を書いた。頭のなかで見取図をえがいた。つまり、レーニンにとって国家の死滅は絵にかいた餅にすぎなかった。しかし、中国の革命派はそれを実践にうつしている。そのかぎり、レーニン的段階をこえたというかれらの自負は、決しておしゃべり屋の自惚れではないのだ。[36]

また、昭和四三年八月三週間かけて中国各地を訪れ、「中国社会の巨大な変化を見てきた」という中国研究者で早稲田大学助教授の新島淳良は、「テクノクラシー」との戦いの具体的な「成果」について、詳しく書いている。

各級旧人民委員会（各級政府）の破壊・奪権と各級旧党委員会の破壊・奪権とは同時におこなわれるのであり、各級革命委員会が成立しなければ、各級核心小組（党委員会）も成立しないのだ。闘争・批判・改革で、階級敵（国民党時代の特務、革命運動の叛徒＝悪質転向者、死んでも悔い改めない走資派、未改造の地主・富農・反動分子・悪質分子・右派分子）を摘発し、また、プロレタリア革命派の先進分子を発見する過程は、同時に党内の階級敵を排除し、大衆の中の積極分子を吸収入党させる過程でもあった。（中略）文革はレーニンが主張しつづけた官僚制の廃止を実現しつつある。まず革命委員会が成立したところでは、前述の毛沢東の指示にもとづいて「行政機構の簡素化（精兵簡政）」ととりくんでいる。官吏数を、その単位の従来の全幹部・工作人員（党専従幹部をふくむ）の三分の一以下にするのである。『人民日報』には連日、各地の精兵簡政の経験が報道されているが、極端な例では官吏の数が一〇分の一にまで減っている。数千万の人口をもつ省の革命委員会ですら、二〇〇人程度の工作人員に減っていた。県の革命委員会なら五〇人程度であった。日本の県庁とくらべてみればよい。これは革命の名に値する。(37)

このように述べたあと、新島は、文化大革命の推進が理想的な社会の到来に向っているとした上で、文革の「成果」をこう絶賛している。「このような中国のマルクス主義者の思想と実践をみていると、おのずとこれからの社会主義のイメージがうかんでくる。それはプロレタリア独裁の強化と社会のコミューン化というイメージである。官僚制の廃止、すべての幹部が一般労働者なみの賃金で働くこと、『官にもなれば民衆にもなる』工作人員、大衆の監督のもとにおこなわれる整党、公安・検察・法院の権限の大衆への移管、法制化された勤労者収奪手段の廃止、労働の強制的性格の消滅、教育が特権への道ではなくなる、等々の社会の変化は、すべてマルクス・レーニンが予想したコミューン化をめざしている(38)」。

これに対して、稲垣武は、新島が「大衆独裁とは何か。それは階級敵にたいする独裁（教育による改造をふくむ）を、公安（警察）・検察・法院（裁判所）の手をかりることなく、大衆自身がおこなうことである」と書いていることを受け、「新島は近代国家においてなぜ『法の支配』が必要条件なのかを考えてみたことがあるのか」と、疑問を呈している。稲垣によれば、「裁判や処刑まで大衆の手に委ねれば、恣意的なリンチの危険が常に存在する。にもかかわらず新島はさらにエスカレートして、『犯罪の調査も、判決も、執行（監督）も大衆がやり、義務労働（引用者注　強制労働を指す）を解除するのも大衆がきめる。しかも公安・検察・法院へ報告したり許可を求めたりする必要もない』と書く。では殺人事件などの捜査も大衆がやるのか。鑑識その他、専門的技能を要する犯罪捜査を大衆がやれば、冤罪だらけになるのではないか。しかし新島はこういうことができるのも『これは大衆にたいする指導者の絶大な信頼を物語るものである』と澄ましている(39)」。

『赤旗』北京支局員の紺野純一は、新島について、「『いま中国で進行している革命は、正真正銘のパリ・コンミューン式のマルクス主義の革命だ』という〝珍論文〟」を書き、「海のむこうで、毛沢東一派のいうことばは、なんでも正しいと信じこんでいる〝中国研究家〟」と評しているが(40)、新島は、やはり毛沢東の熱烈な崇拝者だったようである。彼は、昭和四四年六月、毛沢東は「虐げられた人民の心の中の、赤い太陽(41)」であると断定した文章を書いている。

また、毎日新聞の元北京支局長で日本大学教授の江頭数馬によれば、新島は、この頃「熱情的な毛沢東哲学の研究者で、当時、学生層や友好人士の間に多くの信頼をもっていた」という。江頭によれば、「文革礼賛は一種の流行となった。私が北京の英公館焼打ち事件後帰国したとき、新島淳良さんと話したことがある。新島さんは紅衛兵たちが天安門広場に集って、毛沢東万才を叫んでいるのは、毛沢東が自分たちの親よりも身近な存在となっているからだ、と解説していた。上海の奪権についても、マルクスのコミューンの理想がここに実現する、と大変な意気ごみようであった」という。江頭は、北京の英公館焼打ち事件について、評論家の大宅壮一とも対談したことがあった。その時大宅は、その事件は「周恩来打倒の陰謀ではないかね」と言った。江頭は、「大宅さんの見解は、林彪事件後になって中国当局の非公式発表で裏付けられた。（中略）どちらが紅衛兵や文革の本質をつかんでいたかとなると、大宅さんに軍配を上げざるを得ない」と述べて新島と大宅を対比させた上で、こう回想している。

新島さんのように、文化大革命の中国を高く評価した人は多い。この人たちは友好人士と自ら称していたが、多少文革を批判的、客観的に見ようとするものまで、ことごとく「反中国」ときめつけてきた。そのきめつけかたは、戦時下日本の「非国民」呼ばわりに近かった。私なども長い間「反中国的」新聞人の一人に数えあげられてきたものである。私にはられた「反中国的」というレッテルがはがされたのは、そう遠い昔のことではない。これは「親中国的」と自認する人たちの見方に関係しているから、いつそうなったとは正確にはいえないが、華国鋒体制下で、四人組批判がひろがり、今回起訴状で明らかにされたような事件が知られ、文革が〝十年の災厄〟といわれ出してからである。「親中国的」人士は中国の公式見解をストレートに反映してきたから、その変化は中国の脱皮に正比例する。(42)

新島は、のちに自らの過去を回想した文章を書いている。そのなかで、彼は「おそらく文革についてもっとも多く文章を書いたのは私ではないかと思われるほど、文革支持の文章をたくさん書いた」と述べている。そして、紅衛兵を支持した背後には、「紅衛兵と話をしながら、過去の私と対面しているように思った」経験があるとした上で、敗戦直後旧制高校の学生でありながら授業にも行かず、子供会を作る運動に奔走していた自分にとって、文革は「私の十七～十九歳のときの経験への『本掛がえり』でもあった」と回想している。(43)

「テクノクラシー」を否定しそこに文革の意味を見出そうとする点で、新島と似たような見解を表明しているのが、一〇回にも及ぶ訪中経験をもつことになる東京大学教授で農政学者の阪本楠彦である。阪本は、日本の司法に見られるような「『公正な裁判所による取調べ』という方式」を否定し、「ほんとに公正なのは、ひとつまみの役人ではなくて、広範な大衆だ」という観点から、テクノクラシー無き社会を理想とした。そして、何よりも「大衆の闘う力を信頼しきっているという事実」から、毛沢東という政治家を高く評価した。彼は、次のように述べている。

権力を取る前に大衆の闘う力を信頼した革命家は、過去にたくさんあった。しかし、権力を取ってからも、大衆の闘う力に信頼を寄せ、大衆闘争を大いに呼びかけた革命家は、めずらしい。毛沢東個人に対する「好き嫌い」は別として、とにかくこのことを、われわれはまず率直にみとめるべきだと思う。毛沢東のいわゆる「人民の敵」に対する闘いかたは、密告—逮捕—処刑という秘密警察方式ではなくて、大字報—大弁論—自己批判という思想改造方式である。われわれが期待をよせがちな「公正な裁判所による取調べ」という方式を、かれはつかわない。かれは権力獲得後もなお、ほんとに公正なのは、ひとつまみの役人ではなくて、広範な大衆だという信念をくずさないからである。(中略)たとえば地主が都市の親戚を呼びよせ、「にわか百姓」にしたてるという脱法行為をしようとしたときも、「ケシカランと政府がいってくれるまでは、自分は黙っていよう」といったことになりかねない。その種の脱法行為を法律・政令・省令・通達の洪水で役人が防止「してやろう」とするなら、それはつまり日本流であり、日本ではその種の脱法行為を結局のところ防止できなかった。だが、中国では、地主に対する憎しみの感情を大衆のなかにわき立たせることによって、簡単な法律で、徹底的な土地改革を実行したのである。(44)

阪本は、「法律・政令・省令・通達の洪水」で統治する日本のような法治国家よりも、「地主に対する憎しみの感情を大衆のなかにわき立たせる」ことによって、自己目的を実現させるという手法を駆使する政治家や、「大字報—大弁論—自己批判という思想改造方式」にひたすら突き進む紅衛兵が支配する社会を、自らの理想とした。(45)

最後に、歴史学者らしく文革を歴史のなかに位置づけようとしたのが、京都大学教授の井上清である。井上は、昭和四二年と四六年の二度中国を訪れた。評論家須田禎一との対談のなかで、彼は、昭和四二年に見た中国は「文革の『破壊』段階」であったが、四六年は「毛沢東思想の活学活用による建設が着々と進行している」段階である、と説いている。そして、二度目に見た中国社会、つまり文革の偉大な成果がもたらしたと彼が考える中国社会について、次のように述べている。

文革がめざした「党内の資本主義の道を歩む実権派」の打倒は一応終り、党の整理が行なわれ、解放軍と革命幹部（党委員会の正しい路線を歩む幹部、あるいは文革で大衆から批判され、真剣に自己改造をなしとげた幹部）と大衆組織の代表の三結合による、各級の革命委員会が以前の行政機構と工場や学校や公社やそのほかあらゆる経済単位の管理部門にとって代り、面目を一新した、生気はつらつたる党の指導のもとに国家と社会のあらゆる機構・機関が再建され、すっかり落ち着いている様子がうかがわれました。（中略）民衆の一人一人がしっかりとプロレタリア思想、プロレタリア世界観を身につけ、唯物弁証法を身につけ、「階級闘争」「生産闘争」「科学実験」の三大実践に活用し、じぶんの頭で考え、じぶんを改造し、修正主義の根を断ち切り、生産でも学術・文化のうえでも、新しいものを創造していく主人公に、一人一人の労働者・農民・勤労人民がなって行く、（中略）プロレタリア文化大革命は、「人々の魂にふれる革命」だと、最初から目ざされていたのが、いよいよそこまで深まった、「闘私批修」、つまりブルジョア的あるいはもっとひろげて私有財産制の数千年の社会でつちかわれた「私」を第一とする心と闘い、修正主義を批判することに、全人民がとりくんでいるわけです[46]。

こう述べた上で、井上は中国では、今や工業も農業も大躍進しており、しかも、労働者や農民の一人一人が国家社会の主人公になったのだ、と主張する。

工業も農業も生産は大躍進している。その現場を見て、私が強く印象づけられたのは、プロレタリア文化大革命をへて、中国の労働者・農民、人民大衆の一人一人が、名実ともに、生産の主人であり、社会の主人、国家の主人であるという自覚と誇りをもち、じっさいにそうなっているということです。もともと社会主義国だから、人民が国家・社会の主人であるのが、体制として、また理念としてはそうだけれども、げんに労働者・農民の一人一人の生活と生産の現場では、党官僚、政府官僚、経営官僚によって支配されていたのを、ひっくり返して、名実ともに労働者が工場の主人であり、農民が田畑の主人であり、彼らが国家社会の主人になった。「労働者階級がすべてを指導せねばならない」と毛

沢東は指示しているが、じっさいその通り行なわれている。(47)

井上は、文革の「成果」についてこのように強調した上で、文革は将来にわたって何十年もかけて繰り返し行なわなければならず、それを現に行なっている中国の社会と人間は、歴史的に見て世界史の頂点に位置づけられるのだ、と結論づけている。

いまの中国は明らかにソ連よりもはるかに進んでいる。文化大革命は、結局、ソ連がつまずいたことを反面教師として、資本主義が復活するのを防ぐ保障をうちたて、社会主義を発展させる、そのような人間、そのような精神をつくり出すということだと思います。それは数千年の私有財産制下につくられてきた人間とは根本的にちがう人間をつくることですから、一度や二度の文化大革命で、できるはずもなく、これから何回もくり返し何十年もかかるだろう、毛沢東はそこまで視野にいれているわけですが、こうしてソ連よりもはるかに進んだ社会と人間が中国にすでにできており、かつその方向にのみ人類の未来があるのだから、文革の中国こそ現代の世界史の頂点である。そこから世界史を見て再構成されねばならないと歴史家として私は考えている。(48)

(1) 柴田穂『報道されなかった北京――私は追放された――』(サンケイ新聞出版局、昭和四二年)三三～三四頁。
(2) 同右、一二九～一三〇頁。
(3) 「文化大革命についての私の感想」(『中央公論』昭和四二年三月増刊号)一〇四～一〇五頁。
(4) 菊池昌典、野村浩一、萩原延寿「最後の革命か　最初の革命か」(『中央公論』昭和四二年三月増刊号)九一頁。
(5) 同右、九二頁。
(6) 同右、九七頁。
(7) 白石凡「社会主義国家建設への第二革命」(『中央公論』昭和四二年三月増刊号)三四頁。
(8) 同右、三五頁。
(9) 同右。
(10) 安藤彦太郎「夏の北京――文化大革命のその後の発展――」(『アジア経済旬報』六五六号、昭和四一年八月)二一～二三頁。
(11) 宇都宮徳馬「文革下の中国を歩く」(『エコノミスト』昭和四二年八月八日号)三七頁。
(12) 同右、四一頁。

(13)　西園寺公一「文革の英雄像」(『朝日ジャーナル』昭和四四年一〇月五日号)五二頁。
(14)　杉山市平「文革が生んだ新しい〝人間像〟」(『朝日ジャーナル』昭和四五年二月一日号)一一～一二頁。
(15)　菅沼正久「千年の蘇鉄に花を咲かせる――『医療』と『教育』における意識変革――」(『朝日ジャーナル』昭和四五年二月一日号)三三～三四頁。
(16)　川崎秀二『新中国を歩く　松村訪中団員の非公開記録』(仙石出版社、昭和四五年)二五二頁、二九二頁。
(17)　岡崎嘉平太『私の記録』(東方書店、昭和五四年)一五七頁。
(18)　同右、二八～二九頁。
(19)　『武田泰淳全集』第一六巻(筑摩書房、昭和四七年)一九九～二〇〇頁。
(20)　同右、二〇四頁。
(21)　林健太郎『共産国東と西』(新潮社、昭和四二年)七五～七六頁。
(22)　杉森久英「中国旅行の泰淳さん」(『海』昭和五一年一二月号)一三八～一四〇頁。
(23)　西義之「日本の四人組は何処へ行った?」(『諸君!』昭和五六年三月号)二七頁。
(24)　安藤彦太郎「激動する中国から帰って」(『朝日ジャーナル』昭和四一年九月一一日号)二四頁。
(25)　安藤彦太郎「北京で見た『文化大革命』――社会主義と資本主義の階級闘争――」(『エコノミスト』昭和四一年八月三〇日号)二〇頁。
(26)　稲垣武『「悪魔祓い」の戦後史　進歩的文化人の言論と責任』(文芸春秋、平成九年)二一四頁。
(27)　古森義久『日中再考』(産経新聞ニュースサービス、平成一三年)一一七～一一八頁。
(28)　前掲『「悪魔祓い」の戦後史　進歩的文化人の言論と責任』二一五～二一六頁。
(29)　藤井満洲男「みずから革命する革命の党」(『朝日ジャーナル』昭和四四年二月二三日号)一一八頁。
(30)　菅沼正久「社会主義における階級闘争の本質」(『朝日ジャーナル』昭和四四年七月二〇日号)四七～四八頁。
(31)　伊藤武雄「中国革命は創造である――若返る国の現実――」(『朝日ジャーナル』昭和四一年一二月二五日号)九〇頁。
(32)　同右、九〇頁、九五頁。
(33)　西義之『変節の知識人たち』(PHP研究所、昭和五四年)一五四頁。
(34)　山田慶児「工業化と革命――社会主義工業化における文化大革命の意味――」(『展望』昭和四三年一〇月号)一七頁、二九頁。
(35)　同右、三〇～三一頁。
(36)　山田慶児「コンミューン国家の成立」(『世界』昭和四二年九月号)一一四頁。

(37) 新島淳良「報告・新しいコミューン国家の成立」(『朝日ジャーナル』昭和四三年九月二九日号) 五頁。
(38) 同右、八頁。
(39) 前掲『「悪魔祓い」の戦後史 進歩的文化人の言論と責任』二二五～二二六頁。
(40) 紺野純一『北京この一年』(新日本出版社、昭和四三年) 一二七頁。
(41) 新島淳良「毛沢東 第三世界の赤い太陽」(『朝日ジャーナル』昭和四四年六月二二日号) 九二頁。
(42) 江頭数馬「断罪される文革〝戦犯〟」(『中央公論』昭和五六年一月号) 三五六～三五七頁。
(43) 新島淳良「中国は堕落している」(『諸君!』昭和五四年二月号) 七九頁、八四～八五頁。
(44) 阪本楠彦「『大衆動員』と毛沢東方式 農業からみた中国文化大革命」(『朝日ジャーナル』昭和四二年三月一九日号) 八七～八八頁。
(45) 阪本は、のちに自らの見解を否定するに至る。彼は、昭和六〇年に出版した著書のなかでこう述べている。「一九六六年に毛沢東の『造反有理』(むほんには道理がある) という言葉が喧伝された。それをまるで官僚主義を弱める大衆運動が始まったかのように錯覚したことを、私は恥じる。権力によって激励されるむほんなどとは言葉それ自体がまったくのナンセンスであり、派閥争い以外の何物でもありえないのに、自分の夢にいくらかでも似た現実がこの世にあってほしく、誤解してしまったのである」。阪本が自らの中国認識を改めるきっかけとなったのは、中国に関する文章を書いた二年後に訪れた、同じ共産主義国家ポーランドへの留学の経験だったらしい。彼は、こう続ける。「六九年、私は在外研究のためワルシャワへ派遣された。下宿での自炊生活が身にしみた。国営の八百屋でおいしそうな野菜を見つけ、手に取ろうとしてドナられ、百グラムと注文して手渡される腐った野菜を断わるなら――自由市場まで遠出しない限り――野菜ぬきの食事を覚悟しなければならないという、無権利状態。家庭電気の製品にしても、何でも売ってはいるが、買って不良品であることがわかればつっかえし、タダで修理してくれなければ他社の製品を自由にえらべる、というわけにはいかない。仰々しいむほんの権利よりも先に、選んで買うという、ごく日常的な、ささやかな権利さえ確保されたらどんなに住みやすかろうかと、つくづく思ったものである」(阪本楠彦『中国農民の挑戦』サイマル出版会、昭和六〇年、まえがき)。
(46) 井上清、須田禎一「世界史の中の文化大革命」(『現代の眼』昭和四六年九月号) 五二～五四頁。
(47) 同右、五五頁。
(48) 同右、六六頁。

第一一章　交錯する文革像

一国の世論を左右する大新聞社が、歪んだ中国認識や間違った文革像をその報道や解説によって国民に伝えていたとしたら、国民の受けた不利益ははかり知れないものがある。新聞社の活動が社会に与える影響は、一人の研究者やジャーナリストが自らの見解を自らの責任で公表する場合とは、比較にならない程絶大なものであるからである。かつて朝日新聞社の記者として働いていた稲垣武は、周囲からの様々な心理的圧力を撥ねのけて、自身の経験や見聞をもとに、勤務先の実態を社会に明らかにした数少ない人物の一人だった。彼の考察と勇気のおかげで得られた知見は、まことに貴重だったというべきであろう。稲垣によれば、朝日新聞の中国報道がおかしくなったのは、昭和四二年夏頃からだったという。稲垣は、こう書いている。

朝日新聞の中国報道や論評が常識を大きく逸脱し始めたのは、やはり六七年夏、野上正特派員に代わって秋岡氏が北京へ赴任した前後からである。その時点までは、社説そのものも、常識を逸脱したものは見られない。（中略）ところが八月十一日付の社説はそれまでとガラリと違ったトーンで書かれている。「激動一年の中国に思う」と題したそれは文化大革命の指導方針として「造反有理」が掲げられている以上、混乱が生まれるのは当然のことであったとして、文革が掲げている積極的意義を無視するわけには行かないと評価し、さらに文革を、日本の政党のような政策論争を伴わない派閥争い的な意味での権力闘争と見る考えかたには与しがたいとしている。この社説が掲載された一カ月前には、文革始まって以来の大規模な武力衝突が武漢で起こっていた。ほとんど内戦に近い状況だったが、それを「混乱」という言葉で括ってしまうのは、論説委員の言語感覚を疑うのが「常識」である。派閥争い的な意味での権力闘争ではないとの見方は、革命的な権力闘争なら意義があるとの考えかたが裏にあるのだろう。事実は文革の初期から要人だけではなく、普通の市民までもが奪権闘争の嵐にさらされていたのである。部屋を貸していただけで「資本家階級」とされ、妻が日本人であっただけで「外国のスパイ」扱いされて獄死した医者もあり、壁新聞で毛語録を書き間違えたら反毛分子とされた。何十万という無実の人間が反革命分子として紅衛兵に吊るし上げられ、家財全てを没収され、自殺するか流浪するか投獄されるかの選択しかなかった。(1)

稲垣が、常軌を逸した文革報道を続けた代表的な新聞記者としてその名を挙げる秋岡家栄は、昭和四二年一一月に朝日新聞の三代目の北京特派員となった。福岡愛子『日本人の文革認識』によれば、彼は、武闘や人民解放軍による介入という局面を迎えた文革下の中国の情勢について、ひたすら安定と明るさを強調する報道を流し続けた。すなわち、秋岡の北京赴任第一報は、武闘の惨状が誇張だったのではないかと思われる程の「毛思想一色の北京」の落ち着きを伝えるものであった。また、秋岡は、人民公社では収量も収入も倍増し、大批判は峠を越して、毛思想の学習によって農民の政治的自覚を高める方法が取られていることを報じ、混乱の収拾に時間がかかっているのも、巧妙になった反対分子に対抗して文革を徹底して推進するために、敢えて仕上げを急がないためだと評価した。さらに、皆が毛主席を中心とした革命を真剣にやっていればこそ、成り行き上武闘が起こるのも当然だと断定し、革命委員会が党・政・財・文の権力を併せ持つコミューン的性格を与えられる可能性に期待を表明した。(2) 秋岡特派員が『朝日ジャーナル』に掲載した記事には、彼は「こんなに明るい文化大革命の実態がどうして外国には暗いイメージを持って伝わるのだろう」と書き、次のようなこともいっている。

人民解放軍も、奪権闘争と大連合の過程で、左派を支援する役割をになった。日本では人民解放軍の出動というと、すぐに銃剣を突きつけて、武力で人を従わせる日本軍の暗いイメージが強すぎるのではないだろうか。たとえばわれわれが街頭の写真をとって、大衆の抗議を受けたとしよう。騒ぎが大きくなれば姿をみせて双方のいい分をきき、是のある方に味方して、相手を根気よく説得するのが解放軍の兵士である。混雑する市場で、こちらをふりむいてくれない服務員にカンをたて、お客が騒ぎだしたとしよう。そのとき店のむこうから客のほしい物をさっと紙に包んで、まあまあそう怒りなさんな、となだめてくれるのが解放軍の兵士である。そうした実例をいくつかきいてみると、やはり人民解放軍に対するイメージに日本で大きな誤解のあることに気づくだろう。各種の施設に解放軍がはいっているといっても、何も銃剣をつきつけて管理しているわけではない。私の見たかぎり彼らの多くは丸腰だ。彼らの武器といえば、それは必ず手にしている『毛主席語録』の赤い小さな本である。その本をかかげて、対立する双方のいい分を謙虚に聞き、是非をみわけて左派を支援し、修正主義派にだまされている大衆を説得してきたのが人民解放軍なのだから、大団結ができたとき、解放軍の責任者が革命委員会の主任におされることの多いのは、むしろ自然の流れというべきではないだろうか。(3)

稲垣によれば、秋岡特派員は「当時の広岡社長の信任きわめて篤く、中国情勢や中国関係のニュースの扱いについて、直接の上司である外報部長や編集局長を飛びこえて広岡社長とホットラインで話をしているという噂が専らだったから、その威光を恐れてか、公然と真正面から反論したり意見を言った人がいたという話は聞いたことがなかった」という。こうした状況に対して、稲垣自身は「論説委員や外報部長など責任のあるポストの人たちがなぜ堂々と反論したり、広岡社長に諫言したりしないのかと、憤りを抱いていた」。また、林彪事件の際には、「『林彪事件はない』とするのは秋岡氏を初めとする中国ロビーの自由だが、それがまるで朝日新聞の社是のようになり、いかなる反論や否定的情報の掲載も許されなくなるのは、果たして言論機関として正常な姿なのか、と私はひそかに思った」。稲垣は、秋岡特派員が文革の行き着き先として武闘が起こったことさえ正確に報道しなかったことに、強い怒りを述べている。

秋岡特派員は、文革の結果として各地で頻発した武闘すらできるだけ過小評価しようとした。たとえば一九六七年十一月二十二日付朝刊一面には「収拾段階の文化革命」と題する秋岡電が掲載されているが、そのなかに次のくだりがある。「一時香港あたりで旅行者の話として伝えられたいわゆる『武闘の惨状』は、事実よりも大分誇張されているのではないか、と思われる。たとえば広州では『武闘』の結果、数百人の死傷者が続出、人民解放軍が同志を制圧した、という報道があったが、『それは本当か』と聞くと、とたんに中国旅行社の案内人は目をくるくるしたあと、カラカラと大きく笑いとばした」(中略)秋岡記者が中国旅行社のガイドの演技に惑わされたのは不思議だが、恐らく武闘を過小評価し、文革が収拾に向かっているとしたいという願望が強く働いたからだろう。(4)

こう述べた上で、稲垣は、朝日新聞の記事が中国共産党の意向を忖度しながら作られていたことに強い憤りを述べ、「中国の意向を知っているのが中国問題の『専門家』なのか。しかし当時の朝日新聞にはその種の『専門家』が少なくなかったのである。(中略)当時は、中国代表部の意向を代弁していると自称する、いわゆる『秋岡感触』という不文律が罷り通っていて、中国代表部の意向が直接秋岡氏に伝わり、朝日新聞社がそれに従うという風潮が生まれていたことは間違いない」と断じる。(5)

そして、稲垣の批判の対象は、さらに一特派員から社の幹部にまで及ぶ。稲垣によれば、朝日における「文革評価の旗頭」は論説主幹の森恭三だったというが、「当時の朝日新聞の論説委員室がどんな雰囲気だったか、私はのぞいて見たこともないので判らない」と断りつつ、稲垣は「安楽椅子に座って革命をなど、ほとんど醜悪でさえある」と、森を批判する。稲垣は、森のことを、姜克實の言葉でいう「ビール社会主義者」(6)の横綱だと見ているのであろう。稲垣は、「文化大革命の激しい動きを、理解しようとする方向で見守ろうという私の態度は、反対派の人たちをひどく焦らだたせたようです」とした森の文革擁護の文章を引用したあと、「事実を知ってあのような文章を書いたとしたら、それはほとんど偽善である。知らないで書いたのなら太平楽を並べるただの安本丹だろう」と、森に対して極めて厳しい。(7) 稲垣の批判は、さらに社長の広岡知男と朝日新聞社全体に達する。

広岡社長が、「中国文化大革命という歴史の証人として、わが社だけでも踏みとどまるべきである。そのためには向こうのデメリットな部分が多少あっても目をつぶって、メリットのある部分を書くこともやむを得ない」という趣旨の発言を社内の会議などでしていたことは、私も社内のいろんな人間から聞いている。しかしこの言は自家撞着に満ちていると言っていい。まず中国側に迎合までして踏みとどまった特派員が片目をつぶっていては、見えるものも見えないだろう。それがたとえ方便にすぎず、片目をつぶったふりをしてひそかに両目を開けて見ていたとしても、その取材がニュースとして読者に知らされないのなら、何の値打もなく、逆に一方的なニュースだけが紙面に掲載されることで読者の判断を誤らせてしまう。（中略）何も書かなければベストだ。もしそうすれば中国側の利用価値がなくなり、追放されるというなら、少なくとも他の外電や評論家の意見の掲載を妨害することだけは慎むべきではないのか。それが最低限の新聞記者の良心というものだろう。（中略）時の佐藤政権のもとでは日中関係改善の望みがないという中国政府の意向なるものを繰り返し特派員電として伝え、さらに佐藤退陣後の政権づくりに注文をつける中国側の条件まで伝えている。そして田中内閣が成立すると「庶民宰相」と最大限に持ち上げた。その田中首相が一九七二年九月、訪中して日中国交回復を実現したあと、一転して金脈問題でスキャンダルに巻きこまれるや今度は掌を返したように攻撃したのが朝日新聞であった。(8)

稲垣は、新聞社の社長は外務大臣ではない、と強調する。「日中国交回復が、戦後の日本外交の最重要課題であったことは間違いない。また社長自身がその一翼を担う抱負を持つのも立派なことかもしれない。しかしそのために新聞本来の使命である報道の公正さ、的確さが失われては本末転倒もいいところだ。社長が国士気取りになるのはご自由だが、あくまで新聞社の社長なのであって外務大臣ではない」。こう述べた上で、稲垣は、新聞社のその本分を忘れた偏向報道が、一般社会に対していかに悪い影響を及ぼすかについて、次のように記している。

「新中国には蠅一匹もいない」といった類の報道が繰り返されると、中国について一定のイメージが造りあげられ、そのイメージに反したニュースは大衆の固定観念の枠からはみ出してしまうために、受け入れられ難くなる。（中略）中国礼讃が華やかだったころ、朝日新聞の学芸欄に国立国会図書館の中国研究者が「中国ではまさに毛主席の哲人政治が夜を日についで実現されつつあるのではないか」と書いた論文が掲載されたことがある。これも偉大な哲学者としての毛沢東のイメージが増幅されて、現実政治の面でも「哲人政治」が可能なような錯覚を生んだに違いない。知識人や専門家から繰り返しその種の意見を聞かされる大衆のほうは、ますます既存のイメージを膠着させる。こうなると壁新聞や武闘のような明白な証拠が示せない限り、そのイメージと相反するニュースや解説を送りだすのには、記者自身にためらいと抵抗感を抱かせる。ひとつの相乗効果が生まれるわけだ。現実の中国人は何もイデオロギーを食って生きているわけではないから、そこにはさまざまの人間臭い葛藤が、政治の面でも社会生活の面でも存在する。「哲人政治」とはほど遠い現実が存在するわけだ。「純真無垢な子供がインチキをするはずがない」という思いこみと同様、「詩人で哲学者の毛沢東がそんな無軌道をするはずがない」という解釈も、文革の最中に親中国派のひとびとから散々聞かされた。(9)

ところで、ここまで、知識人をはじめとする様々な日本人の文革像を辿ってくると、西義之の痛切な思い、すなわち「日本の知識人や中国通といわれる人たち」は「私たちがいかに中国を知らないかと叱責し、日中誤解の歴史をくりかえすなと警告しつづけてきた」わけであるが、「私たちも何も知らなかったかも知れないが、彼らも居丈高になるほど知っていたわけではないのである」(10)という思いに、共感を禁じ得ないものがある。もちろん、少数ではあったが日本人のなかにも、隣国で展開されていた文化大革命について正しく認識していた人物がいたことも事実である。そして、最も的確に事態を見抜いていた日本人の代表が、中国研究者の中嶋嶺雄であろう。中嶋は、昭和四一年一〇月に、次のような文章を書いている。

周知のように、中国にとって一九六一～六二年という時期は、五八年来の「大躍進」政策の重大な失敗、三年連続の自然災害、中ソ対立に起因する中ソ経済関係の悪化という相次ぐマイナス要因が相乗的な効果を及ぼし、中国はいちじるしい経済的困難に陥っていたのである。そこで、中国共産党は、こうした経済的困難を打開するために、企業家にたいする定額利子供与期間の延長や、農民にたいする自留地・自由市場・家庭副業の拡大奨励措置を講ずるなど、経済的インセンティブに依拠した一連の宥和政策を実行した。そして、こうした事実は中国共産党の指導性の後退をよぎなくさせたといえよう。このようなとき、今回の文化大革命で明らかになったように、経済的困難の最大の原因を「大躍進」政策以来の党の基本政策の誤りにあると見た〝党内反対派〟や北京市の知識人党員などは、毛沢東体制への批判を試みたのであった。そうした状況を背景にして、自己の路線にたいする批判の芽生えを自覚した毛沢東は、いきおい〝階級闘争〟の貫徹を呼びかけたものと思われる(11)。

中嶋は、昭和四二年九月に発表した文章のなかでは、毛沢東は「党と国家の制度や機構を見捨て、それを破壊することのなかに新しい権力への源泉を求めたのである。そこで彼は、紅衛兵という無類の青少年大衆に直接呼びかけ、毛沢東崇拝のクライマックスのなかで自己の権力回復を遂げたのであった(12)」と言い切っている。

さらに、中嶋は、国際政治学者として著名だった坂本義和の見解に代表される外的要因論を俎上に載せる。中嶋によれば、「最近の劉少奇批判にいたる一連の経過を詳しく分析してみるならば、今回の事態は、中国自身の政治的現実のなかから必然的に内発すべきものであったことを見ないわけにはいかないだろう。つまり、毛沢東体制下の中国が今日的に存立する社会的基盤とその権力構造から必然化された事態こそ、今回の文化大革命なのであり、このことは、中国共産党のいくつかの主張自身もそれを裏付けている」。しかし、「こうした事実にもかかわらず、わが国には、今日の中国の困難をもっぱら、アメリカの中国封じ込め政策とソ連の対中国政策に求め、中国自身の内在的課題として問題を追求しようとせず、ましてや、今日の事態を社会主義自身の内部矛盾の問題ないしはその指導者層の政策上の責任の問題としては追求しようとしない見方が多いようである」と、彼は述べる。

たとえば、坂本義和氏は、「アジアにおける平和の条件」（『朝日ジャーナル』六七年四月二日号）のなかで、「ソ連によって現在のような地位におかれている中国」にたいし、中ソ関係緩和へのイニシアチブをソ連がとるべきことの政治責任を追求するとともに、アメリカの中国封じ込め政策に言及したあとでこう述べている――「長期の『封じ込め』によって外圧を加えても、早晩、中国は強大な国家となることは変らない。しかもその場合には、外に対する不信と敵意を長期間持ち続ける強国となる公算が大きい。そして、その後に緊張緩和の長い時間が必要となろう。これに反し、なるべく早く中国との緊張を緩和する政策をとれば、中国が強大な国家となることは変らないにしても、外に対する不信と敵意とは薄らぐであろうし、結局、全体として、はるかに短い時間に緊張緩和を実現することができよう。」もとより私は、ここでの坂本氏の提案そのものには賛成である。だが、私が疑問に思うのは、坂本氏が一貫して、問題の一つの本質が宿されている中国の内政そのものをいわば「緩衝地帯」のなかの出来事であるかのように位置づけてしまっていることであり、今日の中国の困難を第一に外からの要因に帰そうとするその方法的前提についてである。坂本氏に代表されるこのような見方に立つかぎり、中国の事態をその本質においてとらえることはきわめて困難であろう。(13)

中嶋嶺雄に代表される少数の例外を除いて、多くの中国問題専門家たちが中国の状況を正しく理解せず、また伝えなかったことは、非常に奇妙なことだという他はない。中国研究者の竹内実によれば、竹内はあるイギリス人研究者から、「中国を視るためには、中国に近づきすぎないほうがいい(14)」と言われたことがあるというが、このイギリス人の警告もあながち無視できない気がする。そして、文革の本質を正しく捉えようとして大いに奮闘した日本人の多くが、必ずしも中国を専門とはしない人々だった。

例えば、政治学者の猪木正道は、マルクス主義の立場に立つ中国研究者たちを厳しく批判し、「中国がすでに社会主義社会であることを前提として、社会主義から共産主義への移行といったような視角に立つこと」を強く戒めた。猪木は、昭和四二年三月にこう述べている。

中国の〝文化大革命〟を考察する場合に、中国がすでに社会主義社会であることを前提として、社会主義から共産主義への移行といったような視角に立つことは、厳重にいましめなければなるまい。(中略)毛沢東はスターリンから多くを学んで、中国の工業化を推進しようとした。ところが、一九五八年に、彼は突如〝人民公社〟方式を打ち出し、〝大躍進〟を強行した。つまり、ソ連に追いつき、追い越そうと試みたわけだ。一九五八年における中国の社会的生産諸力が、一九二八年におけるソ連のそれと大体同水準であったことを思えば、毛沢東が大躍進によって共産主義社会への途を短縮できると夢想したのは、大きな誤りであった。はたして、この大躍進は、失敗に終り、実権派の手になる〝調整〟と称する部分的非毛沢東化によって、中国経済はやっと立ち直ることができた。毛沢東は、この失敗にこりないで、文化大革命という名の下に、実権派を追放しようとしている。このように考えてくると、文化大革命が、マルクスの史的唯物論とはまったくあいいれないことは明らかであろう。(15)

一方、文革に対する評価において見識を示した日本人の代表として、粕谷一希がその名を挙げるのは、中国古代思想の研究者だった小島祐馬である。中央公論の黄金時代を築いた名編集者として知られる粕谷は、中央公論が文革礼賛者の論調に引きずられることなく妥当な立場を取り続けることができたのは、自らが小島の文章を読んでいたおかげだったと回想している。粕谷は、こう述べている。

私の手許には筑摩叢書版の『中国の革命思想――附・中国共産党』（昭和四十二／一九六七年）がある。（中略）私は刊行された直後、本書を手にして眼を開かれる想いをし、竹内好の毛沢東論（『中央公論』に百枚の評伝として書かれた）に、特にその根拠地の理論に惹かれながらも、毛沢東革命、新中国に批判的な老碩学が厳として存在していることを知った。それ以降、新聞や雑誌にどんな礼讃記事が載っても簡単に信ずることはしなくなり、一九六六年に始まる文化大革命のときも『中央公論』の編集者として批判的懐疑的論陣を張ったのは、この書物の教訓が下地としてあったためだと思う。（中略）小島祐馬は中国共産主義の将来にきびしく、毛沢東中国、共産中国が成立したころから徹底して批判的な立場を採り、「中国が世界共産主義運動の一環として発展するか、歴代王朝のような降替を繰り返すかはいまだ予断の限りでない」と断言して、当時毛沢東中国礼賛の日本の若い知識人に警告したのであった。(16)

小島の他、哲学者の田中美知太郎も、文革を冷静に見つめ、そして深く理解していた日本人だったといえるのではないだろうか。田中は、中国で展開されていた運動を「文明への破壊的逆行現象」だと断じ、日本の文革礼賛者や親中国派に対する強い警告も込めて、昭和四二年三月、次のような文章を書いている。

やはりかれらは落第なのだというのが、わたしのいつわらざる感想である。わたしは中共独裁政権下のシナの出来事について、ほとんどイリュージョンをもたなかった。後進未開発の民族というのが、わたしの判断の基礎であり、かれらがどの程度に近代国家として発達し、いわゆる「離陸」に成功するか、若干の好奇心と希望の如きものをもたないではなかった。（中略）シナについては、社会主義や共産主義の名目が、何か世界史の未来につながるかのような錯覚をあたえるので、わが国では中共政権下のシナを一種の先進国のように考える人も少なくないように思われる。そしてそれが過去のシナ文明との連続性において、何か文明史的な偉大な出来事を幻想させることにもなっている。しかし実際においては、シナはインド、あるいはインド・シナと大差なき後進社会なのである。五千年六千年のむかしにおけるエジプト文明が、いかに驚くべきものであり、その遺物が今日のわれわれにとっても魅力あるものだとしても、それが直ちに今日のエジプトを文明国にするわけではない。われわれは今日の実情というものを、今日の尺度で正確に測定しなければならない。シナ趣味とか、シナとの同類感とかいうものは、今日のシナを見るのには、むしろ有害無用であると言わなければならない。[17]

田中は、こうした認識を示した上で、共産中国に親近感を抱くと同時に、それ故に文革を正当化する人々に対して、「中共政権下のシナの実情については、われわれはこのようなマルクス主義や共産主義の現況について、ある程度の認識と判断をもたなければならないのであって、シナに対する漫然たる親近感などをたよりにすべきではない」と、戒める。そして、「マルクス主義を生んだ西欧近代社会に対して、現在のシナは全くの別社会であると言ってよい」と断定する。田中によれば、「ロシアの場合には、ビザンチン文化のギリシア的伝統もあれば、ロシアのインテリにおける西欧的教養も相当にひろく深いと言わなければならないが、シナのインテリには、それが微少であり、いわゆる文化大革命なるものは、シナの伝統的文化を破壊するとともに、およそ西欧的なるものを、ブルジョア的として、ほとんど根絶しようとしているのではないか」。こう述べる田中の文革評は、はなはだ辛辣である。

現在シナの共産政権の下に生じている事態は、むしろ破壊的な逆行現象としてしか受けとられないことになるだろう。いわゆる毛沢東思想の条文解釈を機械的に徹底させ、極端化するだけの、低次元の形式的思考によって、未成年の群衆が行動するさまは、ネズミやサルの行動を観察する動物学者の眼を借りた方が、もっとよく捕捉できるのではないかと考えられるほどである。（中略）マルクス、レーニン、スターリン、毛沢東などの文章の一つ一つを金科玉条として、これに訓詁解釈をほどこし、そこに首尾一貫の形式的統一を追求するだけの思考習慣は、わが国マルクス主義者の多くがシナの人たちと共有するところのものではなかったか。そしてそのような思考法をもってすれば、いかなる愚行も、いかなる残虐も、もっともらしい意味を与えられることになるだろう。かれらはそのような解釈の糸を編んで、そのなかの中に自己を閉じこめ、その外を見ることもせず、その外に一歩もふみ出すこともしないでいる(18)。

ここまで筆を進めた上で、最後に田中は、内乱は戦争よりも悲惨であるとし、「それにしてもシナ民衆の苦しみは、いつまでつづくのだろうか」と嘆く。

多年の内乱と内戦のうちから、共産軍閥の軍事的勝利によって、ようやく一つの統一が得られたかに見えたが、今また天下大乱となるかも知れないのである。ヒットラーによっても、スターリンによっても、実に多くの人間が殺害されたが、中共政権の下にも何千万の人たちが殺されたと言われている。内乱は戦争よりも悲惨である。近代の戦争においては、敵の姿も見ることなしに、物理的化学的な手段でわたしたちは殺傷される。しかしいわゆる革命においては、同じ同胞、同じ民衆が直接に殺し合い、直接的な侮辱や暴行や虐待によって殺されて行く。これは肉体においてよりも、精神的に苦しいことだと言わなければならない。しかしそのような原始的な殺害も、革命の名によって聖化され、例の訓詁解釈家たちが、美しい意味づけをして、われわれの批判を封じてしまう(19)。

田中のいうように、マルクス主義に共鳴する「訓詁解釈家」としての中国研究者たちが、専門であるはずの中国の状況を正しく理解し得なかった、あるいは理解しようとしなかったことと対照的に、必ずしも専門家とはいえない人々が、文革の本質を正しく捉えようとして奮闘した。そして、そのなかには、多くのジャーナリストたちが含まれた。その代表格が、文革を「ジャリ革命」と命名したことで有名になった評論家の大宅壮一であり、また、彼を中心として中国視察団を構成した人々だった。

「大宅考察組」を自称した大宅壮一、三鬼陽之助、藤原弘達、大森実、小谷正一、秦豊、梶山季之の一行は、昭和四一年九月に一八日間にわたって中国各地を旅行した。彼らは、帰国したあと、それぞれの感想を複数の雑誌において公にしている。ニュースキャスターの秦豊によれば、そもそも、この旅行の計画が持ち上がったのはこの年の二月早々のことであり[20]、中国当局も、一行の入国を許可すべきかどうか長い間判断を迷ったらしい。そして、結果から見れば、中国当局の判断は失敗だったといえるのではなかろうか。視察団に加わった外交評論家の大森実も、「五名のジャーナリストを招いた向こうの計算が多少狂ったと思う」と述べ、評論家たちがもつに至った認識からすれば、自らの宣伝のために大宅一行を入国させ利用しようとした中共側のねらいは完全に失敗に帰した、といっている。大森は、こう述べる。「日本のインディペンデント・ジャーナリストというものはコントロールできると思っている。つまり日本のいろんな断層があらわれていて、多面的な要素をもっている、日本のインディペンデント・ジャーナリストは。それを、いままで知ってきた中日友好協会という窓口を通じて見てきた者は、確率高く影響力を与えたという彼らの経験の上から彼らのそろばんをはじいてみると、一つのリスクをおかしてみよう、彼らに対して宣伝ができるかもしれない、それは今後の日中中間地帯的なつながりのなかでPRになる、という考え方があったと思う[21]」。大宅に代表される評論家たちは、中共側の意図とは全く無関係に、文革の本質をかなり正確に見抜いていた。

旅行を終えて一行が羽田空港に到着した時、取材の記者団が待ち構えていた。記者が、「大宅先生、そうすると中共の文化大革命というのは一体どういうことなんでしょうか、一言で言って頂けませんか」と言うと、大宅は「朝から晩までガーガーガー騒いでばかりいる。そうだね、アヒル、アヒル、ありゃアヒル革命だな。まだあるよ、ジャリ革命、紅衛兵はこどもばかりだからねえ。それからレジャー革命というのもつけたんだ。紅衛兵たちはほら中国の全土を修学旅行か物見遊山みたいに歩いているだろう……」と答えた。秦豊は、「十数社は越えていよう記者団のひしめきのなかからは爆笑がたえなかった」と書いている。[22] 大宅は、帰国直後の昭和四一年一〇月に「紅衛兵嵐の表と裏を抉る」と題した文章を執筆し、雑誌に掲載している。そこでは、「毛沢東王朝は依然としてつづいており、政権そのものがつづいているのに、〝革命〟と呼ぶのはおかしいわけだ。変革が多少あるといっても、それは単に右派の〝どぶ掃除〟、反革命のボウフラ退治といったような性質のものなのである。それではクーデターかということになると、これは同じ支配層のなかでの派閥争いであり、主流派の権力争奪戦だ。しかも合法的な手段によってではなく、暴力をもって権力が奪取される」とした上で、こう述べている。

最高権力者は変わらなくとも、これにつづく権力者、すなわち劉少奇と林彪のあいだに、権力の移動があったということで、いくらかクーデター的性格をおびてはいる。だがそれも毛沢東と直接つながっている主流派が、比較的強力な反主流派にしかけたクーデター、しかも共産党の組織外の紅衛兵という妙なものをけしかけてやっているということになると、きわめて奇妙なクーデターだ。もう一ついえることは、一種の粛清だということである。権力内で圧倒的に強い者が、そのなかの不穏分子、不純分子もしくは潜在的な敵を取り除くのが粛清だ。彭真その他が、重要な地位から除かれたことは、いまのところ〝文化大革命〟が粛清の段階にあることを示している。ところが、この粛清にしてもスターリンのように、オールマイティーの権力者が自ら手をくだしてはいない。日本のヤクザの親分が、下っぱの子分を使って目の上のコブを除かせるやり方と、規模はちがうが似ている。結局、これまでの革命、クーデター、粛清のどの型にもあてはめることができないものだ。（中略）まだ手のつかぬ第三勢力ともいうべきあまり党組織の息のかかっていない青少年をおだてて、一方に有利な方向に局面を展開しようとしたのではないか。青少年といっても、青年の多くは共産主義青年同盟に組織されていて、党に直結しているから、動員できない。そのために少年層、つまり〝ジャリ〟がねらわれたのではあるまいか。紅衛兵を組織するのには、あきらかにオルグがいた。そのうしろにまわってひそかに指令を出しているものがいるにちがいない。これはわたしの想像だが、林彪一派が、毛沢東夫人の江青や側近と組んで、一つの組織をつくり、そこからオルグを全国の学校へ派遣し、学生のなかのアクティブ分子を、まずこの手でいけ、つぎはあの手でいけ、とあおっているのであろう。[23]

一行の帰国後、雑誌『中央公論』に掲載された彼らの座談会記事を見てみると、まず大宅が、「こんどの文化大革命は、上からのクーデターが底辺を煽ってやっている、年齢的な底辺をね」と発言している。これを受けて、政治評論家の藤原弘達が、「最底辺エネルギーによるトップ・レベルの毛沢東権力のレギュメンテイションだ、最終的なね」と応じている。また、大宅が、文革を推進している「何十人かの中国人に会った。そのなかには日本の大学を出た人も幾人かいる。そういう点からみると、明らかにインテリだと思われるが、そのインテリのインテリ性が完全になくなって、去勢されている。少なくともそういうふうにわれわれにみせかけるような姿で、われわれの面前にあらわれてきた。そういうことに私は脅威を感じますね」と言うと、藤原も同様に感じていたようであり、藤原は「紅衛兵と話してみて感じたのですが、紅衛兵の性格を分析してみますと、これは自発的におこった運動だといわれているけれども、自発的なものではないと思う。上から権力によって動員されていることは間違いない」と指摘する。

さらに藤原は、「しかもそれは最も教条主義的であり、最も常識的な毛沢東精神および毛沢東語録を最底辺の大衆路線において、精神的に再動員することによって、国内、党内の主な中央委員会にもあるし、あるいは軍隊、その周辺の多くのインテリゲンチャのなかにもある修正主義的な傾向が、少しでもおころうとするのを封殺しようとする運動であって、彼らのしゃべったことは、毛沢東語録に忠実であり、ある意味において最も公式主義的であり、ある意味において最も非インテリ的であるという印象を受けましたね」と述べている。これを受けて、大宅も「インテリの社会的発言権がなくなってきた。知識人はインテリジェンスを抹殺することによってのみ、その生存が保証されている国だということになる」と、これも鋭い指摘で応酬している。[24] 最後は、大森が、竹内好の中国認識を批判している。大森は、大宅一行の一員として実際に見てきた事実を念頭において、「彼は、書斎のジャーナリズムで、肌で感じて自分の呼吸をするジャーナリズムではない。（中略）そちらは神話ではないか。実際見ると比較検討もできる、ジャーナリズムの世界においては。だから進歩的知識人の書斎ジャーナリズムはいかに弱いものかということを中国を歩いて強く感じました。その実態というものは体当たりしなければわからないですよ」と、痛烈な批判を加えている。[25]

一方、昭和四二年一月から二月にかけて毎日新聞の依嘱を受けて、昭和同人会の土井章、慶應義塾大学の村松暎、写真家の荒牧万佐行らとともに中国を視察した歴史学者の林健太郎も、文革に関する考察において、見識を示した日本人の一人である。林は、帰国直後に出版した著書のなかで、「半年前、中共を『考察』してきた大宅壮一氏は『文化革命とはジャリ革命だ』という名言をはいたが、たしかに目のあたり見る光景は、まぎれもないジャリの大群である。しかし、このジャリにそんな大事業を遂行する力があるのだろうか。第一、おかしなことは町中で我々の目につくのは皆子供ばかりだということである。あのビラに塗りつぶされた家の中で働いている大人たちは、いったい何をし、何を考えているのだろうか」と問いかけた上で、ガイドの中国人との次のようなやりとりを記している。

さっそくバスの中で〔中国国際旅行社北京本部からきた案内役の〕Tさんに質問してみる。「紅衛兵にはたいへん若い人たちが多いようですが、文化大革命というのは子供たちだけがやっているのですか」「そんなことはありません。これは人民大衆が自分たちの力で立ち上った革命です。学生以外の一般人民の中にもそれと同じ造反組織ができています」「しかしそういう組織もどこかの指令によってできたものでしょう」「そんなことはありません。これは人民が自分で判断し自分で行動しているのです。そしてそれが大民主というものです」「自分で判断するといっても、その判断の基礎になる情報はどこから受けるのですか」「それは、いまは紅衛兵の大交流が行われていますから、お互いの情報を交換するのです」「そういう交流によって、お互いの地方の事情などはわかるでしょう。しかし、たとえば劉少奇が悪い人間だというような上層部のことはそれではわからないでしょう。そういうことはどうしてきめるのですか」「造反組織はどこにでもできています。人民大衆の目は明らかですから、大衆が事実を調べ、互いに討論すれば必ず正しいことがわかります」この答えは私を納得せしめない。だがこれ以上聞いてもあまり効果はなさそうだから、この質問はこれで打ち切ることにした。(26)

こう述べた上で、林は、「いまの中共では本当に『人民』の下からの革命が進行しているのだ」という日本人の抱いている文革観に疑問を呈し、「上層部における権力闘争が、こういう形で現われているということ以外の何ものでもないのではないか」と断じる。

北京で見学した北京第二綿紡工場では、一方で一つの団体が攻撃されているかと思うと、他方でその同じ団体が擁護されているのがあった。街の壁新聞でも、明らかに意見が分れていて、何々を打倒せよというのと、何々を攻撃してはいけないというのが対立している例は珍しくない。こういう点だけを見て、そして向うの説明をそのまま受け取って、だからいまの中共では本当に「人民」の下からの革命が進行しているのだという日本人もいる。しかし私には到底そうは考えられない。ことさらに「下司のかんぐり」をするわけではなく、それでは説明のつかないことが多すぎるのだ。第一に、たしかに意見の相違は見られるが、それにしても全体としてみれば、壁新聞の文句や人々のいっていることは全国津々浦々で圧倒的に同じなのである。劉少奇のいい分も聞いてみようではないかとか、当権派の過去の功績も認めてやらなければ気の毒ではないかなどという、当然出てもよいはずのビラは一枚もない。意見の対立といっても、一つの職場内の問題に関するようなものを別とすれば、その対立そのものが恐ろしく画一的で、これもどこでも同じである。これはかえって、上層部における権力闘争が、こういう形で現われているということ以外の何ものでもないのではないか。(27)

林は、中国旅行中に現地で自らが行ったこうした観察や考察をもとに、日本人の文革認識について次のような指摘を行っている。彼によれば、日本人の中国理解は、諸外国におけるそれと比較して、やはり極めて特殊なのだという。

文化大革命が始まった頃、日本の思想界ではこれが権力闘争ではないということを努めて強調する風があった。少なくとも「進歩的」を以て任ずる人々の間ではこの「権力闘争」という言葉は禁句であった。いや「進歩的」な人ばかりではない。大新聞の論調にもそういう口調が見られた。昨年鳴物入りで中共を訪問した自民党の代議士たちの中にも、帰って来てから、今中共で行われていることを権力闘争だなどと見てはならないと力説する人があった。（中略）これは依然として異常である。と云うのは、外国の専門家の間では、既にこれを権力闘争と見る見方が普及していたのに、日本では努めてそれを無視し、且つそのように考えることを何か罪悪のように見做す風があったからである。このような考え方の背後には、中共のことは何でも美しく見なければならない、そして彼等の表向きの発表をそのまま受けとってそれを疑ったりしてはいけないという心的態度が存在する。(28)

日本人の文革認識について研究した西義之によれば、毎日新聞論説委員の橘善守も、林と似たような感想をもっていたらしい。橘は、昭和四二年三月にこう言っていたという。「文化革命の見方について申し上げたいのは、東京の見方というのが非常に甘いということです。東京では、まことに現実離れした、観念的、幻想的な見方がいまだに行われている」「権力闘争などという次元の低いものではないのだ、という見方がいまだに行われている。少し天真爛漫に過ぎるのではないかと思います(29)」。

林の文革に対する考察、すなわち「大宅壮一氏は『文化革命とはジャリ革命だ』という名言をはいたが、たしかに目のあたり見る光景は、まぎれもないジャリの大群である。しかし、このジャリにそんな大事業を遂行する力があるのだろうか」と見た林の観察に対して、安藤彦太郎は、それは中国人を侮蔑するものだとして林を厳しく批判する。安藤は、こう自説を展開している。

中国をあいかわらず、専制的な支配者と愚昧な大衆とで構成された国、とみているからであるとおもわれる。(中略)このような中国観の根底には二つの要素がからみあっている。一つは、日本の近代化の過程で歴史的に形成された、日本の先進国意識にもとづく中国にたいする侮蔑感である。戦前に普遍的であったこのような侮蔑感は、中華人民共和国以後多少弱まったとはいえ、なお根づよく残存している。(中略)もう一つは、戦後日本の民主主義にたいする肯定的評価にもとづいて中国の社会状況を測る態度である。個人の自由とか、民主的手続とか、多数決の原理とかいったブルジョア民主主義の原理を尺度として、革命後の中国をみ、それに合致しているとみれば中国を肯定し、合致しないとみるとこれを非難攻撃する。(中略)フランスの「五月革命」にしても、民主主義国の現象としてこれを理解しようとするが、紅衛兵の運動は、圧制的な指導者により、民主的手続を無視してひきおこされた不可解な行動、というふうにみる。(30)

林と同じ視察旅行団に加わっていた中国文学者で慶應義塾大学教授の村松暎も、ユニークで透徹した中国認識を示した日本人の一人だった。彼の中国問題に対する鋭い観察眼は、父親譲りだったのかも知れない。村松は、帰国後、毎日新聞に次のような痛快な文章を書いている。

わが国には文化大革命を〝意識の革命〟とみて、およそこの革命に似つかわぬ日本的青白きインテリ好みに〝近代の超克だ〟などという人がある。解放後、めざましい発展をとげたといっても、近代社会というにはまだほど遠いところで延安に引き返したからといって、何が超克なのか。文化を知識人の専用から大衆のものにする文化革命だという人もある。文化を知識人の手から奪ったのは事実だ。だが、それだけでは単に文化をなくしただけである。中国の大衆の文化水準は、まだ驚くべき低さにあるのだ。知識人の手から文化を奪う前に、大衆の文化水準を引き上げる努力をすべきではないのか。文化を一部知識階級の専有物でなくする、というだけで感激するような甘っちょろいオツムで、中国を理解した気になるなどはチャンチャラオカシイというべきだ。相手はそんなにセンチメンタルではない。恐ろしいほど非情なのだ。上海で造反団の若者たちと座談会を行なったとき、リーダー格の青年は開口一番、こういったものだ。「文化大革命の主たる内容、それは一口でいえば、政権の問題である」彼らはこの認識のもとに、ブルジョア実権派、経済主義者たちを打倒したのだ。(31)

村松は、文革とは政治であること、を正しく理解していた。彼は、訪中前の昭和四一年一一月の『中央公論』に掲載された安藤彦太郎、竹内実との対談記事のなかでは、「どうもこれは基本的には政治問題であって、相当前から計画されてきていて、完全に連続した一つの動きだというふうに見えるんですがね」と発言しているが[32]、早くから文革の本質を見通していたその深い洞察には、驚く他はない。村松は、その政治問題の内容について、こう解説している。

〔ぼくは〕遡って考えるんですよ。さしずめ、五九年ぐらいまで。というのは、大躍進をして、それが頓挫しますね。そのとき、やみくもにいくか、それともソ連と妥協してもと考えるか、いろいろな方法があったに違いない。そこでそういう路線に関する非常な論争があったらしい。（中略）一派はそれこそ党、政府、軍、文化界にまたがった相当大きいものだろうと思うんですよ。だからその困難な時期には、そいつらを切るというような大手術はできなくてそっとしておいたわけだけれど、そうした反主流派をいつかなんとかしてやるという主流派の考えは、そのへんからもう持たれていたんじゃないか。だから、相当前からのシコリが残っていて、主流派としては、そういう一派をきれいさっぱりなくして一本にしてゆくことは、その時期についても、手段についても相当考えたろうと思うんです。（中略）ともかく、全体を一本にきれいにしようという運動であり、それを歴史劇、歴史学批判の段階からだんだんにいこうということなのでしょう。（中略）はっきり言ってしまえば、毛沢東・林彪路線が非常な抵抗にあったのだと思う。彼ら自身、フルシチョフ式クーデターが企てられたとか言っているんだから素直にそれを信用しましょう。とすると、当面それをぶったたかなくちゃならない。ほっておいたら、それこそ自分のほうがあぶない。それだからこそ、のるかそるかで今度のことをやっているんだろうと思うんですがね。[33]

このような認識をもって中国に出かけた村松は、日本人からの質問に対する紅衛兵の答えと両者の間のやりとりについて、次のように紹介している。

この「造反（謀反をおこす）」ということばが奇妙なものだということを、このときに知った。私どもの一行の竹内さんという人は、先の北京で行なった座談会で紅衛兵が質問に対して抽象的な返答ばかりするので業をにやしていた。なまじ中国のことを知っていると、彼らの返事は聞かぬうちにおおよそ見当がつくので、そのうえ問いつめてもむだだとあきらめてしまうのだが、その点、竹内さんはウブで一本気だった。「君たちは実権派を打倒したわけだが彼らにどんな悪いところがあったのか、具体的に聞かせてもらいたい」「彼らは毛沢東思想にそむいたのだ」「それを具体的に説明してもらいたい」「彼らはわれわれの造反を弾圧したのだ」「だから、どんな悪いところがあったから君たちが造反したのかと聞いているのだ」「彼らはわれわれが革命に立ち上がるのを恐れたのだ。もし彼らが本当に革命的なら、われわれを恐れないはずだ」「そうではない、君たちが革命し攻撃するというのは彼らの政治に悪いところがあったからだろう。その例を聞きたいのだ」「そういう例ならいくらでもある。三日三晩話しても話しつくせるものではない」「では、その例を一つでもいいから話してくれないか」「彼らは真のマルクス主義者ではないから、自己批判もせず大衆の批判も受けようとせず、自分の犯した誤りを改めようともしないのだ」竹内さんがさらに追及しようとすると、一人がやにわに「語録」を語気荒く読みはじめ、それでこの問答は幕になってしまった(34)。

村松は、紅衛兵についても、冷静で批判的な認識を示している。先にも見たように、彼は「だいたい毛沢東という最高権威をバックにして謀反なんていうことが成り立つわけがないし、それに年齢が非常に低いことが、運動の次元を低めている。エネルギーならエネルギーで徹底的に押してゆくならわかるんですが、それが途中から武器ではいけなくて文闘でいけといったって、そんな論理をもった連中じゃないから、これはいたずらに混乱するだけになる。紅衛兵とすれば、武闘が本来の持ち前なんですから(35)」と言っている。そして、中国での観察も踏まえた上で村松が出した結論は、「この〝文化大革命〟なるものも、ひと皮むいてみると存外にお粗末なしろものである」ということであった。村松は、次のように書いている。

要するに実権派はともあれ「はじめ造反ありき」で謀反されるわけだ。それを奨励すれば自分がやられることになるし、押えれば打倒される――いずれにせよ、打倒されるほかはないシカケになっているのである。中には悪いことをしたやつもあるだろうが、悪いことをしなくても同じことだ。だれにしても、大衆の前であやまったり悔い改めたりするのはイヤだろうし、打倒されるのは、なおさらたまるまい。あの手この手でのがれようとしたり、それもダメなら抵抗するということになるのも無理はないと思われる。「道理をもって説く」「魂にふれる革命」だというが、どこに道理があるのか。いったいそんなことで魂にふれるのか。毛主席が本気でそう思っているのなら、彼はとんだ見当違いをしていることになる。どうも私には、この〝文化大革命〟なるものも、ひと皮むいてみると存外にお粗末なしろものであるように思われる。(36)

大宅に代表されるジャーナリストたちをはじめとして、中国研究を自らの専門とはしない人々が、中国の情勢について、当時の状況下において期待し得る極めて的確な認識を示していたことについては、すでに述べた。これに対して、少なからぬ中国専門家たちが、事実認識においてもはなはだ疑わしい見解を盾に、反撃を試みている。例えば、『朝日ジャーナル』昭和四三年九月二九日号では、「人間復権の巨大な試み」と題された座談会記事が掲載されたが、そこには、朝日新聞社論説顧問の森恭三、桐朋学園大学助教授の北沢方邦、早稲田大学助教授の新島淳良、東京外国語大学講師中嶋嶺雄の四人が出席した。この座談会では、まず森が、文革は肉体労働を軽蔑する中国の悪い伝統や官僚主義を打破しようとする大実験だ、と評価する発言をした。次いで、北沢も、ソ連型社会主義に対する徹底的な批判として文革を高く評価したいと言い、新島は「中国社会のコミューン化は大きく進んでいる」と述べた。こうした学者たちを相手に一人孤軍奮闘したのが、この時東京外大講師の中嶋嶺雄であった。

中嶋は、文化大革命の「本質が党内闘争にあること」(37)を的確に理解していた中国専門家であったが、中国で深刻度を増して行った武闘についても、明確な認識を示した。彼は、「昨年の武漢事件にしろ、（中略）造反派同士の対立だ。これは評価の基準が毛沢東思想で、だれが毛沢東思想に忠実か、赤旗をかかげて赤旗に反対するという、だれがどうか分らない問題がある。しかも、党中央の内部に党内闘争があるため、文革小組の有力メンバーさえ失脚する」と述べている。これに対して、対談者の一人だった新島は、武闘について、次のような発言を行った。

武闘の原因は、解放後二〇年かくれていた国民党時代の特務、裏切者などが暴露をおそれて、最後の抵抗に出たことが一番大きい。現に福建省や広東省など沿岸地区にはしばしば台湾側の反共遊撃隊が上陸して、その地区の民兵を殺したり、書類を押収したりして引揚げている。雲南省などにはビルマ国境付近に旧国民党の残存部隊もいる。広東省の農村の人民公社にゆくと、必ず出てくる話はこういう悪いことをした誰それが国境の外へ逃げたという。だから、これら沿岸部や国境に隣接する省では文字どおり敵・味方の階級闘争が激烈に展開されている。(中略)もし大衆同士の単なる意見の食違いによる武闘なら大規模な殺人にはならない。しかし国民党をバックにもった階級敵がうしろで糸を引いていると、大衆には始末ができず、人民解放軍が出動して武装弾圧している。ところが、北京や奥地の省でおこなわれる武闘はそんな深刻なものは少なく、「毛沢東思想宣伝隊」などが入ってゆくことによって、説得を受入れ解決する。たとえば学生のなぐり合いなどが多い。

これを聞いた中嶋が、「新島さんの武闘観をきいていると、ソ連がチェコに軍事介入したとき、理由づけとして西ドイツの機関が働いていたとか、帝国主義の策謀であるとかいうのによく似ている。台湾の特務が侵入しているのは事実だろうけれども、現在の広範な武闘の発生状況をみれば、もっと原因はほかのところにあるのは明らかだ」と反論すると、新島は、「それはあなたが、毛沢東思想を基準にするという意味が全然分っていない」と一喝した(38)。

新島と同様、武闘そのものの深刻さを否定するのが、安藤彦太郎である。ちょうど文革が進行している時期に中国にいた安藤は、状況は内乱などとはほど遠く、文革は基本的には無血革命なのだと説明する。安藤は、中国滞在中の昭和四二年九月、こんな文章を書いている。

いま日本の新聞は、武闘の頻発を報じ、「反毛勢力」の根づよさについて書いている。武闘はある。しかし、「反毛勢力」なるものは、どこにもありやしない。造反派の対立が、ときに険悪な情況を呈しても、それと内乱とはおよそかけはなれている。げんに私たちは、こうしてのんびりと、すでに一カ月あまり、街を自由にあるきまわっている。[39]
各地の武闘で、若干の青年が傷つき、なかには死者のでていることも事実である。いきどおった造反団が、死者の写真を印刷した「訃告」を貼りだしている。でも、基本的には無血革命だ。もし当権派のなすにまかせ、何十年かのちに中国社会が変質してしまい、そのとき奪権のために血を流したとしたら、ひとつの戦役でも、どれくらい死者がでるかわからない。犠牲は「最小、最小、最小」だというわけである。[40]

(1) 稲垣武『朝日新聞血風録』（文芸春秋、平成三年）五三～五五頁。
(2) 福岡愛子『日本人の文革認識』（新曜社、平成二六年）一二四～一二五頁。
(3) 秋岡家栄「北京で見た文革の実態」（『朝日ジャーナル』昭和四三年九月二九日号）一八頁、二一頁。
(4) 前掲『朝日新聞血風録』二二頁、二五頁、三三～三四頁。
(5) 同右、三九～四一頁。
(6) 姜克實『現代中国を見る眼』（丸善株式会社、平成九年）はしがき。
(7) 前掲『朝日新聞血風録』五七～五八頁。
(8) 同右、五九～六一頁。
(9) 同右、六二頁、六九～七〇頁。
(10) 西義之「日本の四人組は何処へ行った？」（『諸君！』昭和五六年三月号）二七頁。
(11) 中嶋嶺雄「普遍性のない思想」（『朝日ジャーナル』昭和四一年一〇月一六日号）二三頁。
(12) 中嶋嶺雄「中国の『革命』はどうなったか」（『文芸春秋』昭和四三年九月号）一四一頁。
(13) 中嶋嶺雄「日本知識人の中国像――左翼的知性批判――」（『展望』昭和四二年七月号）七七頁。
(14) 竹内実『友好は易く理解は難し』（サイマル出版会、昭和五五年）一二六頁。
(15) 猪木正道「非毛沢東化と非スターリン化」（『中央公論』昭和四二年三月増刊号）三二～三三頁。
(16) 粕谷一希『内藤湖南への旅』（藤原書店、平成二三年）一二九頁、一七三頁。
(17) 田中美知太郎「文明への破壊的逆行現象」（『中央公論』昭和四二年三月増刊号）三六～三七頁。
(18) 同右、三七～三九頁。
(19) 同右、三九頁。
(20) 秦豊「大宅考察組中国滞在日録」（『現代の眼』昭和四一年一一月号）一六七頁。

(21) 大宅壮一、三鬼陽之助、藤原弘達、大森実「座談会　中国は果して脅威か」(『中央公論』昭和四一年一一月号)一八三〜一八四頁。
(22) 前掲「大宅考察組中国滞在日録」一六四頁。
(23) 大宅壮一「紅衛兵嵐の表と裏を抉る」(『週刊文春』昭和四一年一〇月一七日号)一一六〜一一八頁。
(24) 前掲「座談会　中国は果して脅威か」一八〇〜一八二頁。
(25) 同右、一八六頁。
(26) 林健太郎『共産国東と西』(新潮社、昭和四二年)一七〜一八頁。
(27) 同右、二七頁。
(28) 同右、五一〜五三頁。
(29) 前掲「日本の四人組は何処へ行った?」三二頁。
(30) 安藤彦太郎『日本人の中国観』(勁草書房、昭和四六年)六〜七頁。
(31) 村松暎「文化革命を裸にする(20)」(『毎日新聞』昭和四二年三月四日)。
(32) 安藤彦太郎、村松暎、竹内実「文化大革命は破壊か建設か」(『中央公論』昭和四一年一一月号)一六二頁。
(33) 同右、一六三頁、一六七頁。
(34) 前掲「文化革命を裸にする(20)」。
(35) 前掲「文化大革命は破壊か建設か」一六八頁。
(36) 前掲「文化革命を裸にする(20)」。
(37) 前掲「中国の『革命』はどうなったか」一四一頁。
(38) 北沢方邦、新島淳良、中島嶺雄、森恭三「討論・人間復権の巨大な試み」(『朝日ジャーナル』昭和四三年九月二九日号)一四〜一五頁。
(39) 安藤彦太郎「革命の表情」(『アジア経済旬報』六九七号、昭和四二年一〇月)一〇頁。
(40) 安藤彦太郎「擁軍愛民」(『アジア経済旬報』六九七号、昭和四二年一〇月)二二頁。

著者紹介

栗田　直樹（くりた　なおき）

［略歴］

1959年　静岡県に生まれる。
1982年　新潟大学法文学部卒業
1989年　東京都立大学大学院社会科学研究科
　　　　政治学専攻博士課程中退

［現職］　愛知学院大学法学部教授

［主要著書等］

『緒方竹虎――情報組織の主宰者――』（吉川弘文館、1996年）、日本歴史学会編『人物叢書　緒方竹虎』（吉川弘文館、 2001年）、『昭和期地方政治家研究――静岡県政史断章――』（成文堂、 2005年）、『平等の時代』（成文堂、2010年）ほか。

共産中国と日本人

2016年1月20日　初　版　第1刷発行

著　者　栗　田　直　樹
発行者　阿　部　成　一

〒162-0041　東京都新宿区早稲田鶴巻町514番地
発行所　株式会社　成　文　堂
電話　03(3203)9201(代)　FAX 03(3203)9206
http://www.seibundoh.co.jp

製版・印刷・製本　シナノ印刷
© 2016 N. Kurita　Printed in Japan
☆落丁・乱丁本はおとりかえいたします☆　検印省略
ISBN978-4-7923-3342-3 C3031

定価（本体2900円＋税）